U0935810

Web 2.0

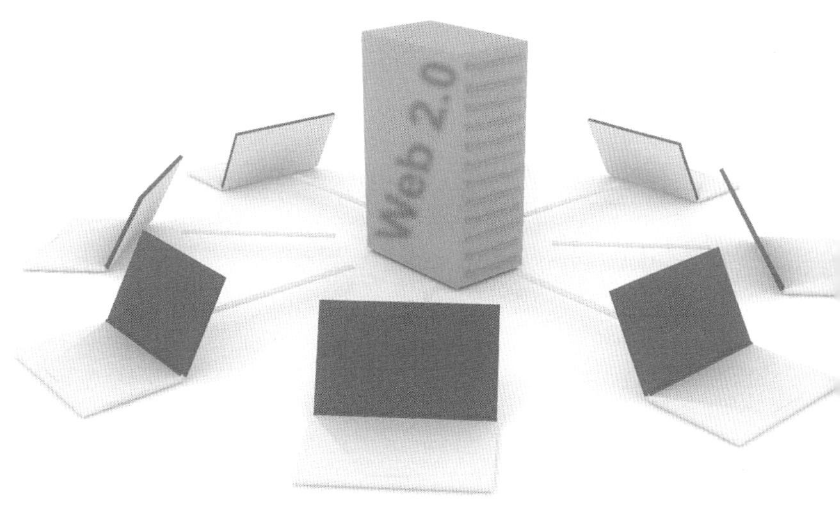

Web 2.0环境中参与式的信息档案化管理：走向全景档案世界

周文泓 / 著

ZHEJIANG UNIVERSITY PRESS
浙江大学出版社

图书在版编目（CIP）数据

Web 2.0 环境中参与式的信息档案化管理：走向全景档案世界 / 周文泓著. —杭州：浙江大学出版社，2018.6

ISBN 978-7-308-18264-5

Ⅰ.①W… Ⅱ.①周… Ⅲ.①互联网络—应用—信息管理—研究 Ⅳ.①G203-39

中国版本图书馆 CIP 数据核字(2018)第 114536 号

Web 2.0 环境中参与式的信息档案化管理：走向全景档案世界

周文泓 著

责任编辑 徐素君

文字编辑 陈静毅

责任校对 杨利军 张培洁

封面设计 春天书装

出版发行 浙江大学出版社

（杭州市天目山路 148 号 邮政编码 310007）

（网址：http://www.zjupress.com）

排　　版 杭州中大图文设计有限公司

印　　刷 虎彩印艺股份有限公司

开　　本 710mm×1000mm 1/16

印　　张 15.25

字　　数 242 千

版 印 次 2018 年 6 月第 1 版 2018 年 6 月第 1 次印刷

书　　号 ISBN 978-7-308-18264-5

定　　价 46.00 元

浙江大学出版社发行中心联系方式 (0571)88925591；http://zjdxcbs.tmall.com

序

东晋年间，陶渊明在《桃花源记》中描绘了风光幽雅、百姓怡然的仙境般的景色，表达了对理想社会的美好憧憬。著名散文家梁衡先生把这篇佳作与英国人莫尔的《乌托邦》和意大利人康帕内拉的《太阳城》视为幻想理想社会类文学作品的三大里程碑。梁先生认为，自陶渊明之后，这种对未来社会的想象从来没有停止过。1848 年马克思、恩格斯的《共产党宣言》问世，宣告科学社会主义的诞生，之后“人们心中那盏理想的明灯总是在轻轻闪烁”。

年轻的周文泓心中也有一盏闪烁不息的理想明灯。2014 年，他和几位志趣相投的博士生、硕士生成立了一个阅读小组，把阅读小组命名为“档案理想国”。这个名称的含义是，在他们心中有个超越现实存在的“档案理想国”，指引着他们的思想展翅飞翔，同时他们希望设想落地生根。我不知道他们心中的“档案理想国”是什么模样，只知道他们设计了一个涵盖中外、追索前沿的阅读和研讨计划，一边阅读，一边海阔天空地畅想明天以至更远的图景，兴致勃勃甚至满怀激动地设想着如何推动现实走向理想，把理想变成现实。

带着理想和展望，周文泓完成了自己的博士论文，并在此基础上成书付梓。他期待不久的将来会出现这样的档案世界：每个个体都拥有一个档案空间，包括所有的社会组织和自然人，收藏他们在现实世界中留下的信息痕迹；这些信息记录活动的密度和完整度是空前的，可以集中存储，也可以是分布的，但所有节点都互联互通，方便各种形式的整合利用；档案员成为一种普遍的身份，档案管理成为大众参与的日常行为；档案专业机构的职责大为拓展，不仅为国家、社会组织和个人保管着有价值的证据和记忆，同时为大众信息档案化管理提供专业的咨询、指导和培训；档案馆在功能上与图书馆、博物馆等记忆机构相互融合，在交叉合作中支撑社会信息的保管和利用。这个档案世界是广袤、多元、丰富、智能、开放、互联的，不仅作为现实世界的全景映射而存在，而且可以积极推进社会活动的开展，参与社会建构。这就是他心中的档案乌托邦吗？从书中可以看出，他确实心向往之且以为并不遥远。

这番图景的描绘经历了数年的酝酿和梳理。周文泓从读硕士起就对这个方向产生了浓厚的兴趣，围绕这个主题进行了大量阅读和兜兜转转的思考。

在研究对象上，周文泓最初和很多人一样着眼于政府社交媒体信息研究，渐渐地把视线扩展到 Web 2.0 环境下各类主体形成的具有保存价值的各种信息。他从 Web 2.0 平台技术、信息传播、社会、文化特点的分析中，看到这个平台与传统媒介不同的信息生产方式和管理要求，人类记录自身活动、记录社会的手段、过程和规则都不一样了，社会信息的结构因此而发生了历史性变化。在以分享式参与、开放、对话、社区和连接为核心技术特征的 Web 2.0 平台上，人人可以记录，时时形成记录，一个由多主体、流动性、动态性、复杂性信息汇成的庞大记录集正在补充、替代、颠覆着千百年的记录状态，信息对现实世界的映射从来没有像今天这样同步、多元、立体、全景，这样的信息难道不应该以"档案"的名义留存和保管下来传之后人吗？如果应该，Web 2.0 平台上各类信息与档案的结缘就有了需要和必要，紧接着，概念、理论、方法的挑战就纷至沓来，没有一个方面可以轻松获取答案。周文泓从 Web 2.0 平台上发现了人类信息治理的一个大课题，比起初期的政务社交媒体研究口径大为扩展，变量大为增加，维度和难度的挑战都更大了，该书的研究就是在这样的背景和视线之下铺排开来、深入下去的。

在社交媒体与档案的关系上，目前国内大多数研究集中于改善档案传播等工具性应用上，周文泓的研究扩展到了 Web 2.0 引发档案工作主体和客体的全面变化，特别是对 Web 2.0 信息进行档案化管理的全新需求，进而对未来档案管理框架进行了探索性建构。这一扩展的实质性意义在于，把社交媒体对于档案管理的局部改善放大到 Web 2.0 平台对于"档案世界"的全方位重塑。相比描述这个平台信息的特点而言，建立新的管理目标和寻找管理良方显然要难得多，周文泓在平台和对象分析的基础上，断定"参与"将成为未来档案世界的关键词，并推导出了参与式管理的总体框架和实现路径。周文泓用三章分层阐述了参与式管理的本质特征、宏观构建以及微观构想，宏观构建部分通过以自建、汇集和全景构成的参与分层模型，以主体、信息、媒体、时空构成的参与要素模型传达和解析了广义参与观的基本主张，微观构想部分则尝试设计了参与式管理的机制以及在各主要管理环节的实现方式。在上述不同层面的探讨中我们看到了 Web 2.0 平台及社交媒体对于信息档案化管理的全方位相互渗透和改造,及其引发的档案管理理念重大变革,进而逐步改写长期以来政府主导档案管理的职能形态。

在信息环境与档案管理的关系上,该书突破了信息化对档案工作影响的单向度研究,在把档案管理置于信息化环境,汲取信息化能量,并自我拓展的同时,也论证了档案管理对于 Web 2.0 平台信息管理的重要反哺,说明档案思维与方法对于信息领域的有益渗透和规范化管理推进,这种双向度研究赋予 Web 2.0 平台和档案管理以互动互补效应,也赋予档案管理新的功能和社会价值。周文泓以大量事实和道理力陈当前 Web 2.0 平台上信息的自在状态和数据质量对于人类证据、人文、资源需求的欠缺和裂痕,而档案化管理恰恰可以起到弥补和弥合作用,让海量生动活泼的信息满足规范管理和多元、长久利用的需求。在这个双向研究中,周文泓认为当前根本的问题是"认识档案职业对于信息世界的价值",即"档案化参与信息治理并贡献理论方法,档案边界以信息为上位拓展"。

该书的主题是发展的,而发展总是受多方面因素的催化和影响,周文泓以档案多元论、文件连续体理论为专业支点,强调 Web 2.0 平台信息的多元主体、多元形态、多元需求,以及由此导致的去中心状态;突破档案学现有的理论范畴,融入社会建构、人文理念、媒介理论、信息治理、信息科技等多方面思维和知识内容,主张拓展档案、档案管理、档案时空的边界,从历史到未来的线性传播扩展为跨时空、跨平台、跨主体的多维互动,构建一个大众的、更加接近现实世界的全景档案世界,从而与现实世界的脉动合拍并做出相应贡献。有关发展的前瞻性研究又必定充满不确定性,目前全球范围内 Web 2.0 平台信息的档案化管理还处于分散、局部的探索阶段,关注度高,但成功经验寥寥,在这个阶段设计管理活动的原则和方法、体系和制度,还要经受技术进步、认知深化、体制变化等因素的动态影响,所以该书的微观构想主要立足于方法论,并不特别追求操作性,同时做好了接受实践和新的理论成果修正与完善的准备。周文泓还带给我们一些面向变化的思维逻辑和态度,如需要接受档案范围的不完全确定、管理阶段的模糊化、容忍对信息固化的有限程度等,但这并不意味管理活动的对象和过程都没有原则了,回归本质是周文泓提出的基本原则,即在新的平台上看待新的档案管理最重要的是透过现象看本质，牢牢把握档案、档案管理的要义精髓。

2017年12月，周文泓为四川大学档案专业2017级本科生开设了“未来档案员”专业素养训练营，90名初识档案的大学生分成15组畅游未来，通过微信公众号推送图文。如同周文泓在开篇寄语中所言“大开脑洞，颠覆想象”“恰同学少年，不可估量”，这个训练营激发了同学们的想象力，同学们幻想在几十年、几百年甚至几千年后和今天的我们对话，有人要带我们走进完全智能空间，通过语言或体感操纵人机交互系统，体验全息三维档案信息的沉浸式浏览；有人设想任何个人都可凭借一张智能档案卡从私人记忆室“回到过去”，预测档案将脱离物质介质，完全融入数据，拥有“全知能力”；也有人给我们出考题，要求回答“档案智脑”“定制个人档案”等未来问题。显然，周文泓的档案理想感染了年轻的大学生们，他们追随着、延续着、发散着周文泓对未来的想象和思考，展示着一代互联网原住民的思维、话语和梦想，这个过程在他们心中激起的波澜、埋下的种子更加值得期待。

梁衡先生在解读《桃花源记》时十分认可乌托邦对于社会进步的推进意义。他认为，无论是一个人还是一个社会，如果没有幻想，就会静止，就会死亡。许多时候，都是有理想的人比没有理想的人有更多机遇、更多快乐。我非常赞同这些观点，还想说，有理想的人更可能为社会、为他人、为学术带来希望、突破和建树。在信息管理、档案管理这样看似规则，注重当前操作的领域，面向未来的想象和图景描绘尤为可贵，何况今天所说的未来与今天的实际距离已经大为缩短。有一次，某省档案局希望我和他们一起研究2030年的档案工作，他们认为，看清前方的目标才能明明白白走好眼前的路。尽管这个课题没有落地生枝，但这样的战略思维让我颇感兴趣，因为在这里，也有诗和远方。

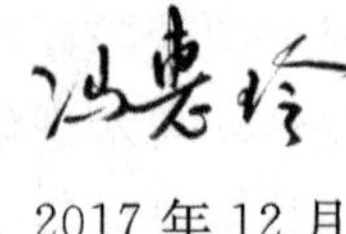

2017年12月

前　言

档案和档案管理的内容、形式、方法伴随人类社会的文明史不断拓展与丰富，从远古时代走向工业社会逐渐凸显专门化管理，从书香满溢的文本库移至虚拟光影的记忆宫殿，从追溯时光到建构未来，档案和档案管理在社会、文化、技术的交错演进中成长为拥有多元内涵的体系。当下，世界变换的脚步快得难以追踪，人工智能、工业 4.0、大数据等信息技术让世界大变模样，且未有停止的迹象。这总令人好奇，档案和档案管理在这样的变换中会成为怎样的图景？会消失吗？和未来的世界会有怎样的关联？

这是极大的问题群，各个维度都有入口，却难以把握全景。未来总有这样的神奇魔力，尽管深知这不是个稳当的博士论文选题，笔者依旧想探寻一番。Web 2.0 给笔者带来了专属入口，作为互联网的关键应用，Web 2.0 是兼具前沿理念与技术的事物，当下构想的未来互联网依旧保有 Web 2.0 的核心。于是，笔者便从 Web 2.0 开始了想象未来档案世界的旅程。

Web 以其共享与协作式的参与理念和技术影响着政治、经济、文化、娱乐、社会等各个领域。伴随互联网基础设施建设的发展，加之大数据、云计算等技术的交叉支持，Web 2.0 为人类的生产、生活与娱乐活动提供广泛应用的平台与工具，甚至倒逼影响现实世界的活动。这为以守护社会记录为使命的档案职业带来变革性影响，因为 Web 2.0 提供了这样一种可能：所有人都可记录社会与个人活动；所记录的活动密度与完整度是空前的；依托制度与技术，这些信息可得到留存，意味着每个人都可能通过 Web 2.0 获得信息空间。这又全非个人的事宜，因为 Web 2.0 创建的是由社会组织、机构、群体以及个人共建共享的信息世界，形成复杂的公共信息区域，是流动的“档案库”汇集。档案职业的参与是必要且迫切的，无论是出于社会当下职能与活动有序高效推进的目的，抑或是为社会收藏长久的记忆。

然而，档案职业若要参与其中就要明晰与解决信息技术每一次变革都要重新探索的问题：档案定义面对怎样的挑战？它的信息/证据再现的能力是什么？带来的保存和管理难题是什么？Web 2.0 环境中信息与档案的区分难度不仅在于网络环境的多变，更在于信息形式、构成、主体、价值等一系列要素的冲击。因而，笔者就以档案化管理结合参与的思路探讨：第一，Web 2.0 环境中档案化管理的对象是什么，具体的概念界定是怎样的；第二，本书认同档案学者预言的参与式管理，那么参与式信息档案化管理是什么样的，有怎样的体系与系统，包含哪些维度与要素，在实践中如何表现，由此构筑的是怎样的档案世界？

未来的档案是什么，这看似简单的问题却难以回答。当下在短暂的时空中就有海量的信息在形成与传播，亟待档案管理的参与，未来的信息世界的丰富性和复杂性将是前所未有的，这种迫切性就更是如此。笔者想，去思考档案是什么倒不如以“档案积极参与社会建构”的心态去做诠释性的探讨，因为时时处处都需要档案与档案管理。因而，笔者借鉴冯惠玲、何嘉荪等学者提出的档案化应对信息与档案边界问题，对档案管理的探讨延伸至前端，将档案化管理应用于更广阔的环境，避免刻板界定信息和档案的边界，更注重探索档案职业在当中能够最大限度地做些什么。然后，基于档案多元论的理念，探讨档案化管理中以多元为特征的信息在主体、内容、背景、形式以及保管价值上都有哪些表现，用于实践中确认管理对象。

档案是怎么参与社会的建构？信息的档案化管理是如何进行的？主体是谁，方式如何，结果是怎样的？笔者认为参与将是档案领域应对挑战的筹码。这意味着档案工作者不再是某个职业群体，而是所有参与了记录世界的组织、机构、群体以及引发记录世界变革的难以计数的个人。这样的预言并非纸上谈兵，已有一部分国家在当前以项目的方式开展局部的试水工作，且获得不错反响，虽与预言中的人人参与有较远距离，但也令我们思考它的实现方式与可行性。通过对不同的参与式档案管理活动与项目的总结和反思，笔者立足于 Web 2.0 环境推导出参与式的信息档案化管理的特征为：

从全景的视角布局前端，关注现行时空，以稳定的内核在不同的时空呈现不同面貌。随后，笔者以理论构建的方式参考海伦·塞缪尔斯的文献战略的分层思想和系统论的基本思想建立参与式的信息档案化管理的理论框架。一方面，在纵向形成了自建层、汇集层与全景层相连的体系，既有自建层自下而上的个体参与档案化管理形成丰富的档案化管理的信息资源以及实践，又有汇集层有组织的汇集，更有全景层的顶层设计与网络化以实现真正的连接、对话与协作。另一方面，在横向由主体、信息、媒体以及时空共同组成参与式的信息档案化管理的系统，融合在每一个层面每一参与式的信息档案化管理活动中。

当然，在这样的框架下，参与式的信息档案化管理将有多元的形态，在不同的时空中不尽相同。鉴于我们还是想一窥具体的形态，笔者尝试着依托当前 Web 2.0 以及更广的互联网中的案例，从模式、原则、理念等方面讨论归档、整合、保存以及利用等关键环节在参与式的信息档案化管理模式中可能是如何实现的。自然，这些设想尚需更多的探讨与修正，也期待未来的到来，看看匹配程度如何。

想象并未止步于此，档案整体世界的形态同样令人关注。笔者想，随着参与式的信息档案化管理的推进，且随着制度、技术以及人文准备逐渐成熟，Web 2.0 环境将构建出完整与显著的全景档案世界。全景档案世界促成专业档案机构与人员成为档案世界的组织者、辅助员、统筹人与指导员，人人参与档案化管理，拥有智能有序的档案空间，档案化管理的信息成为更加流动的资源，从而呈现出多元化与社会化的特征，创造出可共享亦可保持个体性的档案世界。

这并非全是想象，笔者还是带了研究的“装备”做了努力的探索。或许这样的畅想不能与未来对接，但笔者想，充满活力和向着阳光生长的专业精神是本书想传递，也是未来世界欢迎和需要的。在 Web 2.0 全面与深入影响人类社会的时代，档案职业有责任守护好边界不断扩张的记录世界，以完整、可信与优质的信息资源积极参与社会建构，有待更多的学者与实践者共同开展对参与式的信息档案化管理的构建、实证与修正！

这样的想象不会止步，对未来的探索和构想会有更多深爱档案领域的人参与进来。笔者做的，只是一小方面很初步的探讨，却也自喜它终于做出来了。2011 年，笔者和这个选题相遇。2012 年，冯惠玲教授开设的档案学前沿课程让笔者对档案天地之大有了拓荒式的认识，让笔者确定要从社交媒体切入对档案的研究。就这样，笔者一点点确定方向，一点点确定路径，一次又一次调整思路，终于渐渐形成框架并在 2016 年 1 月写出完整的初稿，也在 2017 年决定出版。

在这过程中有太多的挑战与不确定性，让笔者在读博期间担心这一番探索只是乌托邦。所幸，遇见的很多人与事，帮助笔者想象与雕刻出笔者遇见这个题目时的初心。最想致谢的是笔者的博士导师冯惠玲教授。对未来，她有更高的格局和视野，她在研究上的天赋、经验和敬畏心都成为笔者宝贵的财富。每次呈交给她研究设计，她从方向和细节上都重复揣摩是否合适，提出的问题一针见血，令笔者能够尽量严谨地提出每一个问题、观点和论据。她对本书的修改也是极为细致，标点、病句和生硬的表述都逐一提醒和修正，正是在这样的提点下，从初稿到终稿修改的地方是以千计数的。她对档案学的热忱告诉我，档案人要自信地守护档案时空，同时开放自己的天地，既要不失人文情怀，亦要紧跟技术前沿，这也是本书所坚守的"档案世界观"。

能独立完成这样一个探索性的选题，笔者也极为感谢自己的硕士导师王健教授，她在科研项目方面给予笔者充分的信任，为笔者独立完成毕业论文打下较好的基础。开题和预答辩时张斌教授、胡鸿杰教授、王英玮教授、张美芳教授、徐拥军副教授既对选题给予了认可，也提供了极有价值的意见，给予笔者极大的信心。感谢安小米教授单独抽出时间阅读笔者的开题报告并给出细致的意见，让研究问题的设定更加专注于对"参与式"的构建，她在研究方法和认识论上的指导令笔者受益匪浅。同样感谢谢丽教授、刘越男教授、马林青副教授、宋巍魏博士在平时的教学、科研项目和交流中对笔者的选题、研究方法和专业知识的指导。亦要感谢在加拿大访学过程中 UBC 的指导教师露西安娜・杜兰蒂教授和她的教学团队，她们提供旁听课程和学术讨论的机会，让笔者对专业理论和开展科学研究有更深的理解，对笔者完成研究方案设计和理论构建都极为重要。同时，要感谢那些在学习中与笔者谈论、交流的"同路人"，他们让笔者的研究不是限于"一家之言"。与师妹加小双、丁子涵，师弟谈伟成立的"档案理想国"

阅读小组让笔者拓展见识和活力；李新功师姐和祁天骄师妹对笔者的研究提供了很多建议；笔者的本科同学陈婷婷帮忙处理了很多格式规范上的事务。

最后，要感谢笔者的父母。他们没有对笔者抱以任何经济上的期望，让笔者能够以学生的身份在校园中读文献、学习与做研究，支持笔者的每一个决定。没有他们的无私和豁达，笔者无法选择直博，更无足够的精力做一个最想做的题目。是他们，让笔者在硕博学习期间，建立一个自己的“档案理想国”，畅想未来！

周文泓

2017 年 12 月

目　录

第1章 展望档案未来:入口与路径探索

1.1 背景:数字技术在触发档案世界的变革

档案管理同说话、书写、阅读等是最基本的人类活动,延续了几千年。而今在变革的互联网环境中,这种专业行为的执行者有着从专家向普通大众转移的趋向。越来越多的专业与业余档案员在数字世界中开疆扩土,既有机遇参与到网络的记录活动中,也可能在坚守传统的时候失去或弱化这种广阔的目标。Web 2.0 作为互联网的关键应用,业已成为人类开展社会活动的重要工具与平台,正呈现了这样的机遇与挑战。当前以 Web 2.0 为代表的媒体依赖于普及各处的移动设备,借助信息与通信技术和基础设施建立了各种平台,随着其理念与技术的创新而逐渐涉及政治、经济、文化、娱乐、社会等方方面面活动,加强了人与人之间的相互关系,为人如何交流、何时交流、在何处交流以及交流些什么带来深刻影响,改变着形成、记录与保管的行为,例如许多人把它看作记录生活与家庭的地方。

Web 2.0 所代表的不仅是互联网中主流的技术,更是理念,它不仅影响着 Web 应用本身,也对互联网中的其他应用起着重要作用。随着进入 Web 2.0主导的互联网时代,政府通过互联网打造开放与服务型的政务平台,通过互联网实现的新式经济形态与市场营销为经济发展创造活力,基于互联网形成脱离时空限制的网络社区，人类的生产、生活等活动都因为互联网发生巨大改变。它同样推动了对纸质、模拟等媒介记录的数字化，因而，"过去"同样进入了互联网的世界中。在网络平台上的每一个行动都在被记录着，人类世界前所未有地数据化，例如图片分享网站 Instagram 在 2013 年每天就有 4000 多万张的图片发布。那些全球、国家与地区，乃至身边的重大事件与活动都在被记录着，大至奥运会、国际足联世界杯、中国的十九大、美国总统选举、海地地震、叙利亚内战、巴黎恐怖袭击等，小至亲朋互动或是个人生活随想，是无法忽略的政治、经济、社会与文化遗产或关乎个人的情感记忆。

可以说，信息世界在一定程度上进入了人人可记录的时代，通过互联网，人类形成与保管信息的行为成为一种相对普遍的社会行为。这些记录包含巨大能量，告诉我们"我们是谁"。它们讲述我们的故事，承载与呈现我们的文化与历史；它们界定政治主权和我们的社会权利与义务；它们提供政府影响公民生活的政策、决策、计划和服务的证据；它们记述着我们工作和生活的足迹，维护和支持我们的司法活动。总而言之，它们记录了从社会、集体再到个人的多方活动与进程。

因而，Web 2.0 既是工具，也是背景，由此带来更加繁密的社会网络和活动，通过技术创新引发更多文化和社会的变化，模糊着记录世界中公共与私人的边界。那些在 Web 2.0 环境中形成的信息引来档案领域研究与实践的关注，Web 2.0 环境中的信息已开始成为档案馆或其他记忆机构收藏的重要资源，美国国会图书馆从 2010 年起开始接受 Twitter 上的各种记录，英国国家档案馆建立了社交媒体的在线资源库，Facebook 等 Web 2.0 应用开始为用户提供归档工具，微信支持聊天记录的迁移，第三方应用如 archive it 等也开始为 Web 2.0 平台与应用上形成的信息提供归档和保管工具。许多新的利益相关者，尤其是公众，在参与社会活动的记录中主动界定什么需要共同记住和遗忘，关于社会要记住与遗忘什么变得更加民主，新的数字网络档案工作者在 Web 2.0 环境中诞生。随着个人的参与，档案的实践与特权不再仅限于官方档案机构，这种权力关系的变化也在影响着社会的活动者和政治权力者，专家伴同大众走向信息管理，在这样的情境中理解信息管理与档案管理，并考虑两者的边界与交集。

这样的设想是令人兴奋的,与此同时,这些信息也从数量、质量、知识产权、管理权、所有权等方面对文档管理提出挑战。例如,档案工作者如何应对分散各处带着噪声和缺失结构化元数据的信息,在那些网络带来的负面影响中守护碎片化的、易受侵害和难以把控的记忆,在必要时做好关于遗忘的抉择。

为此,我们需要思考:在 Web 2.0 环境中,档案领域是否会受到影响,有何影响,未来的档案世界会是怎样的?这将回归两个问题:我们的研究与管理对象是什么,即社会形成的信息总体中,我们要选择哪些作为信息与文化资产与遗产?这是概念界定的问题;对这些信息的管理在公私共同参与的环境中又是什么,涉及其中的利益相关者都有怎样的定位和功能,即怎样才能最优地保护我们要留存的资产?这是理论与管理方法论共同指向的实践问题。只有探索这些问题,我们才能处理爆炸式增长的信息以及保证对数字平台、软件、系统、硬件以及集体知识的长久保存。

对这两个问题的思考与探索既是受以 Web 2.0 等关键应用为主导的互联网已经对人类社会发生变革性影响并由此影响记录活动的现实所驱动,也是为了能够重构新时代的档案理论与管理方法论,以推进研究与实践的发展。1994 年,中国首次连接国际互联网,20 多年后的中国有着全球最多的互联网用户,造就出影响世界的互联网公司,成功举办四届全球互联网大会,使中国的互联网发展站在新的历史起点上。对于中国的档案学者与工作者而言,这样的研究尽管有太多不确定性与难度,却有着重要的价值与必要性。

1.2　界定:变革中的核心概念是什么?

文件:文件在广义上是指“人们在社会活动中,为了相互联系、记载事物、处理事务、表达意志、交流情况而制作的记录材料”[①]。本书论述与翻译

① 陈兆祦.再论档案的定义——兼论文件的定义和运动周期问题[J].档案学通讯,1987(2):23-27.

的对象在多数时候对应广义的文件。

文件、档案：这是一个组合表达，为了能与外文文献中的“records”对应，也为了和国内外已有的文献与资料的论述保持一定的一致性，因而选择了“文件、档案”这样的表述。同时，部分翻译以及文献的表达根据语境，会有独立使用“文件”“档案”之时。为简便起见，文件、档案管理在本书简称“文档管理”。

信息：信息是用以传递复杂意义而组合的数据集合，在表现上依据信息资源管理领域的提法，它是其所指代的内容与形式的结合①。

档案化管理：档案化的英文对应词为 archivization，由哲学家德里达在 1995 年的作品《档案的狂热或本源的苦恼》中提出，将档案化指代为对事件的记录过程。而在中国，首次提出是在冯惠玲教授的博士论文《拥有新记忆——电子文件管理研究》中，她在其中的论述为“电子文件的‘档案化’进程”与“归档——电子文件档案化的开始”②，虽无明确界定档案化是什么，依据内容来看，是档案部门/人员参与电子文件的管理，倡导电子文件的前端控制与全程管理。而后，安小米教授在翻译澳大利亚学者的作品时将 archiving 翻译为档案化，何嘉荪教授认为业界提倡的全程管理和前端控制原则的实质就是“档案化”，因而提出档案化管理③。他认为，“档案化是确保并且能够证明文件的真实性、完整性、可靠性和长期有效性（可读性、可理解性等），使文件有可能用作证据和作为档案保存，档案化是使电子文件具备成为档案和法律证据的能力，档案化管理是为使文件档案化而采取的管理措施，比如在电子文件管理系统内建立元数据著录机制等”④。

本书的档案化管理则是：在 Web 2.0 的非线性环境中，信息的管理同样难以完全对应线性的有序阶段化管理流程，在这些信息当中有着将成为

---

① Yeo G. Concepts of record (1): evidence, information, and persistent representations[J]. The American Archivist, 2007, 70(2): 315-343.

② 冯惠玲. 拥有新记忆——电子文件管理研究[D]. 北京：中国人民大学，1997.

③ 何嘉荪. 文件群体运动与文件管理档案化——“文件运动模型”再思考兼答章燕华同志之二[J]. 档案学通讯，2007(4)：32-35.

④ 何嘉荪，史习人. 对电子文件必须强调档案化管理而非归档管理[J]. 档案学通讯，2005(3)：11-14.

档案的那部分,在脆弱的数字环境中需要以档案化管理在每个时空点保障得到处置前的信息,保证那些应当成为档案的信息能够满足档案属性的要求。档案化管理遵循在档案领域中已经得到一定共识的一系列理论、方法论与实践,根据 Web 2.0 环境及其中的实践主体、对象等多方面的特点有所调整与变化,即下面提出的参与式的信息档案化管理。

参与式档案管理:它在不同的情境和表现下有不同的定义,例如参与式档案馆指使用 Web 2.0 构建用户参与的档案馆。它们有一定的共性:第一,强调社会与社区,这主要是来自美国、英国、加拿大、澳大利亚等国家学者的研究,认为文件、档案是对社会以及不同社区的记录;第二,参与人员不局限于专业的档案工作者,公众、历史家等众多主体均可参与;第三,不限于以国家的档案馆为平台,甚至不称为档案馆;第四,更加以用户和社会需求为中心①。

参与式的信息档案化管理:这是本书提出的核心概念,与“参与式档案管理”的区别源自对参与式的界定有新的拓展,并结合了档案化管理的理念:①关注信息形成至长期保存的全流程;②侧重于 Web 2.0 环境中的原生数字信息;③参与的主体突出表现“人人参与”;④描述了参与的不同层次;⑤将信息、媒体、时空也视作参与的要素。具体的阐释在本书第六章呈现。

档案世界:本书关于“档案世界”的提法并不是一个严格的定义,它是为了指代由不同的主体(机构、组织、群体、个人等)在各自的文件与档案观的指导下,为了不同的目的形成文件与档案及制度,并执行相应的管理行为,由此开展相关活动形成一种概念上的“世界”的总称。它是以整体的视角来看待跨时空的管理档案的主体在一定的社会网络中开展档案活动的,与档案相互作用而形成一种大系统,其中包括各主体、档案(信息)、理论、方法论和实践活动,各要素自身的网络以及要素间共同连通的网络。所谓的档案世界,既有档案资源的呈现,也有档案工作者开展档案活动和档案利用者使用档案等。

---

① 参与式是本书研究假设的一部分,对参与式的理解在本书中是作为研究问题提出的,因而本书也会对“参与式”的内涵有进一步的阐释与构建,此处的界定仅为简要介绍,以方便理解研究设计。

1.3　基于 Web 2.0 的变革回首：前人走过的路途

1.3.1　文献调研的策略

由于 Web 2.0 涉及社交网络、大数据、云计算等多方面的内容，与数字文件、个人档案等研究有交叉，且选题基于互联网的背景，因而采用了如表 1-1 所示的检索关键词。为了尽量完善检索结果，本书采用了四种检索途径结合的检索策略：第一，文献数据库关键词检索。第二，对处于前沿和有影响力的英文档案学类期刊 *Archival Science*，*Archivaria*，*The American Archivist*，*Journal of the Society of Archivist*，*Archives and Manuscripts*，*Records Management Journal*，*The Information Management Journal* 2005—2015 年的文章进行摘要阅读，选择相关的文章。第三，谷歌关键词检索。除去与以上两种策略获得的检索结果重复的文献，还检索得到政策、会议成果等 20 篇文献。第四，通过阅读文献的引文，结合图书馆的资源，获得相关专著 4 本。具体结果如表 1-1 与表 1-2 所示。

表 1-1　英文文献检索结果

序号	检索范围	检索策略	检索结果	备注
1	UBC 文献综合数据库	Web 2.0/social media/social networking ＋ records/archives/records management/recordkeeping/archiving/Internet archives＋participation/participatory	50	尽管每类关键词检索有大量的文献，但相关度都很低

续表

序号	检索范围	检索策略	检索结果	备注
2	7 本外文期刊	对 2005—2015 年的文章进行摘要阅读，选择相关的文章	130	*Archival Science*，*Archivaria*，*The American Archivist*，*Journal of the Society of Archivist*，*Archives and Manuscripts*，*Records Management Journal*，*The Information Management Journal*
3	谷歌检索	关键词检索。除去与以上两种策略获得的检索结果重复的文献	20	获得的文献主要为政府政策与在线的会议文献
4	已有文献＋图书馆	根据文献引文与图书馆检索	4	专著，受图书馆资源与空间限制，专著有限

表 1-2　中文文献检索结果

序号	检索范围	检索策略	检索结果
1	中国期刊全文数据库(CNKI)	Web 2.0/社交媒体/社会媒体＋档案/电子文件＋参与	76
2	中国博士学位论文数据库(CNKI)	Web 2.0/社交媒体/社会媒体＋档案/电子文件＋参与	0
3	中国优秀硕士学位论文数据库(CNKI)	Web 2.0/社交媒体/社会媒体＋档案/电子文件＋参与	4
4	中国人民大学学位论文库	Web 2.0/社交媒体/社会媒体＋档案/电子文件＋参与	3
5	中国重要会议论文全文数据库	Web 2.0/社交媒体/社会媒体＋档案/电子文件＋参与	1

1.3.2 文献调研的发现

如表 1-3 所示，围绕第一代网络的档案学研究有部分成果，未指明 Web 2.0，实质上却是基于 Web 2.0 的档案学研究先锋。随着 Web 2.0 应用的普及，档案学也更加关注它带来的影响，在不同主题的研究中或多或少地提及 Web 2.0 带来的影响。在研究不断拓展与深入的过程中，将主题置于 Web 2.0 环境中的档案学研究不断增多，针对性的研究渐成规模。同时，与档案学研究有着密切联系的博物馆学、图书馆学、情报学等研究在实践中有较多交集，它们也有部分研究成果涵盖档案学研究范畴。从研究趋向来看，它们逐渐将 Web 2.0 环境中文档管理构想为参与式管理，并通过实践案例加以佐证。

表 1-3 研究阶段概览

阶段	观点概述	评价
Web 1.0 阶段的铺垫性研究	网络信息需要归档保存； 归档保管呈现复杂性，如鉴定的难度、收集的挑战； 新的形成与保管主体的出现带来的挑战，需要不同主体的参与和协作，尤其是新出现的个人、非官方组织和网络平台	为研究打下基础，例如在 Web 2.0 环境中学者们依旧持续讨论的问题：在网络环境中谁是档案全宗的新形成者；在信息网络中，从档案管理的视角来看，这些信息要如何管理。 Web 2.0 更加动态与去中心化，讲究参与和共享，在信息主体、对象和管理方法上都不同于 Web 1.0，因而，这一阶段的研究成果只能作为借鉴参考之用
Web 2.0 阶段的提及性研究	从技术角度来看，Web 2.0 成为优化档案管理的信息技术工具和平台；从社会角度来看，Web 2.0 带来重要的社会与文化影响，由此人文社会视角探讨 Web 2.0 环境中关于档案管理的启示，如建设社会记忆、建构身份认同和实现社会公平正义等	开始关注 Web 2.0 对档案领域的影响，并成为下一阶段深入研究的方向，尤其是信息技术和人文社会两个视角的凸显； 这一阶段的研究还只是在不同主题的研究中稍稍提及，如鉴定、分类，并不是针对 Web 2.0 环境，因而没有形成系统化研究

续表

阶段	观点概述	评价
Web 2.0 阶段的专指性研究	Web 2.0 带来概念与管理上的挑战，档案与信息、公共与个人的边界开始模糊； 针对 Web 2.0 环境，不同的组织、机构、群体和个人需要参与其中来践行各自的档案与信息管理，各有特色与待解决的问题； Web 2.0 环境中呈现以多方参与为关键限定词的未来档案管理的走向	主要关注工具层的研究，例如对 Web 2.0 的使用，这主要从保管机构的角度展开； 缺乏从其他主体角度出发以及针对 Web 2.0 环境中原生数字信息的研究； 对概念的界定、理论、管理方法论和实践的构建都欠缺； 对参与的构建和呈现都相对粗浅； 研究成果待验证和深入

1.3.2.1　Web 1.0 阶段的铺垫性研究

在 Web 1.0 阶段，档案或相近学科的相关研究中围绕网络对文件、档案或图书资料管理的影响，包括网络信息资源的归档、保存、利用等管理环节的研究。

一方面，由于 Web 2.0 与 Web 1.0 有一定的区别，关于后者的研究无法完全适用于前者，但在两代网络交替时期的研究为前者的研究奠定了基础，在研究问题与方向上也有一定共性。研究成果围绕不同主题，聚焦于网络信息资源管理，为进入 Web 2.0 环境中的信息档案化管理提供借鉴。

综合性的研究如《政府网络信息资源归档与保存》将图书馆与档案馆、形成者（政府机构）认定为归档保存的责任主体，从采集方针、类型、频率，以及深度与广度设定策略，为我国的政府网络信息资源归档提供了制度和体系方面的建议。更具针对性的研究则主要锁定网络信息的归档、保存、鉴定等环节，例如致力于从责任主体的角度完善网络信息的管理，将形成者、出版者、档案馆与图书馆等网络信息保存的责任主体区分为短期与长期的责任者，依据不同的责任构建责任体系模型和执行机制。极为核心又面临诸多困难的网络信息价值判断的研究则主要表现为价值的划分与价值判定标准的建立，或从网络信息相关利益者如网络信息生产者、网络信息服务商、网络信息用户的角度解析出不同的意义，建立起判断网络信息价值的真实性标准、满意度标准、内容标准、组织标准、效益标准。这些研究在一定程度上可供借鉴，尤其是强调信息管理中不同主体的参与和协作。

另一方面，Web 2.0 在 2004 年左右提出，因而，部分关于网络和文档管理的研究尽管未提及 Web 2.0，但在本质上却是密切相关的。《网络对档案馆的影响》就是此类文章，它阐述了两个问题，这两个问题也是Web 2.0环境中文档管理的重点研究问题："谁是档案全宗的新形成者；在信息网络中，是否存在像是档案全宗的东西，被认为是个人或集体在活动中形成或接收到的文件集合？"这篇文章的观点则是，"网络兴趣社区作为新的历史主体出现，需要档案新的思考，社会记忆的反思，个人及其社会力量的介入。档案工作者需说明档案工作中的分析框架，在网络上形成新的档案概念，从而重构实践，这特别体现在记录的选择以及著录的实践中。因而，网络会成为一个人找到集体记忆的地方，档案工作者会在其中成为网络进化的中介和调节者，所有的个人都能看到和探究媒体而成为相关利益者"。这类研究也再一次强调了多主体对档案管理的参与，尤其是个人。

1.3.2.2 Web 2.0 阶段的提及性研究

Web 2.0 在 2004 年提出之后，以社交媒体、协作平台等方式流行，最初是在某些主题的研究中提及 Web 2.0、社交媒体或社交网络，以此作为研究展望的背景。这些研究涵盖了档案理论与实践中的多方面，主要为两大类。

(1)档案馆或图书馆等记忆机构①的数字档案管理，研究重点在于如何吸引用户参与，通过与用户的互动和协作来优化档案资源的开发、利用。随着网络的普及，更多的公众希望可以看到和用到在线的档案，但是面对日益增长的信息难以做到。Web 2.0 则提供了一种方法：协作生产，即各档案机构、文化机构合作，并将感兴趣的个人纳入，共同生产，对外开放。志愿者选择参与项目的能力和决定花多少时间的能力是在网络环境中进行协作时区

---

① 记忆机构，英文为 memory institution，是档案馆、图书馆、博物馆等记忆保藏单位的统称。

别于其他志愿者工作的地方,Web 2.0 工具的开发和对社交媒体如 Flicker 的联合使用证明了这点。正在不断出现的大众分类和社会标签法证明了感兴趣的个人会投入时间及精力到网络中,档案工作者的工作就是确保这种标签法支持档案利用系统,通过这样的方法,公众的档案变成公众制作的档案,为公众所用。2005 年启动的"下一代检索工具"的研究项目,是利用网络技术为名为"北极熊探险"(The Polar Bear Expedition)的数字汇集提供新的在线检索工具。他们利用 Web 2.0 的理念、技术以及平台形成了互动的虚拟档案馆。用户评论著录,采用加标签等方法将用户的输入作为检索过程中的过滤和推荐工具,为用户在寻找和服务档案的过程中提供社会导航的功能,实现检索工具和服务网站的升级,提升档案资源的可获取性,为用户提供更加准确和丰富的资源。

(2)从记忆、身份认同、人权、正义等人文社会角度展开的研究。

一方面,研究着眼于 Web 2.0 可以通过吸引不同主体的参与促进档案实现各自的记忆建构、身份认同、正义、人权等。安德鲁 · 弗林在社区档案的研究中认为:Web 2.0 的技术和基础设施可以推进社区档案馆的建立,以保障边缘群体和普通社区的权利。通过 Web 2.0 提供的虚拟环境,有着共同兴趣的社区在形成中不再需要物理意义上会面的地方,分散区域的人得以聚在一起。这样的变化甚至让人将网络平台视作收集、储存和分享社区记忆和档案,尤其是照片、扫描文件及口述资料的地方。在关于身份认同与档案的研究中,英国国家档案馆利用 Web 2.0 开展一系列措施,例如在 Flicker 上建立相册,整理个人档案,保存博客,贡献内容到维基与 YouTube 上或是建立社区作为"你的档案"(用户的档案)的一部分。这些英国国家档案馆利用 Web 2.0 做的努力,都对形成个人与集体的身份认同有积极作用。

另一方面,Web 2.0 所形成的信息通过记忆、身份认同、正义、人权等对文件、档案的理论与实践产生影响,各主体尤其是个人参与是关键。档案同个人、集体记忆与身份认同有着密切关系,身份认同根植在记忆之中,记忆则需要档案和社会空间的支持,这些档案和空间随着 Web 2.0 的普及正在越来越多地转移向网络,这都在推进着档案范式的转变。在关于档案馆作为记忆场所的研究中,伦敦档案馆使用 Web 2.0 来共享信息,Web 2.0 使用户成为内容生产者，从而将形成新一代的档案馆，让人们上传文档给档案机构，述说自己的故事，档案馆成为构建个人和集体记忆的社会空间。

其他研究比较分散，例如，在个人数字信息归档和保存的研究中，提及通过 Web 2.0 的应用如社交网站解决保存问题；数字时代的机构电子文件管理，在对电子文件管理中使用 Web 2.0 的技术和应用来优化管理环节，如在电子文件的分类中采用分面分类法，使用了一种 Web 2.0 类型的集成语义信息服务软件优化用户体验；从语言学角度考察归档 Web 2.0 环境中的信息，研究发现 Web 2.0 网站如 MySpace 和博客呈现的文本主要功能是用于交流感情和聊天，通常表现出来的都是实时的没有修饰的表达。

1.3.2.3 Web 2.0 阶段的专指性研究

Web 2.0 的影响不仅在于技术层面为文档管理提供延展的平台，而且给文件、档案职业带来的是在技术、信息和文化领域的持续挑战。在这样的一个世界里，技术扩大了人类创造和社会互动的范围，参与式文化成为全球性的，互联网已经从根本上改变了对社区构成的理解。因而，研究不仅限于以 Web 2.0 和社交媒体的工具性应用促进档案管理服务，而且是关于其技术、文化、信息、社会等影响给文档管理理论与实践带来的变化，这是更加重要的方面。有文章指出需要重新考虑信息生命周期、文件、档案的概念乃至来源的定义，获取和保管这些类型信息的相关挑战也出现了。

关于文档管理的目的是否合适的问题已经开始提出：文档管理是否会因为只关注官方文件、档案而在大环境关注社会与个人的趋势中面临过时的风险。更多研究者认为文件、档案会继续在 Web 2.0 环境中存在，其作为固化信息与普通信息有着根本区别，代表更加有价值的信息。无限的容量和检索技术并不能取代文件与管理的功能，同时文档管理的功能也需要在新的网络环境进行调整，以更好地发挥效用。

因此，文档管理的理论与实践需要进行反思和重构是必然趋势，这在当前的研究成果中表现为：如表 1-4 所示，从 2005 年开始，研究随着 Web 2.0 的普遍使用更加有针对性，虽然来自不同的立场和角度，但绝大多数的研究都指向参与式的文档管理。

表 1-4　专指性研究概述框架

<table>
<tr><th colspan="2">维度</th><th>观点概述</th><th>启示</th></tr>
<tr><td colspan="2">概念</td><td>网络环境中的文件与档案更加泛化,与信息的边界愈趋模糊,既在于Web 2.0环境中更加动态与易变的信息对象,也在于信息背景如主体(个人)、形成环境(从封闭系统到开放平台)的不同</td><td>明晰了文件与档案向信息走近的趋向,但还有待界定与信息的相互关系,以及明确Web 2.0环境中信息的特征</td></tr>
<tr><td colspan="2">Web 2.0对档案领域的影响</td><td>影响主要源自Web 2.0的复杂环境,多主体、多来源形成的海量信息。由此引发的是档案工作者的定位问题,以及寻找合适的调整方向以应用于管理的不同层面与环节</td><td>梳理出了Web 2.0环境影响档案理论、管理方法论以及实践的关键节点,阐明重构的必要性,但是还有待细化Web 2.0环境带来的机遇和挑战</td></tr>
<tr><td rowspan="2">不同主体参与Web 2.0环境中信息的档案化管理</td><td>档案机构等记忆机构(永久保存者)</td><td>工具派的观点,以人为中心,通过Web 2.0的技术、工具和平台提升档案管理水平,尤其是利用Web 2.0开展档案工作,开通用户参与渠道与功能,分享档案资源,与用户形成良好互动。代表是archives 2.0(建立开放与主动的档案馆)与archives 3.0(建立吸引不同群体尤其是大众参与档案资源共建共享的档案馆)</td><td>进一步明晰从记忆机构的角度来实现社会记忆共建和共同叙述历史故事的方向,有助于形成使用Web 2.0平台与应用的策略。
但在信息对象上主要为数字化的信息,在一定程度上忽略了Web 2.0环境中正在形成的原生数字信息</td></tr>
<tr><td>机构类的信息形成主体</td><td>把Web 2.0环境中形成的信息视作新的一类数字文件,一方面依旧遵循已有的电子文件管理与信息治理框架,如暂时共用原有的分类方案;另一方面需要针对新的特点,如形成于第三方平台,在制度与政策以及具体的管理上做一定的调整,针对社交媒体平台开发、评测和使用合适的捕获工具</td><td>已有初步政策和工具对Web 2.0环境中的信息进行档案化管理,但还需进一步从政策和具体实践上升级管理环节,例如保管期限表的完善等</td></tr>
</table>

续表

维度		观点概述	启示
不同主体参与 Web 2.0 环境中信息的档案化管理	个人（Web 2.0 环境中关键的信息形成与保管主体）	在一定程度上和个人信息管理有重合之处。个人信息的档案化管理，在意识上有一定的欠缺，形成信息多于保管信息，对信息可信保存的风险认识不足；个人信息在一定程度上参考机构信息档案化管理的方法与实践；个人信息作为 Web 2.0 环境中的重要组成，其档案化管理的需求无论从现行“业务”或是历史记忆的角度来看都有很大必要性	开始关注个人信息的档案化管理，亦发现与机构主体的不同，无论是意识、管理方法，还是档案化管理目标。但还未有明确的认识、理解、理论构想以及相应解决方案
	网络服务提供商	研究主要围绕第三方平台目前的管理配置是否满足档案化管理的需求，以及第三方平台参与对这些信息档案化管理的必要性和基本手段，如设计平台时的档案化管理功能分析与嵌入	从案例的角度予以诸多实践的启示，但还有待完善功能需求分析与功能模块设计
	综合层面	不同主体都要参与到 Web 2.0 环境中形成的信息管理中，个人和社区将成为重要的参与主体，档案机构等记忆机构作为专业知识和方法的代表转变为信息管理的指导者与教练员	明晰 Web 2.0 环境中信息档案化管理的走向，但作为一种理论构想，还需要进一步搭建总体框架和具体实践办法，且深入研究，例如哪些信息是文件与档案，价值标准如何设定

(1)Web 2.0 环境中档案的界定

信息形成和管理正在进行着技术上的转变，最根本的在于各类主体如个人、网络平台参与信息的形成，多主体协作形成的信息成为档案的条件难以确定，意味着档案的概念需要重新界定。

档案的概念与 Web 2.0 环境中生成的信息有矛盾之处。在 Web 2.0 环境中，档案定义中固化的内容、背景以及结构与网络信息的流动性和多变性形成冲突，尤其是网络环境中新媒介和主体的参与，在定义和呈现上都对档案提出挑战。网络档案的定义似乎更近汇集(collection)，这是由于德里达的理论等导致更多人关注到档案以及新媒介，例如网络导致人们对档案有不同的新理解，这并不意味着之前的档案定义需要被替代，只是要关注到新定义的不同。在科学数据的案例研究中，档案的形成者和保管者对"文件、档案"的认识有着根本不同，例如科学家把所有的数据、数据库或相关信息当作文件、档案，而档案工作者则更为严格，这种不同随着网络空间中的分散互动信息的出现而更加复杂，在 Web 2.0 环境中，活动的、社会的以及个性化的信息数量不断增长，如果这个问题不解决，这些信息就无法成为档案。

InterPARES 提供了基于文件身份鉴定学和档案学的电子文档要素分析模板，对 Web 2.0 环境中的文件、档案界定有着一定的借鉴价值，例如以形式、背景、内容、载体、活动、媒体等要素解析政务微博信息，得出政务微博信息有着成为档案的本质性要素，即可固化的原始记录，但这也面临着 Web 2.0 环境中的信息特性如依托第三方平台以及互动性的挑战，需要做出新的调整。

(2)Web 2.0 环境对文档管理的影响

在目前 Web 2.0 环境的档案实践中，档案工作者遇到了未能用当前方法解决的问题，例如多主体参与造成的所有权、隐私、安全、利用问题，以及海量信息的捕获与归档的困难，存放于第三方平台的缺陷等。例如，在伦敦奥运档案的项目中，很多有着文化遗产价值的网络信息来自全球网络，需要网络归档来捕获它们，面临的困难在于捕获社交网络和公民媒体中的信息，主要表现为如何完善捕获过程中无法确认的来自动态交流平台的信息的技术需求以及如何选择需要长久保存的信息。因而，管理层面的研究更加繁杂，涉及此前的管理方法是否有效，是否需要调整，Web 2.0 环境中新的管理如何，哪些主体的记录需要被归档，怎么保管和利用等。

Web 2.0 的影响提及很多的是信息的多主体和多来源。在 Web 2.0 环境中，随着利用者对其信息管理自主权和所有权的意识的提升，共同形成者(co-creator)的概念不断提起，用户同时成了生产者，这也使文件、档案理论、方法论以及实践面临范式转变。维基、博客、YouTube 等 Web 2.0 应用正改变着文件、档案形成和保管的方式，如果主体输入内容，产生资料，他们就对文件、档案有了所有权，也有更多控制未来使用的权利。一旦多主体被赋予参与权利，档案职业需要面临不同形成主体间的冲突、混乱不受控制的用户行为与文档管理理论论述的复杂性以及同每个主体的矛盾，这些都将影响并帮助理清和阐明文档管理及其管理者在正在改变的时代中的角色。例如，政府 2.0 意味着文件、档案在政府机构和公民的互动中形成，公民成为业务职能的一部分，成为共同的形成者。在互动与超链接的数字世界中，文本变为超文本，在阅读中重构，用户成为作者。这并不是说他们一定被赋予了所有权，但是也需要对管理、获取和利用的权利进行拓展。

文档管理的转变还涉及档案职业的重新定位。这包括档案工作者怎么看待他们的职业角色，例如身份认同，有什么新的能力需要，档案工作者怎么界定他们的技巧和工作表现。面对网络环境，他们面临着资源、能力还有定位上的问题，面对电子环境，他们需要知道应固化什么资源，扮演什么角色，具备哪些能力。档案工作者个人要考虑如何开展业务；档案职业群体要思考如何在新环境中帮助管理文件、档案，防止社交网络对文件、档案保密性与资产价值的伤害以及明晰法律、数字发现对文档管理的影响。

在这样的背景下，一方面，学者意识到 Web 2.0 环境中的信息有纳入文档管理的必要，尤其是第三方的社交媒体在政府机构、企业、其他社会组织中普遍运用，形成的信息价值在记忆、研究、业务、法律等层面均得到认可。

另一方面，学者认识到 Web 2.0 对业务机构提出新的管理需求。因而，他们纷纷梳理 Web 2.0 在业务机构中的应用情况、所形成信息的新特点、对文档管理的影响，以及提出对应的解决思路或方案。从信息本身来看，Web 2.0 的社会数据有多元背景与动态化的特点，文档管理的需求是保持归档数据的不变性和对数据的有效处置，由于管理主体的不同，要依赖使用平台的管理、采用第三方的工具和解决方案等。Web 2.0 在业务机构中的使用给文件、档案以及信息部门的挑战不止如此，微观层面涉及分配管理和保管信息的责任；海量半结构化、非结构化和动态变化的信息的形成、收集、存储和传播；信息的控制利用；信息的安全与完整性；提供利用的工具；对分散在不同系统和数据库中的信息的法律后果评估；决定多少信息可以成为公共的；管理工具和技术使用等。宏观层面的挑战则包括：管理层面的权力与责任的分散和低效;政策层面源于文件、档案本质的变化要求管理的调整,主要在于定义、价值的判定、利用、处置、保存方面缺乏标准和原则以及评价;技术层面涉及捕获、管理和保存上的困难;能力层面表现为资金与培训的不足。

(3)从不同参与主体角度探讨参与式的文档管理

下面以 Web 2.0 环境中形成的信息为对象,以多主体参与作为文档管理重构的方向,从不同参与主体的角度来探讨独立的或是协作的参与式的文档管理。

学者围绕在 Web 2.0 环境中呈现的契机和挑战,从不同角度形成研究成果。这些研究从文档管理的角度审视不同的参与主体在 Web 2.0 环境中的信息管理,具体地描述不同的主体如何管理在 Web 2.0 环境中形成的信息,以文档管理的方式管理这些信息存在的困难,依此提供可供参考的构想、政策、指南、工具、案例等。

①从档案机构或其他记忆机构即文件、档案的永久保存者出发。这类应用性研究对 Web 2.0 的关注是在技术层面,通过 Web 2.0 的技术、工具和平台来提升档案管理水平,利用 Web 2.0 开展档案工作,开通用户参与的渠道与功能,分享档案资源,与用户开展良好互动。

Archivemetica 的博客上在 2005 年就发布了一篇文章探讨 Web 2.0 与利用数字档案的关系,文章谈及 Web 2.0 已经迅速成为有巨大市场的应用,将使网络信息管理呈现去中心化,更能实现终端用户的信任,因而需要探讨数字档案的所有者和管理者应如何利用 Web 2.0 的技术和实践来脱离传统、单向的检索与浏览功能,从而使利用系统的质量和可用性得到提升。

随着实践和研究深入,archives 2.0 作为新一代档案馆的提法也逐渐出现,并且有相对成熟的论述。archives 2.0 不是 archives 和 Web 2.0 的简单相加,而是要在档案的实践中融合开放性和灵活性,是将 Web 2.0 作为其中重要的一方面把长久以来的设想变成更广泛的现实,建设开放、以用户为中心、具备透明服务的智能型的档案馆。

同时,有学者提出"参与式档案馆",区别于社区的参与式档案管理,它是使用 Web 2.0 构建用户参与的档案馆,主要表现为:第一,分散保存。保存功能由档案工作者(或信息管理者)及参与者共同承担,他们作为集体对档案、背景以及利用有着深刻认识。第二,以用户为中心。在参与式档案馆中,资源的可用性和可获取性是第一重点,这将指导档案的鉴定与保存,在档案流程中要有更深层次的参与,需以用户为中心。第三,更广的背景化(contexualize),这包括文件、档案和整个管理流程。来源原则和背景原则是重点,除了关注传统的文件、档案的背景,它们的形成者、保管者和使用者亦是十分重要的背景。参与式档案馆的功能包括:协调和接收适合的信息;获得一定的长期保管信息的权利;独立或协作来构建社区;确保提供的信息能够被独立理解(提供相关背景);遵循政策和程序,使得信息能够依据所有规则保存,作为真实复件传播;确保信息可用。凯特·天玛认为参与式档案馆要更加广义,她提出了 archives 3.0,即要更加以"人"为本,除了专业人员以外的主体也参与档案知识和资源的贡献。

与参与式档案管理不同,社区的参与式档案管理虽然也强调参与,却在 Web 2.0 产生前就已经存在,主要是指由社区的组成人员来参与构建所属社区的档案馆,无论是线上还是线下的形式。但是,Web 2.0 可以为社区的参与式档案馆构建提供更加便利和智能的平台、技术和工具,无论是在研究还是实践中都开始注重两者的融合。

②从形成机构出发。黄新荣、吴建华对政务微博档案化保存进行初步探讨,在从业务价值、证据价值、信息价值肯定政务微博档案化保存的必要性的同时,列举出档案化保存面临信息量大、互动性、超媒体、即时性造成的档案化保存困难,缺乏和平台运营商的合作以及无存档机制等不利影响因素,针对这些问题简略提出重视微博档案的管理、紧密地和平台服务商合作、建立政务微博档案保存机制的策略。

部分研究针对形成机构提出 RM 2.0。史蒂夫·贝利 2008 年出版的专著《管理众多:Web 2.0 世界文档管理的再思考》(*Managing the Crowd: Rethinking Records Management for the Web 2.0 World*)探讨了 Web 2.0 技术对文档管理的影响以及未来的管理方向。他明确对于那些使用 Web 2.0技术而形成的文件、档案的管理鸿沟,界定了 Web 2.0 技术在工作中的应用,并且审查了为何当前的文档管理理论需要调整来适应社交软件以及网络技术。他提出一些前瞻性的方法来应对 Web 2.0 技术在当前和未来对现代文档管理环境的影响。他质疑当前的鉴定和分类方案在社交网络和数字环境中的有效性，关注文件形成者如何构造办公室环境，要求推进一种新方法，而非要求形成者适应过时的实践。

加拿大图书和档案馆推出的系列研究性质的文章认为 Web 2.0 环境中信息是流动的，且处于复杂的网络与系统中。信息是虚拟、不固定和持续变化的，其价值是多元的。如果要获取、保存和提供信息资产，理论就需要被重新审视。例如，证据功能虽然不会消失，但是在转移至 Web 2.0 环境中时会呈现不同特点。Web 2.0 环境中的文档管理需遵循三大原则：从模拟世界中走出，进入数字世界，重新考虑对象与实践；深思熟虑，完整思考出全面的覆盖技术、内容、社会文化的方案；立足于动态的环境中，构建出不同于以往的线性模型的授权模型。

英国同美国由于法律的规定，即在规定范围内的政府机构、企业等需要依据法律的要求捕获、归档与保存 Web 2.0 应用所形成的信息，因而形成主体与档案机构具备一定的研究与实践经验。例如英国要求遵循 *The Legal Deposit Regulations 2013*，通过在法律规定范围内的社交媒体等发布的信息都需收集备份。英国国家档案馆网站的社交媒体档案库就是其归档保存的体现。当前他们已有一定的途径、工具与方法对这些信息实现档案化管理如捕获、归档等。主要方法为：档案机构等记忆机构与发布平台合作；使用和升级已有的网络归档工具获取信息；借用发布平台的 API。但这些方法都在保护原始性与真实性，在抓取背景信息数量及利用等方面存在不足。实践也说明，面对海量的多主体来源的信息，社会归档可能是一种途径，即单独的记忆机构难以做到对这些信息的完全收集与保存，而是需要社会从个人到组织的共同合作。

而美国的法律环境也要求管理这些信息以保证其真实性与可靠性，保护其作为证据的价值，以便在法律事务中可以被承认、认证与发现。因而，需做到：理解社交媒体所形成的信息类型并决定哪些信息需要监控与收集；确认在必要的时候应从哪里获取相关信息；确认相关社交媒体的安全程度；基于投资回报的理念选择合适的收集或监控工具。

美国联邦政府及各州政府的 Web 2.0 环境中信息的档案化管理在很大程度上都有政策的支持与实践上的进展。NARA、亚利桑那州图书馆、档案馆与公共文件部门等对业务机构如何归档和管理 Web 2.0 的应用如社交媒体、社交网络形成的信息发布了相应政策。政策界定了 Web 2.0，总结使用现状，从合规性的角度以联邦文件档案法或是各州相关法案规范 records 的定义与管理需求，阐明了 Web 2.0 环境中信息归档的必要性。随后，梳理了管理中将遇到的挑战，以及相应的解决方法。比较有代表性的是 NARA 的《社交媒体文档管理指南》，以及总结了各类捕获工具及经验的《社交媒体捕获最佳实践白皮书》，亚利桑那州发布的《公共机构电子通信、社交网络与网络文件通用保管期限表》。

③从个人（公众）的角度出发。随着技术的发展，数字生活也在发展，移动设备、在线社交网络、Web 2.0，以及博客等无处不在，Facebook、Flicker 还有移动电话里都保存着文件、档案，捕获和管理这些数字证据也面临着更多的挑战和机遇，文档管理可以为个人信息管理提供方案。个人文件、档案的管理亦可以借鉴此前机构电子文件管理的成果，如 ICA《电子办公室环境中的原则和功能要求》。

首先，研究着手建立个人网络信息档案化管理的概念与理论基础，确认数字世界中的文件、档案是什么，建立档案理论与管理方法论。澳大利亚学者苏·迈克米希从证据性角度对文件、档案和记录的信息进行区分，在文件连续体思想、后现代以及后殖民理论框架下利用新的社会技术和原住民的认知方式重构了档案定义，涵盖了更多形式的平行来源。她建议从个人和机构的二分法中脱离出来，将“我的证据”与“我们的证据”结合，关注数字世界中的文档管理对形成集体和个人记忆的作用，个人文件、档案的形式，以及个人和公共文档管理的相互关系，与其他记录的信息的关系。她认为，数字技术不仅改变了文档管理的流程，还改变了什么是可归档的。随着 Web 2.0的广泛应用，社会的互动与活动能够在相互关联的社交网络中得以记录，虚拟的个人和社区档案馆得以形成和再形成，也实现了新的网络化和互动化的文档管理活动，个人与公共的文档管理通过共同的形成者融合起来。个人与机构处于监控之下，长期的所有权、保存和利用更加依赖于提供服务的平台，很多问题在现有框架下无法解决，提供档案服务和与用户互动的方式也受到改变。档案空间处于单个档案机构的控制之下，但是档案空间允许分享，多元的角度也可以得到呈现，只有档案机构、组织、社区、个人、制定标准的主体和商业公司实现协作,云计算和网络服务等才能得到有效运用。

其次,有研究针对某些种类的文件、档案或是特定的个人文档管理环节展开。例如对社交网络形成的信息鉴定进行探讨,认为通过带有互动化特征的 Web 2.0 技术,个人越来越多地在网络上留下踪迹,但是鉴定面临着许多困难:其分散性、链接的单向性和追踪技术的限制使信息难以识别和收集,在不同的平台也有不同的特点;社交网络的本质是公共的网络空间,这些信息的公共与私人界限日趋模糊,受到的注意力和互动程度并不均衡,这些都增加了价值判断的复杂性;第三方平台也有较多风险。针对这些困难,解决的思路重点是:理清收集的原因和对象;使用超链接作为收集标准的一种方法;做好网络的人口统计,明晰这些收藏反映的是谁;将鉴定标准转为收集策略。其中应考虑网络人格的多面性,信息的多平台;收集的逻辑性,收集的来源、频率、参数,投入的分配;明确是要以深度为先还是广度为先;注意对集体智慧的依赖而带来的风险,且要融入专业档案工作者的意见。其中,合作与利用自动化平台是良好的管理实践的重要因素。

最后,以案例分析的方法考察 Web 2.0 环境中个人文档管理的现状。有学者通过对 Facebook 的用户进行网络调查的 500 多份有效数据进行了分析:用户如何使用 Facebook 来呈现自我和记录每天的生活故事;他们是如何看待这种记录的活动;通用的影响因素有哪些。研究发现,用户通过 Facebook 与朋友、家人等交流和分享生活,尽管确实记录了用户的生活,但是用户并不是为了记录而记录,也未意识到这些记录的价值。如果要对有价值的记录进行归档,面临的困难包括多平台的分散性、平台不能满足档案管理的需求,多数用户尚未意识到这些信息的价值等。在可信性研究中也有相似的发现,用户的首要目的是分享,不太关注可信性的问题,可信性遇到的一些问题表现为:用户不够专业、信息遇到的技术删除与篡改问题,缺乏规则来识别和公证。

④从网络服务提供商的角度出发。以图片类社交网络进行的实证调查认为,这些图片的记忆功能转向交流功能,该特点与之相应提出的挑战表现为:媒体集聚性,即通过相机、移动电话、电脑等移动设备与网络的支持,图片得以流动,在存储、利用和分享过程中要考虑服务提供商作为第三方的权

利问题，建立这些数字图片的背景，长期保存和利用；连接性，是指数字图片的利用者可以对数字照片贡献内容，在互动中不断变化，不同的系统和平台也可能会造成数字照片的变化，因而数字图片一直处于变化中，挑战主要在于界定作者和数字构件方面；短暂性是指数字照片是为了虚拟交流而形成，并不是为了永久保存，挑战主要在于遗忘价值的探讨、保管期限、个人信息的利用和隐私保护的平衡、数字化和在线利用。

通过对 Facebook 功能的考察和用户访谈来讨论社交媒体账户在用户去世后面临的管理及利用障碍发现，Facebook 现在的方法主要是在用户去世后关闭用户账户的浏览渠道，这在一定程度上破坏了作为信息重要背景的用户之间形成的关系网。因而有这样的提议：社交媒体的普遍应用形成了有价值的文献遗产，它的保存需要相关利益者的共同努力，其中确定要解决的是这些信息的长期保存问题，从文件、档案的角度确认文件、档案是什么，有什么属性，才能考虑怎样从档案的角度保存，这种需求应该在 Web 2.0平台与应用建设起就要考虑。

亦有从记忆机构的角度研究 Web 2.0 环境中的个人文档管理，其中提到对这些信息的档案化保管并不意味着需要进入传统的档案库，而是鼓励社交网络的服务提供商制订和实行长期保管的计划，促进各主体相互协作。

⑤从综合角度出发。以特里·库克为代表的学者在很大程度上跨越公私边界、虚拟与现实边界以及档案专业与业务边界，提出了全景式的预测。这种预测中，Web 2.0 既要作为工具来推动参与式档案管理，也作为信息的形成与管理环境来实现从理论、方法论与实践都实现重构的参与式的文档管理。他们认为 Web 2.0 模糊了私人和公共的边界，是对米歇尔·福柯提到的保管新时代的反映。其中，合作构建记忆与事件的集成循环是对文件、档案生命周期阶段划分的进一步挑战，令我们思考档案工作者的角色是什么，如何处理在 Web 2.0 中生成的“流浪在外”的“野”文件、档案的噪声以及元数据缺失问题。重新考虑哪些现代档案需要被管理与哪些不需要被管理，新媒体也为复活和保护被遗忘或销毁的文件、档案提供了机会。对于这样一个边界不断扩张，在时间维度上不断拓展的文档管理的现象，库克认为是继证据、记忆、身份认同之后将要到来的第四范式的反映——参与式档案

管理:积极的档案工作者导师、联合的证据与记忆制作[①]。他认为这样的范式还在行进中,未真正到来。社区是第四范式的关键概念,是档案的民主化,是对社会的回应,是受数字时代的交流形式和社区所要求。

苏·迈克米希融合了她关于个人档案管理的研究成果并提出了相似的看法,她基于澳大利亚的文件连续体、后保管理论、原住民的认知等,研究个人和集体在合作形成的数字时代如何呈现出多元的档案宇宙。文件连续体和相关的理论方法为探索个人文档管理形式、行为以及文化在复杂的"我的证据"与"我们的证据"的相互联系的背景中讨论多元性提供了概念框架。同时,Web 2.0 等数字技术为个人和集体的文件、档案形成与管理的行为提供了可能,并使集体和社会的互动在巨大的关联的社交网络中记录下来成为可能,政府机构、私人公司、社区地址和个人数据成为相连的档案集合。由此,澳大利亚学者弗兰克·阿普沃德与苏·迈克米希等学者提出文件管理信息学——连续体理论在网络环境中的新体现。文件管理信息学,简言之是网络环境中档案多元论框架下的文件连续体管理。英文的表达是 recordkeeping informatics,recordkeeping 是指档案从形成(文件)、捕获、组织到形成整体的过程,informatics 是指信息学,即信息科学,它研究的是信息在自然和人工系统中的呈现、加工和交流[②]。因而,一方面,文件管理信息学使用信息学来强调,归档的信息对象不能忽略,但首先关注的是不断形成的流程。另一方面,对文档管理的关注,是为了应对数字化信息聚合这样一种生态所带来的挑战而提出的。在信息集聚、噪声以及复杂性不断增长的环境中,需要重塑思想、系统、流程以及实践的途径,形成的信息才能成为活动的证据。

它将文件连续体理论和元数据管理作为两大基石,以多元化的视角和框架,立足于多主体参与信息形成、管理与利用的环境,从文档管理的视角研究在集聚的信息环境中如何形成、捕获、组织和多元化活动的应归档信

---

① Cook T. Evidence, memory, identity, and community: four shifting archival paradigms[J]. Archival Science, 2013, 13(2-3): 95-120.

② Upward F, McKemmish S, Reed B. Archivists and changing social and information spaces: a continuum approach to recordkeeping and archiving in online cultures [J]. Archivaria, 2011, 72: 197-237.

息。元数据是从应用层面帮助在有噪声的信息环境中形成对信息的归档管理,它关注的是信息在形成过程中的时间维度上的各个时刻,来源的结构化数据、流转以及关系网。这可以帮助解决数字与网络环境给文档管理带来的时间上的问题。

基于这两大基石,文档整理还需结合组织文化、业务流程以及文档存取这三方面进行分析。组织文化关注的是机构与文档管理相关的能力及环境要求的意识。业务流程是指要关注形成活动记录的目的、职能、业务和工作流,在数字环境中,业务流程的分析不仅要关注自上而下对信息的使用和控制,也要考虑随着网络支持的信息和通信设施的使用而形成的自下而上的业务流程。文档存取在数字环境中是要建立文件、档案与信息的共享系统,而不是分散于不同的利用框架内。在政府的框架之外,社交媒体技术和终端使得文档管理对数据的所有权和责任属于用户,个人正在积极使用智能网络,而组织却没有将它们与组织系统链接。个人与组织的界限被挑战着,组织没有利用文件、档案的方法来进行信息管理,文档管理的社会维度被忽略,从而使文档管理漏洞百出。在组织中,对文件、档案和具有证据性的信息系统的数据信息分开管理使得利用的环境无序、腐败和犯罪滋生,这些问题都对利用提出挑战。

例如,形成于网络环境中的数字个人与公共文件、档案的特征被认定为个人与组织间新的合作形成者的社会和文化现象。在线业务活动例如网络银行、机票和住宿预订、账户关系等直接把个人纳入网络交易共享的文件、档案的共同形成中。虽然这在纸质世界中也存在,但是数字技术和社交媒体使得在共享和网络的空间中不同方面可以同时存在,准备好了对所有利益相关者参与的支持,包括捕获内容与背景元数据,协调相互权利和协议以鉴定、利用和注释文件、档案及贡献新的视角。数字技术能把不同背景中口述的描述和记忆同书写的文件、档案连接起来,保存在不同的机构库中。他们可以从不同的视角提供与这些连接的文件、档案相关的观点。例如,扩展的个人档案在范围上包括由他自己的个人文件、档案,其他人和组织保管或是存储在共享的数字空间业务以及社会互动的文件、档案。数字网络和文件、档案系统可以通过组织、社区、个人、家庭、政府以及社区档案馆、图书馆、博物馆、艺术廊连接许多不同的档案馆、组织和个人。他们可共同控制并且对文件、档案执行协商一致的权利,可以容纳不同类型、形式及媒体的文件、档案。澳大利亚的文件、档案系统和相关的元数据基模可以呈现不同的来源,提供个人、社区、集体和社会视角。社交媒体和其他数字技术已经可以支持个人和集体文档管理新的结合以及在保管之外的档案管理行为。这些技术支持个人以不同形式在共享的空间里互动地记录他们的生活,并与政府、企业、社区档案馆、图书馆以及其他文化机构的文件、档案互动。

1.3.2.4 反面性研究

当然,有研究指出,Web 2.0 的影响被扩大化了。

(1)文档管理理论在 Web 2.0 环境中的进化不仅是对技术变化的回应,也是学科和实践基础的表达,因而不用夸大 Web 2.0 的影响。例如技术变化确实提升了对社区的关注,但这并不是新议题,在此前的文档管理中就有。Web 2.0 的出现在技术上促使原有的思考更加深入,有了实证和印证的平台,但不过是对此前理论的发展与实证。如第三方平台的保管也是验证后可能适用于那些保存在第三方系统的信息和文件、档案。

(2)Web 2.0 在当前的接受程度和体现出的民主化现象被夸大。业余者在写作、新闻报道、出版、音乐等领域的参与甚至降低了智能和文化论述的质量,给现代社会带来了更多的噪声。这并非要求文档管理忽略 Web 2.0,而是要承认其不足之处及带来的不良影响。

(3)夸大 Web 2.0 对文件、档案定义的影响。尽管 Web 2.0 广泛应用,但是纸质范式依然存在,且有很大影响。网络信息更多是体现在人与人的交流方面,在行政管理使用的计算机中的影响有限。

1.3.2.5 相近学科的研究

与档案学相近的学科如图书馆学等同样也有诸多研究认为参与将成为记忆机构当前与未来的走向,因而提出参与式的博物馆与图书馆 2.0。

(1)Web 2.0 环境中的参与式博物馆

随着数字与网络技术的发展,文化权力中心也从年老和具有经验的实践者转向更加年轻和敏捷的专家与非专家,他们以"光速"进行交流及分享收藏。Web 2.0 和社交媒体对博物馆提出了这样的问题:这样的转变有多重要，能持续多久？每个人都能成为讲故事的人吗，是历史的阐释者、保管者和讲解员吗？新的虚拟世界中真实的物体还重要吗，真实的专家呢？真实和虚拟的世界能够相互学习吗，是否在动态的对话当中？

参与式的博物馆在 Web 2.0 环境中逐渐成形与壮大，得到研究者和实践者的推崇。英国 Worcester 市艺术画廊和博物馆的 Top 40 项目、Lodz Ghetto 儿童项目、Lore 城市记忆动态故事地图项目等都使用 Web 2.0 来建立参与式的博物馆。在参与式的博物馆中，更多的用户同博物馆对话，参观者形成的东西可以在博物馆展览；参观者的评论会形成最受欢迎或刺激的展览品的地图，可以帮助参观者找到有同样兴趣的人，参与特殊内容的活动或讨论；为用户和博物馆员工相互提问提供论坛。这样的想法或者实践在 Web 2.0 出现前就已经产生了，但由于 Web 2.0 能够支持用户通过信息进行网络行为，同时能够对用户的这些参与性行为形成反馈，为实现参与式的博物馆带来了前所未有的机会。

参与式的博物馆能够让用户将自己的故事、图片、视频等上传，将自己放置于历史的地图上，这是前所未有的项目。用户能够通过 Web 2.0 提供的点赞、做标签、评论、博客、书签等简易的方式获得对话的渠道。一方面，用户可以通过网络的协作式的知识共享方式从博物馆获得学习和研究的资源。另一方面，用户被赋予一定的权利以发声，让人们听到他的声音。由此，历史能够从不同的角度得到说明，多元的观点和声音能够通过整体博物馆呈现，不同的主体参与集体记忆的构建。

(2)Web 2.0 推动的图书馆服务新模式：图书馆 2.0

图书馆更早关注到 Web 2.0 的影响，无论是专业期刊还是网上论坛，都更多的是探讨 Web 2.0 对图书馆的影响，提出构建图书馆 2.0。图书馆 2.0 是图书馆新的服务模式。图书馆 2.0 的核心是以用户为中心，邀请用户参与实体及虚拟服务。最早引入图书馆 2.0 概念的是迈克尔，随着更多的研究者和图书馆员参与到图书馆 2.0 的讨论中，各自不同的看法形成了，它是一种思考方式，一种运作方式，不仅关于利用，还关注分享。

对图书馆 2.0 较为一致的界定包括：

①这样的图书馆是无所不在的。图书馆 2.0 可以在需要的时候通过各种设备或是通过图书馆以外的服务例如门户、虚拟学习环境和电子商务应

用等提供服务。图书馆2.0能够实现“无墙”访问,无论何时何地用户都能在需要的时候在网络上获取服务。

②图书馆无障碍。图书馆2.0的方法能够保证图书馆管理的信息资源是时刻准备好的,障碍是最小化的。在图书馆2.0的模型中,资源的利用和再利用是允许且是受鼓励的。由于许多政府采用了信息自由政策,用户对图书馆所管理的信息的利用期望有了很大提升。图书馆2.0需与用户以及其他图书馆相关利益者合作以提高信息的可用性,现代图书馆员必须持续致力于减少使用服务和图书馆的障碍。

③图书馆邀请参与。图书馆2.0邀请和促进参与性的文化,吸收志愿者员工,这种概念在当前Web 2.0环境中的维基、博客、社交书签系统、RSS中更加明显。

④图书馆2.0使用灵活性最好的breed系统。这种模式要求图书馆和各类合作伙伴形成新的关系,在这种关系中,所有主体都尽量排除核心服务在运行中面临的限制。图书馆2.0挑战了传统的繁杂的提供服务和产品的程序,各种构建创新性地融合。图书馆员依赖于用户和管理者的专业知识与期望,从而识别获取及使用合适的系统来高效地提供服务。

1.3.3　有待拓展的空间

总的来说,目前的研究多是方向性上的,未能具体映射出Web 2.0对社会、文化、技术等方面的影响在档案世界的表现,这使得研究在宏观层面未搭建起成熟的理论与方法论框架,在中观层面没有梳理出理论与方法论构件,而在微观层面也没有说明具体的管理环节如何落实等。具体表现为以下几个方面:

(1)现状调查与研究不足

Web 2.0环境中的信息主体多元,有着共同参与形成信息的现象,形成的信息源自方方面面的活动。这些信息是文件、档案的重要来源,只有了解它们的基本状况,才能了解管理需要。而目前对Web 2.0环境中的信息乃至文件、档案形成的研究都比较分散,有针对政府机构、企业乃至个人的,却没有深入分析形成的信息以及这些信息管理层面上的现状，例如这些信息源于哪些主体和活动，其形式、内容、结构、特点、价值如何，当前由谁来管理，如何管理等诸多涉及档案化管理的问题并未得到完备解答。

现状调查的不足同样表现在 Web 2.0 同档案化管理的双向分析不足上：一方面，档案化管理深入参与 Web 2.0 环境中的必要性分析还不足。信息形成主体、信息技术部门、图书馆、博物馆、信息管理部门、信息形成平台等都在践行着对 Web 2.0 环境中所形成信息的管理。当前的研究未能说明在竞争者与合作者诸多的 Web 2.0 环境中，档案化管理对这些信息的必要性，尤其是对当前产生海量信息的个人主体而言，这方面的研究更加有限。

另一方面，Web 2.0 环境中档案化管理升级的必要性研究不足。这表现为 Web 2.0 对档案化管理的影响研究不够充分。受限于现状调查与研究不足，档案领域还未能明晰 Web 2.0 环境中对档案化管理从概念基础到管理本身有何机遇与挑战，是否需要档案化管理有一定的调整，如需调整，调整程度如何，调整方向是什么。

(2)对 Web 2.0 环境中档案化管理对象的界定不足

随着社会、文化与技术等环境的变化，文件、档案以及信息概念的内涵与外延会有所变化，也需要有所坚守。在多主体参与的信息世界中，需要理解不同主体对文件、档案的认知是什么，而档案理论与实践中已有的界定是什么，如何在 Web 2.0 环境中获得相对统一的界定。而在目前的研究中，尚无明确定论。

(3)参与的界定与阐释不足

尽管在 Web 2.0 出现以前，参与式的档案管理就以形成机构、档案机构以及公众或社区等主体的相互协作的方式存在，但在 Web 2.0 环境中，无论是在研究还是实践层面，参与式的档案管理在对象、形式、方法、主体和目的上都有一定的变化。在目前的研究中，参与只是在宏观层面作为一种构想的方向，在部分案例中予以某一方面的呈现，无论是库克的社会/社区范式还是弗兰克的文件管理信息学，都只是给予了初步的设想，参与在其中如何呈现，有哪些要素，最后的输出结果是什么，如何实现，都还缺乏具体的界定与阐释。

(4)多数研究有待深入

一方面，表现在理论与管理方法论的构建上。目前的研究主要是寻找理论与管理方法论基础,但都还未能厘清具体内容。RM 2.0 主要是从方法论层面寻找管理上需要变化的方向,但未阐明在这样的方向下,各个档案化管理的环节是怎样的。再以库克所描述的社会/社区范式为例,在本质上是对参与式档案化管理的未来形态的预测,与 Web 2.0 的发展趋势一致,但是这种预测并没有更多的理论与实践支撑,尽管已有一定参与式的档案化管理实践与理论,但与 Web 2.0 环境结合得甚少。总的来说,鉴于研究时间所限,以及这些信息进行档案化管理的复杂性,研究在一定程度上仍处于框架层面。

另一方面在于具体的管理环节上。当前的研究并未对所有环节都有涉及。如果以政策为文献源,政策最为丰富的美国则主要是聚焦于捕获和保存的环节。理论研究侧重于利用环节,对形成、收集、整理、鉴定等环节的研究十分有限。而即使各个环节或不同方面问题的研究存在,也是零散且深度不足的,除了利用环节有相对较多的研究成果,其他环节或方面的研究成为规模的不多。即便是作为核心环节的归档、鉴定等,基于 Web 2.0 环境的研究也很少。在个人信息的档案化管理中归档与鉴定有所研究,但也不多。

由此,研究不足可简要表现为:未能深入调查与理解 Web 2.0 环境中构建的信息环境,理论层面未阐明概念基础,方法论方面未指明参与走向是怎样的,管理环节上既无全盘的贯通,各个环节也缺少深入的探讨。这在一定程度上是受实践的不足与复杂性的影响,但是 Web 2.0 环境中不同主体形成信息的数量是几何级的,若是没有相对应的指导,在多变的 Web 2.0 环境中,应当纳入档案化管理的信息存在失去管理的风险,纳入档案化管理的信息也会存在管理不善的风险。

1.4 有待拓展的 Web 2.0 领地和开拓构想:研究方向、问题与内容

针对上文的研究不足,需要补足的地方还有很多,意味着 Web 2.0 环境中信息的档案化管理有巨大的研究空间。这些研究需要长久的不同方面

的共同努力。鉴于研究的客观条件与科学性要求，本书将方向锁定于从提挈全局的角度探讨 Web 2.0 环境中档案是什么，档案工作的走向、内涵与表现是怎样的等几个方面。

1.4.1 研究方向

(1)立足于描述广袤的档案世界

本书的着重点在于描述对档案世界的设想，这样的设想有三个基本前提：第一，档案世界是指所有的组织、机构、群体与个人在保管记录的过程中共同构建，这种保管行为不仅限于严格、官方与正规的档案化管理，而且从整个社会来看包括其他不同类型的主体如何进行“档案化管理”，怎样参与档案世界的构建，构建出怎样的档案世界；第二，档案世界同样涵盖文件、信息等对象，用档案世界来统称是由于本书是从档案学科出发，前端的信息或文件管理将纳入“档案化管理”的框架之中探讨；第三，对档案世界的描述在很大程度上是一种设想，即不仅立足于当下，还是对此后一段未来的预测。

(2)双向分析 Web 2.0 与档案化管理的相互影响

研究关注的是：一方面从档案化管理的视角分析参与 Web 2.0 环境中信息管理的必要性，从法律、历史文化、业务管理等方面确认对档案化管理的需求；另一方面，考察 Web 2.0 的理念、发展方向以及为何会给档案世界带来重大影响，梳理 Web 2.0 对档案化管理的挑战，分析档案化管理需要调整的关键之处与方向。由于技术发展的日新月异，Web 3.0 甚至 Web 4.0都将陆续出现与成熟，社交媒体、协作平台等也会有新的变化，但它们的发展是对 Web 2.0 理念的深入与拓展。因而本质上需要关注的是 Web 2.0背后的可持续理念在信息世界中的呈现，从而找到与档案化管理发展的契合点。

(3)以档案多元论为研究的关键理念

档案多元论提出：第一，相对于政府或居主流地位的组织通过档案来构建他们的更关注社会整体与主流机构的集体记忆，非官方机构更关注个体与被边缘化的非主流群体的记录，构建更为多元的记忆。第二，全球化进程中,各国与地区档案研究或实践机构加深合作,有着愈加统一化的趋势来达成一致的管理标准、动作等,多元化的视角要求关注那些本土的、地方的档案、档案实践以及档案学研究活动,关注他们宝贵的异质性。例如,各地不同的法律法规体系,是遵循连续体理论还是生命周期理论,各国档案馆是如何界定文件的,术语有什么不同。

以档案多元论为框架可以为本书构建概念基础与管理框架的过程中采用多主体的视角和观点提供依据:第一,在档案多元论的支持下,本书的概念界定与提出的管理框架将具有多元性的特征,以在理论上设定更加包容和多元的档案系统,从档案世界全局的角度来思考与研究 Web 2.0 环境中的信息管理。第二,本书不限于政府、个人或第三方平台,全面考察参与 Web 2.0 环境构建的各主体。第三,本书也不限于形成、保管或利用主体,观察各主体的定位以及如何通过参与和协作构建 Web 2.0 环境中的文件、档案系统。

(4)深入探讨与阐释"参与式"的内涵与表现

本书将基于库克等学者的预测,阐述参与式在 Web 2.0 环境中信息管理的表现,从而展现正在更换面貌的档案世界。参与式出现在理论与实践的方方面面,并非档案化管理的专属,但也在档案化管理中有所表现,例如社区档案馆、参与式档案馆,参与式鉴定与著录也在实践与研究中都有体现。

在 Web 2.0 充满"参与"理念的环境中,笔者认为参与式的档案化管理的内涵与表现将更加丰富。参与式在研究假设中初步界定为四个方面的参与:信息(档案化管理的那部分)的参与、主体的参与、媒体的参与、时空的参与。因而,在已有的理论与实践基础上,本书将梳理关于参与式的解释与表现,立足 Web 2.0 环境探讨与解释参与式有怎样的内涵,如何体现在信息的档案化管理中。然后从其具体表现、实现路径、可能面临的问题来论述 Web 2.0 环境中这种参与式的信息档案化管理,呈现出怎样的档案世界。最后,回归理论层面,讨论这种"参与式"的启示。

1.4.2 研究问题与内容

总的研究问题表现为在人人可记录，人人可共享，公私主体愈加融合，参与同协作的特点愈加明显的 Web 2.0 环境中，是否会出现人人可进行“档案化管理”的社会现象，档案化管理将以什么走向发展，档案世界将会是怎样的模样？从而解答：Web 2.0 环境中参与式的信息档案化管理构建的必要性是什么，什么是参与式的信息档案化管理？

在这样的研究方向上，研究问题与内容如下：

(1)Web 2.0 是什么，有何特点，Web 2.0 呈现的信息环境是怎样的？Web 2.0 是“去中心化”的，以互联网为基地，信息在其中反映着组织、机构、个人的行为活动、互动与内在特征，映射了社会的运作系统。Web 2.0 的信息环境构建在怎样的社会、文化与技术背景下，即 Web 2.0 的特征在其所形成的信息环境中如何体现，从而改变着档案世界？

(2)信息档案化管理参与 Web 2.0 环境的必要性及其发展方向，即为何提出信息的档案化管理？第一，Web 2.0 环境中信息档案化管理的必要性。主要的研究内容表现为从不同主体的不同角度与法律法规、历史价值、社会需要、管理现状、存在的问题等方面梳理有哪些信息档案化管理需求。第二，Web 2.0 环境中信息档案化管理的契机和挑战。Web 2.0 环境中信息及其管理的现状如何，对档案化管理的原则与方法提出哪些挑战，当务之急是要在理论与实践上解决什么问题？

(3)Web 2.0 环境中的信息档案化管理的概念基础。档案化核心管理对象如何选定，是信息、文件、档案、数据还是兼而有之？以及如何界定，内涵与外延是什么？

(4)Web 2.0 环境中参与式的信息档案化管理是怎样的体系与系统？信息、相关主体、媒体、时空作为要素的参与式管理是什么，如何在实践层呈现，构建出的是什么样的档案世界？

1.5　Web 2.0 领地的开拓路径:研究方法、路线与方案

Web 2.0 为文件与档案管理提供了数字转型的契机与阵地,亦有待更加科学规范的探索,这需要充分设计与部署的研究方法、路线与方案。

1.5.1　研究方法

针对 Web 2.0 这样充满新挑战的领域,研究方法需要从多维度布局。

1.5.1.1　文献调研

一方面,本书通过文献来认识 Web 2.0 环境中的文档管理的研究现状,分析现有研究中的成果与不足,理解 Web 2.0 环境中文档管理的现状与调整的必要性,为研究的必要性与研究方案设计奠定基础。另一方面,文献也将作为论证的依据用以阐释研究中提出的观点,例如档案多元论、库克提出的第四范式等。

1.5.1.2　理论构建

一方面,本书采用理论构建的方法设定概念基础,结合对 Web 2.0 的分析和档案概念变迁的梳理,通过理论层面在档案多元论的框架下设定 Web 2.0 环境中档案化管理的对象是什么。另一方面,本书在现状归纳的基础上,运用理论推演的方法,结合库克等学者的预测性论述来阐释书中所推导出的 Web 2.0 环境中的信息档案化管理。

1.5.1.3 案例研究

(1)政策分析

①Web 2.0 与社交媒体平台的文档管理政策

数据源：美国联邦和各州档案机构、技术部门或历史文化部门。

②Web 2.0 与社交媒体的使用政策

数据源：美国部分联邦机构。政策中有哪些内容与文档管理相关，是否满足文档管理要求。

(2)案例分析

①档案或记忆机构

数据源分别来自：英国国家档案网站的社交媒体档案库；美国亚拉巴马州政府的社交媒体档案库；美国国会图书馆的 Twitter 归档。

②第三方平台

数据源：Facebook。主要考察 Facebook 的归档功能是怎样的，是否满足档案化管理的要求。

1.5.2 研究路线与方案

研究路线与方案如图 1-1 所示。

文献调研
Web 2.0调查与分析
研究现状分析：成果与不足
现状需求分析
研究设计：研究理论框架+方向+问题
WEb 2.0环境中的信息档案化管理参与和调整需求分析
触发点分析
WEb 2.0环境中信息档案化管理概念基础与管理方向
以归档入手阐释Web 2.0环境中的信息档案化管理
Web 2.0环境中的档案化管理对象是什么
Web 2.0环境中的参与式的信息档案'化管理的构建'
Web 2.0环境中参与式的信息档案管理的构建结果设想
论文的总结与修正

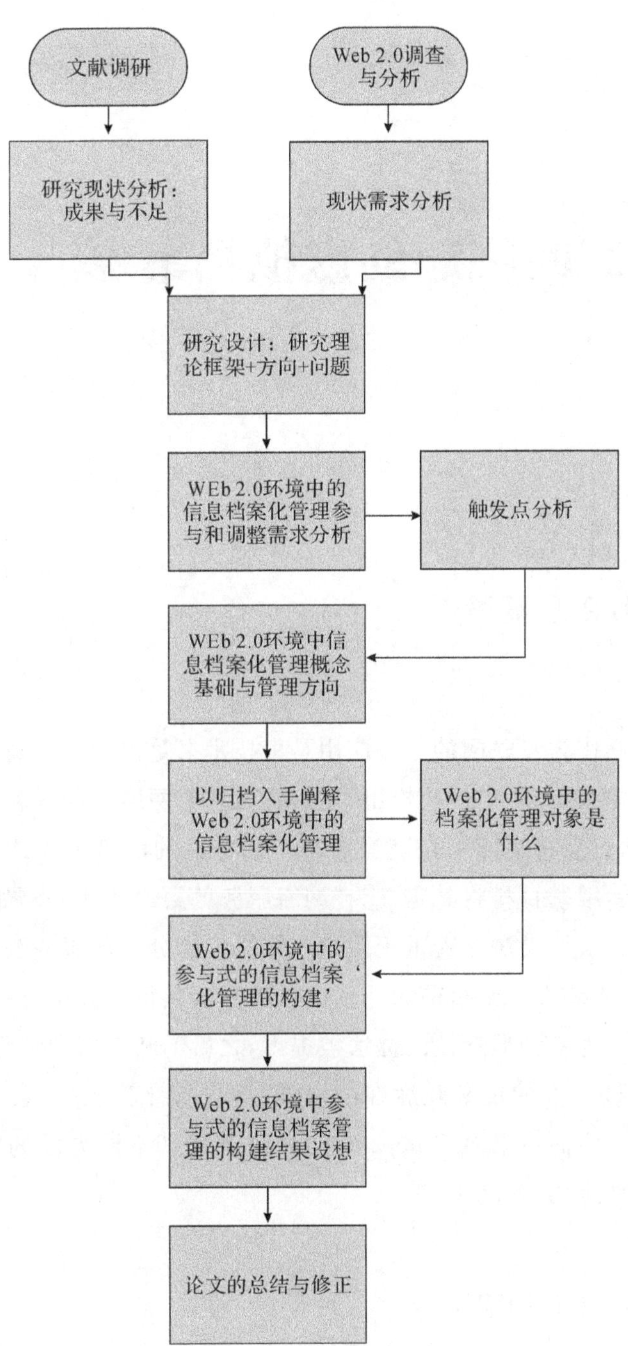

图 1-1　研究路线与方案

第 2 章 Web 2.0:崛起的虚拟档案库

2.1 Web 2.0 概述

Web 2.0 作为互联网的主流应用是由技术书籍出版商提姆·奥莱理和一些技术博主在 2004 年正式提出,他们认为基于网络的商业和传统媒体正在复苏,集体智慧将在网络充满噪声和不确定性的信息中为认识到商机的公司所利用。维基百科将其定义为“网络服务的第二代——例如社交网站、通信工具和大众分类法等着重于用户在线协作和分享的服务”。

事实上,Web 2.0 到目前为止依旧没有正式获得一致认可的定义,既是由于它只是作为一种概念性的提法被提出,之后不断有新的解释与补充;也是因为对 Web 2.0 的定义随后在经济学、信息与计算机、社会学等多学科有不同界定。因而本书对 Web 2.0 的介绍将从其不同方面的定义、内涵、特点及代表性应用展开。

2.1.1 Web 2.0 的定义

提姆·奥莱理在首次 Web 2.0 年度会议上提出 Web 2.0,参加会议的是技术人员、风险投资家、政府人员和记者等，他们在会议上讨论互联网的发展，Web 2.0 在当时只是一个未给予明确定义的说法，在持续举行的年度会议中得到不断发展。2005 年，提姆·奥莱理和戴尔·多尔蒂第一次提到 Web 2.0 是作为平台的网络，涵盖了所有连接的服务；Web 2.0 充分利用平台内在优势，它提供的持续更新的服务软件是越多用户使用则越好①。它能从个人用户的多元来源中获取和融合数据，以允许他人混合的方式提供数据与服务，通过参与的架构来形成网络效应，突破了 Web 1.0 通过网页的方式来提供服务，而后将 Web 2.0 解释为一系列基于开放用户参与和网络的经济、社会和技术趋势。Web 2.0 也可通过与 Web 1.0 对比来解释。1990 年左右，网络被用于发布和使用静态内容，这个时期被称为 Web 1.0。简单来说，Web 2.0 是以用户为中心，支持用户在万维网共享信息的新网络技术。在这里，用户既是内容的形成者，也是消费者，这与 Web 1.0 上内容由特定人员形成，仅供他人被动浏览不同。换言之，Web 2.0可提供技术支持的双向交流，需要倾听与互动，它是动态而非静止的通信渠道。因而，Web 1.0 以电子邮件为代表，而 Web 2.0 则提供的是无数种通信形式：博客、公告平台、评论、微博、评价、赞、图片、视频、评论等。亦有界定突破对 Web 2.0 的技术定义，认为 Web 2.0 是意识形态、编程技术、基础设施以及管理技术的集合，它将新的媒体投资者转向分散的低成本在线劳动的潜力和通过网络实现的注意力经济的获利可能；将用户导向参与媒体生产的可能，使用户有新的主体形式。由此，Web 2.0 形成了两类如亨利·詹金斯所称的“永恒交互”的主体：网站所有者，想要利用网络用户不可预知的创造能力，以此生产财富与权力；用户，希望成为媒体的一部分，想要因此获利，这两类主体相互依赖②。

---

① O'Reilly T. What is Web 2.0：Design patterns and business models for the next generation of software[J]. Communications & Stategies，2007，65(1)：17-37.

② Gehl R W. A cultural and political economy of Web 2.0[D]. Fairfax：George Mason University，2010.

2.1.2 Web 2.0 的概念解读

2.1.2.1 不同视角的界定

(1)技术角度：作为平台与工具的网络

Web 2.0 作为互联网 10 余年来的主流应用，首先是一种信息与通信技术。因而，对它的理解不能脱离对技术的理解。在 Web 2.0 环境中，网络是类似于个人电脑的操作系统提供的平台，商业网站可以建立各种应用，例如图片分享网站、用户评论站点以及音频分享播客等。在这种情境中，Web 2.0可表现为应用，即一系列支持在线社区的互动、智能与全面的工具、平台、应用，例如博客和维基；也可是软件，即用于连接个人与组织集体智慧的一系列软件，例如微软的 SharePoint。同时，从网络信息的组织、分类、检索等角度来看，Web 2.0 同样是关键技术。Web 2.0 为用户上传、描述各式各样的内容至网络提供了平台与工具：一方面成为充实网络内容的平台与工具，用户成为主动的上传者，并实现网络内容从 Web 1.0 的文本为主向多媒体形式的转变；另一方面通过提供的标签法与大众分类赋予用户描述信息的权利。由此，Web 2.0 是互联网时代用户成为参与者与生产者，开展集体协作的平台与工具。金姆、越、盖茨等基于平衡技术理论为 Web 2.0 建立了技术模型，认为 Web 2.0 范式由原则、应用(服务)与驱动构成：Web 2.0层指支持平台原则而提供基础设施的技术概念；原则层界定平台的共同特征，由此呈现构成下一代互联网基础的四个等级层次；应用层指使用技术来推行原则的丰富的互联网应用；驱动层是使用这种技术的驱动力。

(2)经济角度：集体智慧的生产力挖掘与效益转换

前文提到，Web 2.0 的提出是在 Web 2.0 的年度会议上，会议的举行在很大程度上是宣布在 2001 年遭遇泡沫危机的网络商业的回归，参与者中一部分就是投资者与网络商业公司，如亚马逊，ebay 等。这个角度是将网络视作两层：一层是从技术角度来看的数据库层，即呈现给用户内容之下的庞大数据,如Google抓取形成的网页库和用户数据以及模型;另一层则是用户界面层。在Web 1.0时代,网站所有者只有在数据层有相当的积累才会获得用户页面层吸引而来的用户,而在Web 2.0时代,成千上万的用户被吸引,Web 2.0商业网站是通过用户来获得尽可能多的数据,这个过程称为"利用长尾效应"。数据库层不是要立即为用户所见,在这样的情况下,当用户形成了足够的内容,就会获得可观的网络效应。

从这个角度来看,Web 2.0提供了创造商机与效益的模式与平台。网站所有者看中的是用户能够参与建设网站,分享与免费"消费"网站信息的过程中贡献的集体智慧、信息资源与注意力。即用户在贡献内容的过程中是为网站贡献免费劳动力与注意力,丰富与优化网站,这些都能为网站基于一定的商业模式来获取利润提供重要支持。

(3)社会层面:民主的权力实现

从这个层面来看,Web 2.0是为公众提供与政府对话和社会管理的平台,用户引领的媒体使得我们进入民主媒体生产的时代,大众传播媒体,等级和权力由此被逐渐取代。在Web 2.0平台与应用上,公众能够成为"自媒体"来传播信息和影响信息的传播,既成为信息源,也是信息扩散的渠道,并且借助互联网的影响力愈加改变着现实中的政治、经济、文化等活动。在信息即为权力的观点下,公众因信息生产与传播的自主性大大提升而拥有更大权力。

亦有观点指出尽管Web 2.0为公众参与提供平台与工具,但是公众本身的政治水平并未提高,且在深层次依旧是由媒体资本家来控制或利用公众的参与,因而所谓的参与只是形式。无论是哪种观点,可以确定的是当前各国政府采用Web 2.0工具来开放政府,接受公众监督,为公众参与管理事务提供可对话的渠道。公众通过Web 2.0的平台,尤其是社交媒体寻找到共同政治观点,进行着"政治活动",通过Web 2.0,他们的政治参与也更加活跃与透明,成为影响政府决策的因素之一。因而,从这个层面来看,Web 2.0是民主化的工具与平台。

(4)管理层面:协同工作的辅助

这个层面更多地把Web 2.0看作一种工作方式的实现。它是通过在线社区来显现工作中的协同,强调向更加有创造力和创新力的知识工作者的转变。通过工作内外的协作，形成倡议或项目，在每个人工作的基础上，使用 Web 2.0 的方法共同达成工作目标，以提供优质产品与服务。

这个层面并未忽略 Web 2.0 提供的平台和应用，而是认为平台与应用背后的理念同样要珍视，并用于管理。Web 2.0 中的参与和协作体现的集体智慧对管理有着一定启发，通过 Web 2.0 平台与应用，如 SharePoint，配合以管理政策与指南，则能够使 Web 2.0 融入组织文化中，从而促进管理效益的提升。

(5)集合：不仅仅是 Web 的发展性事物

Web 2.0 在严格意义上不是关于 Web 的，而是关乎协作创新和线上与线下的共享。每一个层面的理解都有其意义，对 Web 2.0 的理解既不能无视技术的存在，因为它始终需要技术的支持才得以呈现与发展；亦不能脱离社会框架来独立谈论 Web 2.0，社会技术建构论可以帮助说明，任何技术的发展都是与社会的发展息息相关；同样，Web 2.0 是一个与经济发展密切相关的概念，谈论 Web 2.0 不能忽视它的起源和应用目的。因而，对 Web 2.0 的理解与界定应放在其形成与发展的社会框架之中，明确其形成与发展背后的理念与动因，并从技术角度确认方法、原则与工具的组成。

同时，它也是一个不断发展的概念，对于 Web 2.0 来讲，既随着技术发展有新的形态，也伴随着理念的发展而变迁，甚至有新的概念取代 Web 2.0，但 Web 2.0 的理念与技术仍会传承于新的技术与理念中。

2.1.2.2 Web 2.0 的核心特征

从应用、表现和实现的效果来看，Web 2.0 以分享式的参与为核心，如图 2-1 所示，它具有如下特征：

(1)分享式参与

分享式参与即用户在使用过程中一定要参与建设，这是 Web 2.0 最重要的特征。具体来说，用户可根据自己的兴趣分享或反馈信息，这种参与具备“分享式”特点，即通过分享信息来达成对 Web 2.0 的使用与建设。

(2)开放

在 Web 2.0 的应用范围内要对用户足够开放，保证信息流动的透明与开放使用，以形成叠加效果。

(3)对话

Web 2.0 鼓励的是双向交流,参与者既接收与消费信息,也传播与贡献信息。这与工业媒体的单向传播给受众是不同的。

(4)社区

Web 2.0 的用户会基于一定的目标、兴趣、人际关系、政治观点等集聚,从而形成跨时空的网络社区。

(5)连接

通过 Web 2.0 的信息行为如浏览、评论等,不同的主体如信息的生产者、提供方和用户等形成不同的联系。这些联系极为重要,有助于形成社区、网站的经济转换等,亦能更好地满足用户需求。

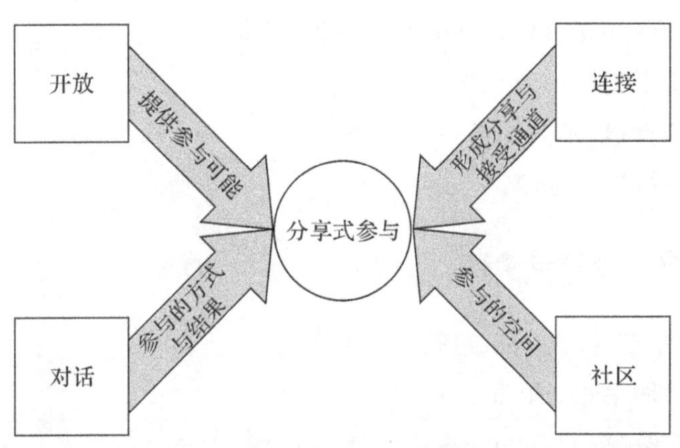

图 2-1　Web 2.0 特征

2.1.3　Web 2.0 的功能及其应用

从应用来看,Web 2.0 包括博客、维基、社交媒体与网站、播客、图片与视频分享、RSS、虚拟世界以及企业 Web 2.0 等,亦有越来越多的网站在嵌入 Web 2.0 功能或入口。本书将当前主要应用进行归类介绍。需要说明的是,有些 Web 2.0 平台与应用可归在多类别中,属于哪一类取决于它被如何使用,且随着技术和社会需求的变化,Web 2.0 的功能和应用会同样改变,因而本书只列举重点。

2.1.3.1 网络发布

用于形成、发布与利用内容,包括:

(1)微博(新浪微博、Twitter);

(2)博客(新浪博客);

(3)维基(维基百科);

(4)混搭平台(谷歌地图)。

2.1.3.2 社交网络

用于互动与协作,包括:

(1)社交网络工具(Facebook、人人网、微信);

(2)社交书签(Delicious);

(3)虚拟世界(第二人生);

(4)众包(IdeaScale)。

2.1.3.3 文件分享与储存

用于分享与保存文件,包括:

(1)照片图书馆(Flicker);

(2)视频分享(YouTube);

(3)存储(Dropbox、新浪微盘、百度云);

(4)内容管理(Drupal)。

2.1.3.4 业务应用 2.0

业务应用 2.0 主要指以 SNS、社交媒体为代表的社会工具应用与以移动技术为代表的云计算、物联网等新一代信息技术工具实现办公业务过程中的用户创新、大众创新、开放创新、协同创新,完成组织形态从生产范式向服务范式的转变。代表的应用是 SharePoint,使得企业能够开发出智能的门户站点,这个站点能够无缝连接到用户、团队和知识,支持人们能够更好利用业务流程中的相关信息以有效开展工作。

2.1.3.5　其他

随着 Web 2.0 在市场中的应用渐渐成熟,基于 Web 2.0 的技术和服务会不断拓展,合并,变化,消失。正在出现与发展的类别还包括社交分析工具、社交广告网络、社交业务软件、社交商业平台、社交社区平台、社交智能软件等。

2.2　变革中的情境:Web 2.0 给档案外围世界带来的综合影响

Web 2.0 所带来的影响在于形成信息的外部世界,即背景与环境。外部环境的这种变化是涵盖多方面的,包括技术、社会、历史、信息传播到文化,影响着形成、信息的主体、客体、方式、媒体等,必然改变着要成为档案的那部分信息的背景框架,包括司法-行政背景、社会背景、来源背景、程序背景和"制作"与档案化管理背景。需要关注的不仅是文件、档案以及信息领域的实践本身,档案人要聚焦关注的是从更广阔的视角审视社会的变化,清楚认识从信息荒芜到爆炸的时代社会方方面面的变迁。信息的档案化管理进入一个参与网络的技术革新、更加民主、社交与协作更加密集的社会和大众生产的新经济时代。信息环境由等级架构转向协作框架,封闭系统走向社会网络,中心化向分散去中心转变,被动走向互动,静态走向动态,但同时也带来隐私、保密、安全、知识产权、所有权和保管权、利用和合规性等方面的社会与管理问题。因而,在 Web 2.0 环境中,需要考虑的不仅是档案化管理的信息本身,而且要明晰背景环境的改变。

总的来说,如图 2-2 所示,Web 2.0 改变信息所记录的活动的环境,表现在技术、社会、信息传播等方面:由 Web 2.0 的技术影响信息传播与营造新的信息环境,然后以 Web 2.0 的理念推进社会和文化的变化,并反向推进技术的完善与更新,形成闭合循环,为档案世界的变迁构造不断进化的外围环境。

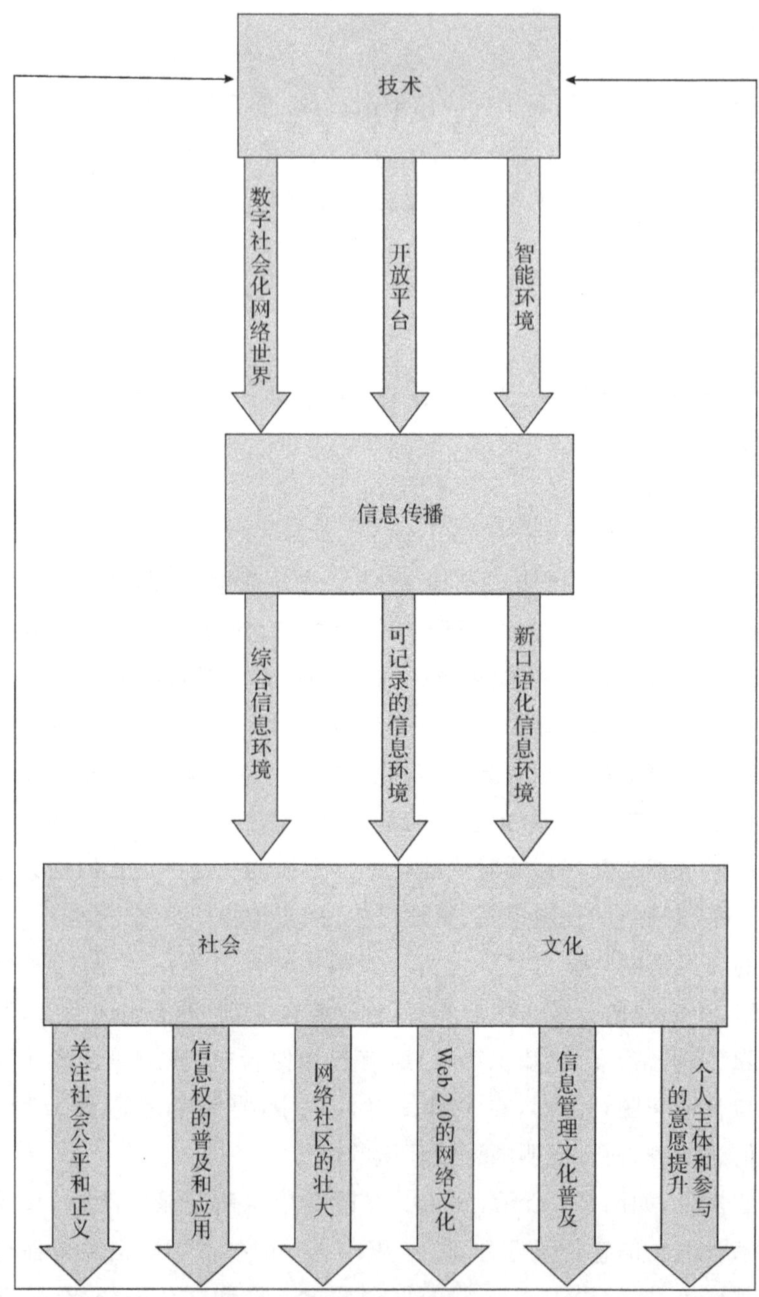

图 2-2　Web 2.0 构建的外围环境

2.2.1 技　术

综合来说，Web 2.0 营造了更加开放、需要协作、智能与复杂的技术环境。首先，Web 2.0 的开放相较于 Web 1.0 是在于信息形成与传播的开放，从技术上保障社会网络在虚拟世界的映射。它体现的是平台的友好性与参与性，用户能够利用 Web 2.0 平台与应用或工具形成所想形成的内容，在合法合规的前提下多方式传播信息。其次，Web 2.0 提供智能环境，呈现给用户更加友好的页面与平台，既为信息发布、传播与利用提供便利的技术与平台，也为信息保存与管理提供强大的仓储与功能支持，使得由业余的档案管理员、图书馆员等参与海量信息的管理成为可能。最后，Web 2.0 环境呈现的是深具技术特征的社会化数字网络世界。它覆盖工作、生活和娱乐，将社会组织、机构、群体以及个人纳入其中，从信息的形成、传播、保存到管理都有相应的功能支持，并且支持各种类型与格式的信息。Web 2.0 有各式各样的应用，即便是相同类型的应用也会有不同的技术架构，从受众、功能、页面等都有不同设计，由此形成产生于不同技术背景的信息。

就技术细节来说，Web 2.0 应用的硬件、存储载体、平台的技术架构、软件、系统、信息管理架构、元数据方案、数据格式、平台管理有其特征。就信息来说，Web 2.0 环境中构建了这样一种除了非结构化数据外还有大量半结构化数据的技术环境：①数据的半结构化。它介于结构化与非结构化数据之间，也被叫作社会数据，是有着关联表现层的结构化数据。以博客为例，博客的可视入口像是一个非结构化文件，带着相片、文本和相关的标题，但如果在服务器中，博客的页面是像结构化数据一样存储于数据库中。②相比结构化与非结构化数据，更加动态。由于开放与利用权限的不同，不同的人看到的数据可能不同，例如在 Facebook 上，好友与非好友会因为同一用户的权限设置看到不同数量和不同类型的信息如照片、日志等。③有着比非结构化数据更多的背景，半结构化数据有着更多的内嵌内容和链接，像评价、标签和用户评论等，在决定哪些是档案时，需要考虑所有的构件[①]。此外，Web 2.0 平台提供一定的结构，空白处是要由用户来填充信息，这些信息是由用户上传，业余的用户形成的信息则具有机器不能读取与理解的特征。从量上来说，千万级乃至亿级的用户以越来越高的频次在同一平台上生成信息，从而生成海量的碎片化信息。无论是以信息还是数据看待，这些对象的管理在技术层面就面临着如何捕获、分类、整理、利用等多方面的问题，现有的档案化管理方法还无法适应。

技术环境的变化既对信息大环境、社会环境以及文化环境产生影响，也直接触发 Web 2.0 环境中档案化管理的对象在内涵、外延和具体表现的变化，从而影响理论认识与管理实践。

2.2.2 信息传播

技术直接影响信息的传播，涉及传播的内容、形式、目的、范围等。

(1)信息活动的大规模可记录性，即 Web 2.0 环境中信息及其传播路线得以大规模记录。在 Web 2.0 环境中，所有活动都可以通过文本、音频、视频等多类形式留下记录，形成可保存的信息。这种可记录性的重要特点还在于 Web 2.0 环境中开展各类社会活动的主体的规模之大，实现了大众信息记录与传播社会的方方面面，是其他媒介所不具有的特征。由此，大众不仅是信息的接收者，而且成为形成者、传播者以及记录的潜在固化者与守护者。

(2)Web 2.0 可谓是综合性的信息环境。信息的人内传播、人际传播、群体传播、组织传播、大众传播都囊括其中，并通过媒介的社会化特点实现了社会化传播，由此组成映射现实世界多元传播的信息环境。与此前的单向大众传播不同，Web 2.0 环境的信息传播以互动与分享为核心特点，取而代之的是多线多向传播。信息与其记录的环境的边界、信息生产者、传播者以及接收者的边界开始模糊，所有类型的传播都得以在其中实现与相互协作。

---

① Chapman A. Managing social data: is SharePoint the answer? [EB/OL]. [2016-03-09]. http://content.arma.org/IMM/March-April2010/IMM0310managingsocialdata.aspx.

(3)信息环境的口语化特点。互联网时代又被称为新口语时代,Web 2.0环境中信息的交流属性极为明显,尤其是即时交流,如同电话或手机一般,不同的则是这种用于交流的信息在形成或交流过程中得以即时记录,能够反复使用,例如照片现在也成为大众即时交流和表达的载体,而不是专业人员或是少数能够购买设备的人才能用于出版或是收藏为记忆之用①。而由于传播主体、传播内容、信息所承载的社会活动、传播的即时性、传播载体、传播形式等,例如传播主体的大众化、内容的生活化与娱乐化、传播的紧急性、内容多格式,信息并不完全按照严格的文件制式来形成。一方面,信息内容的表述即便是以文本形式出现也可能深具口语化的特征,用通俗的网络语言来形成与传播信息;另一方面,音频、视频等多媒体信息可能就是对口语化表达的直接记录,配以图像的记录而形成图文声色兼具的口语化信息。

信息传播环境的变化会直接推进社会活动内容与形式的变化,从而推进社会与文化层面的综合变化,引发档案化管理中信息运动的规律变化。

2.2.3 社　会

社会是技术革新与应用的背景,是信息形成、传播、利用与管理的环境。无论技术的发展如何日新月异,它都基于一定的社会框架,反映社会进程中的不同表现与需求。Web 2.0 的流行不仅源于技术实现的便利,而且与社会发展的方向相契合。对档案化管理而言,无论是对象还是具体实践,与社会需求的变化直接联系。

Web 2.0 对社会层面的影响在多个方面,其开放、分享、互动、参与的理念渗透到涉及其中的组织、机构、群体与个人及其开展的社会活动之中,由此影响社会的建构与发展。

(1)Web 2.0 赋予更多主体形成、传播、分享、保管与利用信息的权利,各主体在信息层面的平等,也是社会公正、民主、正义在信息环境中的体现。

---

① Bushey J. Convergence, connectivity, ephemeraland performed: new characteristics of digital photographs[J]. Archives and Manuscripts,2014,42(1):33-47.

这并不意味着所有主体都是均等的，而是在参与、分享、传播与利用上相对平等，尤其是参与权利的实现。Web 2.0 环境通过高度开放吸引足够的个人用户，并赋予相当多的权利，使个人权利获得一定程度的满足。权利的满足在不同 Web 2.0 环境中的不同活动有不同表现，例如通过做公民记者获得一定的传播权和话语权，通过网络议政来获取政治参与权，通过网络记录收获记忆的主动权等。不论是何种参与，都表现出人们对个人权利的向往，是对平等、公平与正义的促进。

(2)更多人通过信息的传播、获取、利用和控制，获得信息权利。对信息的重要性很早就有各种角度的论述，在 Web 2.0 环境中，信息海量增长是决策和开展活动的重要筹码，政治、国防、商业到个人健康等活动无不依赖于这些信息。一方面，更多主体如社会组织、公众通过 Web 2.0 能够存取与利用更多信息，使管理主体及时公开与分享信息，实现更加完善的公共监督。另一方面，Web 2.0 提供的分享与互动功能使各类主体能够实现聚合以扩大影响力，通过信息发表意见，影响决策，甚至直接参与公共事务。换言之，Web 2.0 可促进阳光、民主、公正与平等的社会治理的实现。

(3)Web 2.0 环境是推进网络社区形成、发展与成熟的关键，由此形成映射现实世界却不完全一致的形形色色的网络社会，形成有着不同特点的信息传播群体。网络社区纷繁复杂，或是由兴趣点集合而成，或是由业务关系、人际关系汇集而成。它是由现实世界的人群构成，但在网络世界中可以跨时空或匿名汇聚，有很多不同的特点，从而使信息传播规范、目的、身份认同等方面发生变化，影响信息的形成、管理与使用制度的新建。

社会环境的变化推进技术的应用与革新，并为信息传播提供社会规则与框架，从而直接影响信息的档案化管理如何参与社会建构。

2.2.4 文 化

文化的影响从整体来说是促进互联网文化的塑造与发展，从信息管理角度来说是促进信息管理文化从组织到个人层面的深入与扩散。

(1)Web 2.0 推动更多的组织、机构、群体尤其是个人参与到互联网世界中,在使用和建设互联网世界的过程中形成复杂的"互联网"文化。在虚拟与现实的交织中这种文化也在扩散与渗透,互联网文化由此渗透进组织、机构、群体与个人的意识层,呈现在社会的各项实践活动中。例如,当前互联网推崇的用户思维、简约思维、极致思维、迭代思维、流量思维、社会化思维、大数据思维、平台思维、跨界思维都影响着社会政治、经济、文化、社会建设等领域,也改变着各领域的文化,从组织到个人都在这种新的文化的构建之中与影响之下。

(2)信息管理文化在社会的文化架构中的位置更加明显,一个重要表现就是档案化管理方法的融入。对信息的有序管理会因为信息的不断增长以及信息对社会经济、政治、文化等各方面贡献的加大而得到重视,而文档管理对信息真实有效的保障将令信息的档案化管理文化得到普及。信息的档案化管理将有意识或无意识,主动或被动,自主或是依托其他主体进行,成为更加普遍而无法规避的活动。

(3)Web 2.0 构建的人人可参与,人人可记录的环境,促进了从个人到群体的自我意识与主体性的提升。他们来自不同的阶层、领域、背景和地域,在社会中是独一无二的存在,这种觉醒是要寻获在社会中的认同感与存在感,倡议或是希望可以通过信息实现社会记忆的共同建构。起码这样的意识与趋势变得愈加强烈,提供了一种可能,即每一个主体、每一类主体会在不一样的时空点形成记录,每一个都形成一个断面,构建每一种记忆,留存历史。Web 2.0 环境促进了个人事件与社会事件的记录,政府、社会组织、个人都参与到记录之中,主流叙事将被弱化,各主体在参与各项社会活动时不仅记录着自身,也参与记录共同进行的社会活动。这种自我、群体、社会相互交织记录的现象变得更加普遍,有赖于 Web 2.0,有了从意识到工具层的支持,设想可走向现实。

这种文化环境的变化也就会促成社会各方对于信息是什么,档案是什么,能用于怎样的社会建构与自我实现形成更加多元的认识,相应影响管理实践。

2.3 Web 2.0构建虚拟档案库

Web 2.0提供了新的背景与有机联系，不仅关于如何获得这些档案，而且关于“看见”档案的新方式，这意味着为何形成信息，由谁来形成信息，如何形成、获取与利用信息，以及如何档案化管理信息在Web 2.0环境中有新的特点与表现。由此，有这样一种必要，在把握Web 2.0网络平台是什么的前提下，从档案学的视角把Web 2.0网络平台看作形成记录的环境进行分解，从信息的角度分析Web 2.0的特征，从而探讨档案职业如何在这样的信息环境中有所作为。

从信息的形成主体来看，Web 2.0在一定程度上促成“人人可记录，记录全方面”的状态，这并未否认此前个人同样有条件和能力记录自己的活动，例如日记。对组织主体来说，记录的历史更是可追溯到几千年前。但是能够以可保存的形式记录的内容由少至多，普及程度也随着技术发展提升。不可否认的是，在Web 2.0盛行的当前，互联网日趋普及，计算机、智能手机、平板等智能设备普遍应用于人们的工作与生活中，加之Web 2.0激发了用户记录的乐趣，并成为兼具工作、娱乐、生活等多方面功能的平台，从而使记录的普及程度之高达到空前。Instagram的用户当前每天分享4000多万张图片，Facebook每天有3500多万张图片生成，Twitter和Instagram的视频分享服务被认为也将像图片分享一样流行。加之许多文本信息，Web 2.0环境成为全球、某个国家或地区、某个社区以及个人重要事件与日常活动的主要记录载体，涵盖战争、革新、自然灾害以及各种日常活动。

由此可以说，Web 2.0帮助构建出巨大庞杂的虚拟档案库，是Web 2.0环境中信息的汇集成果。需要说明的是，虚拟档案库的提法不是来自档案领域，而是社会学科，因而档案库的界定有别于档案领域。这里的档案库更多的是描述汇集与保管信息的仓储，对象不是严格的已有界定的真实、可靠、完整的文件与档案，而是更加宽泛的信息，在保管上不一定是可信的，起码离档案化管理所要求的可信仓储还有一定距离。这也意味着它既可能与真正的“档案库”有重叠，也会有一定不同，需要在研究与实践中予以明晰。

就当前所提的这个宽泛的虚拟档案库来说，如图2-3所示，其形成及特点如下：

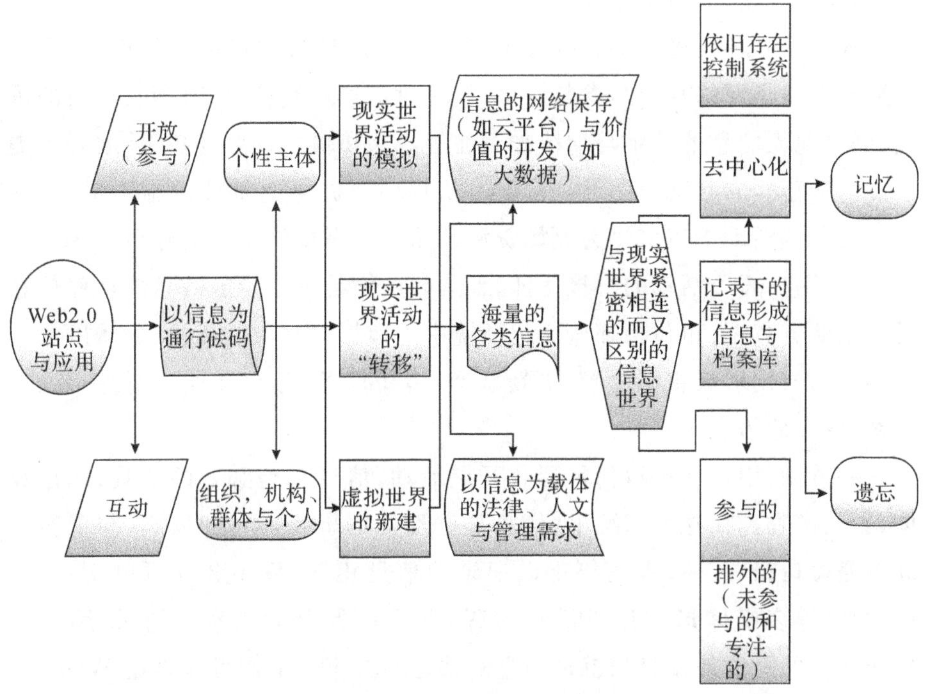

图2-3　虚拟档案库的形成

2.3.1　虚拟档案库的形成过程

(1)以Web 2.0站点或应用为入口，Web 2.0的开放与用户的参与开始了构建虚拟档案库的第一步。

入口当前主要为以下三类：

①Web 2.0平台与应用，以微博、微信、Facebook、Twitter等社交媒体与网络为代表；

②嵌入Web 2.0功能的网站，这主要是基于传统的网站提供Web 2.0的互动与参与功能，例如提供大众分类和做标签等功能的网站；

③具备Web 2.0功能的其他类型应用，Web 2.0作为Web功能的应用

只是互联网中的应用之一，其他如随着移动互联网与智能手机兴起的 APP 等同样也具备 Web 2.0 理念的应用，鉴于上文的内涵阐释，这类应用亦纳入 Web 2.0 的范围中进行论述。

Web 2.0 环境极高的开放程度赋予了用户参与的权利与资格，用户建立账户来获得网络身份与参与许可，凭着对信息控制获得的权利、参与的乐趣、浏览他人信息的满足与期待被关注等原因积极主动参与建设，展开各类正式与非正式的活动。因此，在 Web 2.0 环境提供的基础设施中，用户在主动参与的活动中以信息为原始资源开始了对虚拟档案库的建设。

(2)用户开展活动的直接凭证、工具与产物是可记录的信息。这些信息既包括业务数据，也包括那些文化环境中的数据，如组织、机构、群体以及个人相互与共同形成主体轮廓、更新状态、传播信息、分享文件、上传图片、写博客、发布微信息等。

一方面，用户无论以何种形式开展活动，信息都是必要的工具，既是媒体，也是产物。在这种情况下，信息是过程性的事物，不是目标。与现实活动中通过口语、肢体、表情等难以记录的信息相比，Web 2.0 可以文本、音频、视频等多媒体形式记录活动过程，形成可保存的信息。同时，用户对 Web 2.0 的一大使用目的就是信息的共建与共享。他们可能是用 Web 2.0 平台与应用来记录开展过的活动，或者仅仅是将其看作巨大的信息库，从中获得知识，了解与分享所关注事物的动态，“窥视”他人的活动等，而这就是对信息的共建与共享。

另一方面，用户通过信息展示个性，在网络世界塑造出映射其现实存在的信息轮廓。在 Web 2.0 环境中，只要握有入网工具与网络入口，可以不受时间和地域限制分享各种观点，构建个性化的网络空间。用户可以得到自己需要的信息，也可以发布自己的观点，形成资源共享平台。同时，用户通过信息分享实现以兴趣为聚合点的社区参与，搭建出社交网络化的互联网世界。

(3)Web 2.0 环境的一大特征是与现实世界的相似性，用户的行为在很大程度上是基于现实身份，但又在虚拟世界中有一定脱离现实的角色扮演。用户在 Web 2.0 环境开展的活动主要包括三类：现实活动的转移，这是指部分以往在实体世界进行的活动现在网络平台上进行，例如电子政府的建设中,部分业务可在线完成,再如由政务微博实现的网上议政厅;现实活动的变化模拟,尤其是对个人用户而言,既会在现实生活的基础上进行网络活动,例如基于现实世界的人际关系在微信、Facebook 上建立朋友圈与开展社交活动,但也会在网络上表现不同的行为;虚拟世界的活动新建,这些活动可能并不在或很少在现实中发生,例如在线游戏或是在线社区中公民专家身份的扮演。

(4)直接的结果是形成了海量的信息,借助信息技术,信息的巨大价值得以挖掘和利用。Web 2.0 网络中的信息不仅是数字化的、以量化为核心的数据,更注重信息表达的内容,使文字、方位、社会网络都成为可计算的对象。这些信息有着典型的大数据特征,是海量、高速计算、多样与有多元价值的。Web 2.0 环境产生的信息 95%是半结构化与非结构化的数据,在这样的大数据世界,不是通过对信息进行精挑细选来进行开发利用,而是聚合足够多的数据,通过技术让全体数据告诉我们想获知或我们此前不曾获知却有重要影响的信息。这些信息也依托着数字储存技术例如云平台保存而成为信息库。

同时,这些信息也带来司法、道德、管理等方面的问题。例如 Web 2.0 环境中信息的隐私、知识产权问题更加凸显。由于 Web 2.0 网络的任何行为活动都被记录,信息的所有权与管理权难以通过法律来清晰界定,导致产生信息的主体,无论是组织、机构、群体还是个人,在享受海量信息带来便利的同时,也承担着无法删除信息的风险,而这些风险包括隐私被侵犯或遗忘权利的失却等。最终,信息主体不再是信息的掌控者,而是被控制者。此外,由于信息的相关责任主体,包括记录主体、管理主体、保存主体、开发利用主体有不同需求,可能产生利益冲突,引起各种纠纷 。

(5)Web 2.0 由此构建出了一个不断增长与消融的与现实世界交织的档案库。

①档案库受影响于现实世界,也作用于现实世界,两者有相同与相异之处。Web 2.0 信息记录活动很多与现实世界相关,对现实世界有很大的价值。同时,这些信息、记录的活动以及所依赖的 Web 2.0 技术与理念影响现实世界的活动与信息行为。

②这些信息是被记录下的,这个档案库在当前以相对难控的方式在增

长与消融。在一段甚至长时间内有意或无意保存的信息可能因为各方面原因丢失或过时。这些信息以比特的形式在互联网中留下痕迹，当前相关的法律或是管理都不太完善，在形成与保管海量信息的同时往往也丢失这些信息。

③去中心化与主流控制相互制衡与冲突。由于 Web 2.0 对个人用户高度开放，加之平台的分散，让信息形成、管理、保存以及利用等呈现分散的状态，多维社区的出现也在分解着中心权力，信息管理表现出“去中心化”的特征。但在深层中，数据依然有集中的可能使得信息被集聚且受控于网站或应用方等“少数者”的群体。

④参与同排外的并存。在信息的形成过程中，通过兴趣、关注的内容、人际关系等方式连接而成的社区由成员参与构建虚拟档案库。从这个层面来看，所有用户都在参与这项行为，但是同样会因为社区的形成而出现界限，这就有了“排外”的现象。平台或应用之间也是如此，且受限于对互联网的通道，存在无法接入互联网的人员。因而，与现实世界相比，Web 2.0 环境参与的用户也是“有限”的。

2.3.2 Web 2.0 虚拟档案库的特征

就信息来说，Web 2.0 依旧归属于数字环境，电子文件的那些特性如非人工识读性、系统依赖性、信息与载体的可分离性、可变性、存储的高密度性、多媒体的集成性对于 Web 2.0 环境的信息而言不是例外特点。但在 Web 2.0 开放、相当高程度的商业化、用户参与明显的环境中，档案化管理的信息还有另外一些特征。

(1)Web 2.0 环境中的信息由不同用户共同形成。这不否认其他环境中的信息也是由不同用户形成，只是在 Web 2.0 环境中，用户共同形成是极为明显的特征，是不可或缺的使得 Web 2.0 环境得以构建的要点。这有三个层面的含义：

①就 Web 2.0 环境中的信息总体来看，是不同用户，包括组织、机构、群体以及个人贡献的总和。只有不同类型的用户都有一定的参与基数，某

个 Web 2.0 平台与应用才得以维持。以中国的微博为例，在流行之初，新浪、腾讯、网易、搜狐等中国的互联网巨头都提供微博类的应用，但只有新浪微博得到党政机构、企业、其他社会组织、群体与个人用户的广泛使用，在 2014 年后只有新浪微博在竞争中存活下来。原因在于新浪微博的用户，尤其是庞大的个人用户不仅在阅读与利用信息，而且活跃地形成信息、转发与评论其他用户的信息。因而，Web 2.0 环境中的信息不仅来自主流媒体、官方机构与有影响力的社会组织，还来自于诸多在传统的媒介环境中只是作为信息接收者与消费者的大众用户。

②Web 2.0 环境中某个主体或某个事件的信息往往也是由不同用户共同记录，从而形成完整信息。以 Facebook 为例，一个账户的信息往往描摹的是一个用户，不仅是个人用户所发布的那些信息记录他的生活状态、经历和社交网络等，还有所发布的信息下与其他用户的互动记录，其他用户所发布关于他的信息以及相互间的互动。就事件来说，由人民日报评出的 2015 年中国十大事件有 A 股大起大落、北京申冬奥会成功、天津港"8・12"特大事故、纪念抗战胜利 70 周年、屠呦呦获诺贝尔奖、全面两孩时代来临等，这些事件在 Web 2.0 环境中的呈现不单是官方公布的某项政策或是发布的某系列新闻，而有着从党政机构、专业媒体到群体与个人用户的不同描述、解读与评论。另以 2015 年巴黎恐怖袭击来说，专业媒体再全面与专业的报道恐怕也不如 Twitter 上面临着死亡威胁的用户在遭受袭击前发布的最后一条求救信息来得真实与震撼。

③就单条信息来讲，在 Web 2.0 环境中由用户发布的某条信息不仅包括信息本身，还包括与其他用户的互动记录。比如，在微信朋友圈或 Facebook 上发布一张照片，照片下朋友间的评论往往是对用户社交网络的反映或是对照片的补充注解，是不可缺失的构件。再如，2015 年 9 月 1 日至 10 月15 日，昆明市首次利用微博平台开展"十三五"规划建言献策征集活动，活动总阅读量破 200 万次，共收到网民意见建议 430 余条，其中 120 余条被提供给昆明市"十三五"规划编制起草小组进行分析研究并合理借鉴吸收。除了活动平台上有征集意见的通知，公众所发表的那些意见是信息更为重要的组成部分，是对采纳公众意见过程的记录与最终决策的重要来源和依据。

(2)从形成平台看，信息主要形成于“第三方”平台与应用。这为Web 2.0环境中的信息带来新特点：

①对形成者或是潜在的档案工作者而言，信息管控权并不完整，在第三方平台上，技术配置、功能设计、用户协议以及信息处置的主导权往往不在信息的形成者，而是在提供信息形成与管理功能的 Web 2.0 平台与应用的服务商，信息能得到怎样的管理还是取决于服务商提供的功能。比如，不是所有社交媒体与社交网络都有归档下载信息的功能。因而，信息是保留还是删除尽管在明面上由形成者决定，但不是绝对的，另类的社交媒体 Snapchat 的特色是信息的阅后即焚，即信息为接收者阅读后即时消失，但是 Snapchat 被举报在后台依然保管了这些信息，即这些信息并没有在服务器上被删除。

②信息是跨平台形成，一个用户往往依据平台特性与其所需使用多个平台。依据 2013 年的调查，美国的一个用户平均有 3.04 个不同社交网络的账户。美国联邦政府应用的Web 2.0平台与应用总计约 20 种，用于发布信息、分享资源等。在中国，党政机构不仅开通政务微博，也积极开设微信公众号。这意味着从组织、机构、群体到用户，都会在不同平台形成信息，如在 YouTube 发布视频，在微博参与时政评论，在微信朋友圈展示生活状态等。

③信息的形成平台更新换代迅速。一方面，在信息与通信技术日新月异的今天，Web 2.0 平台与应用往往也是及时根据社会需求与技术发展不断升级版本与调整功能配置，这从用户 APP 动辄每月更新的现象中可以发现。另一方面，信息形成的 Web 2.0 平台与应用会由于服务提供商的战略、效益所需或是用户活跃度低等原因终止服务，信息的易变性与安全性威胁更加明显。Web 2.0 环境中不断有新的平台形成，同时有平台消失或是成为僵尸网站。例如，受微博等新社交媒体的冲击，中国博客网 Blogcn.com 在中国于 2012 年 12 月 19 日宣布停止免费博客服务，2013 年 3 月 31 日是开放给免费用户自行导出数据备份的最后期限，2013 年 4 月 1 日宣布清除所有免费用户数据，只有升级成为付费 VIP 才能享受稳定博客服务。这意味着一旦服务提供商终止服务，形成者对这些信息的保管与处置都很被动。同样地，百度空间则从 2015 年 5 月 7 日起迁移到百度云，口号为“把记忆封存到云

端”，博文内容（包括字体格式、原文、图片以及视频链接）不变，但博文评论、标签、私信、浏览转载以及原粉丝数擦除，博文内容只对自己（博主）可见。这使得信息的部分组成消逝，很难能将其认定为完整的信息。美国学者理查德·考克斯认定，在当前的网络环境中，我们正在失去信息及其背后的内涵。

④第三方平台很重要的一个特征是商业化，这在一定程度上意味着信息的商业化。这影响信息的选择、归属、管理和利用，在管理中需要考虑商业层面的需求和冲突。

(3)Web 2.0 环境中还是开放的，这赋予了信息另一个特点：有更多的个人形成主体。Web 2.0 不仅开放，而且更强调参与、共享与社区，是多向传播与互动的动态共建的网络世界，这就需要在数量上占据绝对优势的大众的参与。因而，大众在网络中留下各类痕迹。依据 IDC 的研究报告，2013 年的数字世界 4.4ZB 的数据中 85%的数据由用户形成。以中国为例，截至 2017 年 6 月网民超过 7.50 亿人，互联网普及率 54.3%，手机网民达 7.24 亿人，他们在 Web 2.0 环境中开展即时通信，发布、浏览与评论网络新闻，分享生活与工作状态，创作与分享网络文学等活动。这与以办公为目的如党政机构中办公形成的各项业务记录，或是传统媒体发布新闻与各项信息作品等有着诸多不同，在以大众为重要组成部分的 Web 2.0 环境中，从信息内容、信息价值到信息形成与管理行为等各方面都有很大不同，很难再套用原有的理论与实践。

(4)信息价值的证据性弱化，情感性上升，这受个人用户在 Web 2.0 环境中主体组成上的优势影响。首先需要说明的是，信息的证据价值的弱化不是说信息没有了证据价值，相反，各个领域都在 Web 2.0 环境中开展各项业务与职能活动，所形成的信息同样是重要的证据。例如，奥巴马在 2015 年 12 月 18 日的年终记者会上表示：美国政府已开始审核外国游客等签证申请人的社交媒体账号。美国执法人员及情报人员会监控用户在社交媒体账户发的公开内容，并将其作为签证申请流程审核的一部分。这意味着一部分信息依然有很大的证据性价值，可满足形成者或其他利益相关者当下或未来的需求。

然而，随着个人与群体用户的增多，所形成的信息在很多时候跟“公务”

并不相关，个人与群体可能只是形成信息来表现当下的工作、生活或心情的状态，如微信朋友圈与微博常发的个人出行照片、心理状态的表达等，或是与朋友互动，如在微博上@朋友讨论各种事务，抑或只是对某个事件发表看法，例如对国家政策或是当下的热门事件如奥运会的评论和描述。这些信息很多时候是琐碎、凌乱甚至在当时不一定有价值，很难视作证据，但却是个人成长与在 Web 2.0 环境中活动的凭证。对整个社会、群体或是个人而言，Web 2.0 的意义可能更多地在于展现与表达自我，是用来存储个人、家庭、群体乃至社会记忆的地方，用这些信息从不同的视角、立场与主体来讲述不同时空发生的故事，因而信息的价值更体现在人文情感方面。例如，社交网络上照片的功能与胶片时代的照片大有不同，相比于长久记忆这样的功能，Web 2.0 环境中的照片是即时交流的载体，如同电话交流中的口语或是信件通信中的文字，随着时间流逝，这些用于交流的信息则逐渐成为记忆的资源。这些价值与情感息息相关，即时交流是为了联络感情或展现自我，长久的记忆追溯则表现了厚重的情感形态。

也因此，Web 2.0 环境中存在不少噪声，在碎片化与异构化的信息环境中有识别与整合有价值信息的困难。一方面是个人的信息素养与有专门训练的组织或是机构有差距，业余的记者或文学家在概念上似乎是社会的进步，但也确实为网络环境带来诸多质量不佳的报道或作品，伪造、抄袭的现象层出不穷，从而备受专业人员批判。另一方面，由于个人用户带来的巨大市场，网络成为营销重镇，近年来充斥各处的“水军”与僵尸粉带来的虚假的、广告的信息造成信息噪声的困扰。

由此，这样的档案库：形成的是一个高度记忆的信息世界，为人类留下丰富即时资产与长久遗产；面临高度遗忘，在数字世界中遭遇变化乃至消失的风险；记忆与遗忘可能处于失控状态，即需要被记住的信息可能无影无踪，需要被遗忘的那些利益相关者的权利却被不当使用。可以说，这样的档案库既承载着永久记录所有信息的设想，也需要应对迷失在信息海洋无从管控甚至受到信息反噬的挑战，努力在多时空与多主体的背景下寻找记忆与遗忘的平衡点。这就为档案领域的积极参与提供了前所未有的契机，也带来多方障碍。

第3章
触发变革与新建：Web 2.0 环境中信息档案化管理的契机与挑战

Web 2.0 环境中构建出的虚拟档案库由可记录的信息组成，有一定的信息噪声，管理人员、技术人员或用户等利益相关者都希望形成与获取高质量信息，但往往对如何管控这些信息，由谁来管控信息，可以通过怎样的方式开发与利用信息没有清晰的认识与实践。因而，采用文件、档案管理的理论与实践成果来辅助这些信息的管理是合适且必要的，例如通过电子文件管理的鉴定减少冗余来促进高效的检索、获取与利用。现实中已经存在这样的实践案例，然而文档管理参与不足，且文档管理在参与管理 Web 2.0 环境中的信息时面临技术、制度、意识、方法等多方面的问题。

总而言之，Web 2.0 环境中的信息亟待文档管理的参与，信息的档案化管理有了更广阔的天地，这为文档管理在互联网时代更加积极地参与社会建构与升级自身的理论与实践带来契机，也对理论、方法论与实践提出诸多挑战，需要变革与创新信息的档案化管理。

3.1 Web 2.0 环境中信息档案化管理的需求与现状

3.1.1 档案化管理的需求分析

档案化管理对组织、机构、群体与个人的价值主要在于：一方面，即便数字世界在未来可以做到无限容量，能配备更加智能的检索工具，需要固化背景与内容的记忆也不会被存储取代。另一方面，涉及信息的保管与处置，记忆与遗忘之间的二元对立。既要防止信息为不当之人所见所用，也需保存有一定价值的信息，并依据价值的时限来确定保管期限，不可因为无法抉择哪些是对明日有用的就全部保存，不能为了未来的不确定性构建过去。此外，数字世界目前并非无限容量与绝对安全，Web 2.0 环境中的信息容易在得到有效保存前就已丢失了不可分离的背景，从而失去物理或是逻辑上的存在，那些失效的链接就是证明。

Web 2.0 环境中信息档案化管理的需求是多元的，这源于真实、可信、可转化价值的信息能够从不同的方面满足众多信息利益相关者的需要：以信息为凭证与证据保障不同主体合规有序地开展社会活动与维护自身权益；以信息从文化、心理、娱乐等方面满足人类人文层面的需要；以信息作为资产进行资源开发与利用的基础。

3.1.1.1 凭证与证据的维护

信息的管理需要遵守适用的法律和其他相关的制度政策，这有助于组织或个人满足法律法规与政策的要求，以保障社会活动的有序化。从这个方面来看，相当一部分信息要拥有作为凭证与证据的能力，从而帮助组织或个人在法律或有关问责的事务中得以证明所记录的事实。将文件、档案作为证据进行管理在詹金逊时代就得到确认，有着长久的传统与经验，与信息作为证据的管理如数字鉴证的研究有诸多共同之处，例如对系统的需求、信息的完整性与真实性保障等。Web 2.0 环境中所形成的信息越来越受到法律领域的关注。对个人而言，依据规范对法律法规与政策规定范围内的信息进行档案化管理也是必要的。

不同国家有不同的法律要求，但都显示出管理这些信息的必要性。以中国为例，《最高人民法院关于适用〈中华人民共和国民事诉讼法〉的解释》第一百一十六条关于视听资料包括录音资料和影像资料的解释中规定“电子数据是指通过电子邮件、电子数据交换、网上聊天记录、博客、微博客、手机短信、电子签名、域名等形成或者存储在电子介质中的信息”。这意味着 Web 2.0 环境中所形成的信息可作为证据。随着越来越多的正式活动通过 Web 2.0 环境开展，推进信息档案化管理以维护信息的凭证与证据能力就更加迫切与具有意义。

在英国，出版物的法定送存(legal deposit)自 1662 年以来就是英国法律的一部分，它要求英国印刷出版物必须由出版者向不列颠图书馆提交副本，且在其他五个主要的图书馆要求的时候也提交副本。自 2013 年 4 月 6 日，这项法规也对数字和在线出版的材料有效，在一定程度上引发了英国本土内社交媒体对收集政策的思考。

在美国，依据 X1 Discovery① 公布的数据，已有 900 起法庭案件是由社交网络的信息作为证据得以解决的。这些案件意味着标准的数字发现(e-discovery)框架针对各类电子证据的信息档案化管理要求同样适用于社交媒体。同样地，美国金融业监管局、证券交易委员会、联邦贸易委员会以及食品与药物管理局都依据其行业内的规范发布了社交媒体指南来规范信息管理。

互联网征信是当下要求将目光转向 Web 2.0 环境中信息的证据价值应用的代表性例子。2015 年，1 月 5 日，中国人民银行发布了《关于做好个人征信业务准备工作的通知》，要求蚂蚁金服旗下的“芝麻信用”、腾讯旗下的“腾讯征信”等八家机构做好个人征信业务的准备工作。征信的信息很大一部分是用户在 Web 2.0 环境中形成的，即所谓的用户行为数据。例如，

---

① 一个收集了众多美国法律案例的网站。

“腾讯征信”将基于腾讯现有的QQ、微信活跃用户，以及在SNS、门户、娱乐等众多领域的群众基础，通过海量数据挖掘和分析技术来预测其风险表现和信用价值。在这其中，Web 2.0环境中的信息被视作形成用户活动的真实凭证来评估用户，为用户申请服务提供支持。

3.1.1.2 人文需求的满足

首先，人文需求是个人、集体与社会记忆的建构与传承。Web 2.0环境提供这样一种可能，即把大大小小的活动及足迹事无巨细地记录下来，随着时间变成具有历史价值的记忆。尤其对贡献重要资源的个人而言，其所形成的信息的业务与证据价值或许不高，如反映生活片段与心理状态的信息，却有重要的记忆价值。这些记录由个人与组织用户共同形成，反映的是社会方方面面与各层次的活动。这些信息记录着：政府机构开展各类业务以及与公众互动的过程；企业开展营销与运营产品的活动；传统媒体上线新媒体的各类报道；个人的工作、生活与交际等，是普通人生活、愿望、信仰、需求与互动的反映。这些记录既有平凡而微不足道的信息，亦有引发社会关注的热门事件；既有主流机构的发展脉络，也有边缘群体与社区的足迹。这些记录是潜在的具有历史价值的记忆，在某种程度上提供了建设多元历史的可能。

其次，这些信息能够用于构建、重建与强化集体记忆，是记忆的基石、工具和触发器，亦是构建身份认同的重要媒介。在记忆方面，信息通过形成、归档、留存和使用不仅记录了活动，也在阐释和塑造记忆。记录下的信息是记忆的重要工具，使人们的活动与行为跨越时空，在帮助人们认知和记忆的过程中促进个人和集体记忆的构建。尽管信息不是认同本身，也无法直接产生认同，但通过这些信息的保存与利用，在形成与体验集体记忆的过程中，不同的人能够因此构建与获得其身份认同，既获知作为个体的自我，也给予自我在家庭和社区中的位置。例如，在Web 2.0环境中所在的网络社区中所形成的信息在保管过程中将是组成社区的个人存在与归属的证明，通过利用信息帮助利用者获知“我是谁”。

最后，通过信息权利乃至人的权利的实现来满足个人主体性的需求。

对信息的形成、保管与利用,都是对信息施加某种“动作”的活动,在一定程度上是认可施加动作的主体有着某项信息权利。因而通过形成、保管与利用信息,可以获得对信息的控制权,在与不同主体的互动中感受在社会中的存在与地位以体验民主、公平与正义,同时也以信息为媒介来获取其他权利,如均等的公共服务等。

总而言之,这些信息很多是对活动的原始记录,涉及社会不同主体与各类活动,反映社会进程,这些信息有部分需要纳入档案的范畴。然而,各利益相关者需要对网络环境中真伪难辨、背景不清、冗余繁多的信息加以鉴别、整合、描述,使之体系化、结构化和信息单元固化,达到可查、可考、可证、可信,这些数字信息的资源价值才能充分实现。因此,这些信息需要从形成起进行全程的档案化管理以成为构建记忆丰富与高质量的资源。

3.1.1.3　信息资源的开发

信息作为资源予以开发和利用是当前信息需求的关键所在,档案化管理能够为信息资源的开发与利用提供更高质量和有序的信息。学术界普遍认同世界由物质、能量、信息三大要素组成,物质资源、能量资源、信息资源构成了人类社会发展的三大基础资源。美国社会学家丹尼尔·贝尔在 20 世纪 70 年代就曾提出这样的论断:在后工业社会,决定发展的资源是以计算机、数据传输系统等为表征的信息资源。

Web 2.0 环境中,信息资源的开发与利用是各国家、地区、组织、机构、群体以及个人都需要关注或涉及其中的事务,上至全社会的信息资源产业发展、政府的智库建设,下至某个机构的决策或个人业务活动。Facebook 每天收录 30 亿次点击和上传,这些正是 Web 2.0 环境中的核心资产,但它们存在碎片化、异构、质量不高等问题,也由此向档案化管理开启大门,即通过在信息的不同阶段甚至系统或平台设计的管控的档案化管理来为信息资源开发与利用提供更高质量的“原材料”。

以档案化管理提供高质量的信息:档案化管理的关键优势是有着成熟的以真实性、可靠性与完整性为要求的一系列管理框架来保障信息可信性。随着技术的发展,形成与处理信息的能力也在不断增长,信息通过技术更好地为人类活动服务，但 Web 2.0 环境中所形成的海量信息及其带来的噪声与复杂性依然提出不小的挑战，最明显的是所处理的信息存在诸多质量不佳的数据。档案化管理能够依据可靠性、真实性、可用性、完整性与安全性的要求从全生命流程来管理信息，强调信息之间的关联以及不同背景的记录与联系，既为开发提供高质量信息，也为信息资源整合奠定基础。例如，在处理 Web 2.0 环境中组成海量信息的庞杂数据面临着数据质量不高、可视化分析流程尚有缺陷等一系列问题时，档案化管理的方法可以提供这样的思路：一方面，记录每次可视化分析的流程供未来的可视化分析借鉴；另一方面，通过文档控制的方法提供高质量和可信任的数据，例如以ISO 15489等标准的应用来提升数据质量，以档案化管理的要求提供数据的位置、背景和历史等信息。

以档案化管理帮助数据的拣选（鉴定）：档案化管理可以基于文档管理在长久实践中获得的经验与理论成果，尽管诸多信息与数据和过去所界定的文件、档案有所不同，但同样都来自组织或个人的职能与活动，因而拣选的标准与具体活动的开展是可借鉴的。以设定保管期限为例，为保证 Web 2.0 环境中信息的有机联系以及可靠性、准确性、真实性以作为信息资源开发与利用的可靠来源，保管期限表的设置应遵循一些档案化管理的原则，例如不会保存所有信息，期限的设定需借助对业务流程的分析。在开放信息与数据的过程中，Web 2.0 环境中形成的信息尽管有很高的开放度，但并不是绝对开放的，那些涉及组织或个人隐私、会因为开放利益受损或仅能有限开放与不愿意开放的信息依然大量存在，开放范围的确定与数据的拣选是必要流程，这都可以参照档案化管理中对密级、隐私等方面的管理实践。

3.1.2 Web 2.0 亟待档案化管理的规模性参与

3.1.2.1 参与的现状概述

随着 Web 2.0 成为开展业务活动、记录生活的平台与工具，档案化管理的参与也在探索之中。当前Web 2.0环境中信息的档案化管理在不同国家的进度并不一致,有不同类型的组织、机构、群体与个人参与其中。主要的代表性项目概述如下:

(1)档案机构等记忆机构

①美国国会图书馆的Twitter归档保存项目

2010年4月美国国会图书馆和Twitter签订了一项协议,国会图书馆从协议生效起可获得Twitter公司建立起即2006年到2010年4月的Tweets档案。除此之外,国会图书馆和Twitter同意在同样条款的规定下可持续提供这些公共Tweets。国会图书馆起初的目标是:获取与保存2006年到2010年的Tweets档案;建立起安全与可续的流程来接收和保存直到当前的日常与持续的Tweets流;建立起迄今为止的所有档案组织框架。到2013年1月,这些目标得以实现,国会图书馆拥有1700亿条Tweets,且持续增长。

国会图书馆的此项举动开辟了以社交媒体为代表的Web 2.0环境中信息的归档先河,它采用的归档方法是以协议的方式接收所有Twitter信息,在范围、多样性、数量上均属当前同类归档项目之最。存在不足的是,国会图书馆当前在技术与管理上无法有序组织这些信息以形成有效资源在当下提供利用,收集之后的信息处理与保管工作如何开展才能满足各方需求尚在探索中。

②英国社交媒体档案库

英国国家档案馆已经开发出了捕获社交媒体内容和利用这些内容的自动化工具,涵盖范围主要是政府机构,而不包括非政府主体形成的信息,收集的社交媒体为Twitter与YouTube,未能攻克技术难题的Facebook被暂时搁置。在两年期项目的试行阶段,英国国家档案馆捕获了英国核心政府机构在线发布的几千份原始视频和超过65000条的Twitter信息,预期每年收集一次新的视频内容,监控政府形成Twitter信息的数量,然后根据具体情况完成归档。社交媒体归档遵循网络归档的原则,在保管过程中保证开放数字文件的可获取,保护背景信息,以及保障信息的再利用。归档最早的内容来自2006年,涵盖部分重大事件,包括2012年伦敦奥运会,并且让人了解政府如何使用这些数字工具进行交流。Twitter的归档现在主要是对英国核心政府机构和伦敦2012年奥运会与残奥会的账户进行收集，用户所利用的归档版本基本与原有网站上的一致，而政府转推或是非政府账户在对话中的信息暂时未收集。归档的视频可以使用检索标题的功能获取，而Twitter的内容尚不支持检索功能，但可以通过发布的JSON与XML格式的文件分析其中的信息。

2014年5月8日英国国家档案馆发布消息，正式将同互联网记忆联盟协作收集的社交媒体档案库公开，主要为Twitter和YouTube上的信息。截至2015年，Twitter档案库已经完成并公开的有：内阁办公室、英国政府、国防部等51个政府机构的Twitter；2012年奥运会与残奥会的7类Twitter；其他的1类Twitter。YouTube视频档案库完成并公开的有：38个政府机构的视频库；2012年奥运会与残奥会的2个视频库。英国国家档案馆的社交媒体收集确保了所收集的账户即便原始账户消失，所形成的内容依然可用。

③美国亚拉巴马州社交媒体档案库

为记录亚拉巴马州政府和政治活动，以更好呈现亚拉巴马州历史，美国亚拉巴马州档案与历史部门自2005年9月起依托第三方的归档平台archive it归档网络信息，在2010年博客成为亚拉巴马州第一类Web 2.0平台与应用的归档对象。随后，Facebook页面、Twitter信息与YouTube的视频也纳入归档范围。亚拉巴马州档案与历史部门对Web 2.0环境中信息的归档范围较小，这不仅体现在Web 2.0平台与应用类型，更多是体现在它并不是针对每一个政府机构。它对博客的收集相对广泛，主题是政治博客，但对Facebook、Twitter以及YouTube的归档总共只有8类，其中包含5个机构以及1类统称为政治Tweets的主题。

目前，亚拉巴马州已经收集了904份社交媒体和网络内容，归档的信息主要为亚拉巴马州档案机构的Facebook页面，亚拉巴马州的美国国会代表和参议院的Twitter，宪法办公室、政治博客、政治活动Twitter，州政府机构Facebook页面，州政府机构YouTube视频，目前可通过archive it提供的页面查询与获取。

(2)Web 2.0平台及其用户

全球最大的社交网络Facebook为用户提供存档功能，用户只要通过账户设置的方式就可启用，将支持下载的资料下载至用户指定的地方。下载的资料包括用户在平台上参与的活动、发布的各种形式的信息等。Facebook 随着平台建设改变可存储信息的类别，所以用户在不同时期归档的信息不尽相同，存在所需归档的信息已经从 Facebook 服务器上删除的情况。大部分信息如用户的聊天记录即便用户不进行归档，Facebook 也会保存，用户在登录账户时就可获得，Facebook 也提供这些信息的下载。Facebook 当前可归档的信息基本上涵盖用户在 Facebook 形成的所有记录类型，用户在归档上有很高的自由度，但暂时还不是严格意义上的归档，因为能够提供下载的往往只是信息的一部分，不是完整的数字构件。例如，下载照片仅获得图片，其他文字描述和评论信息则不能获取。

(3)第三方工具

Internet archive，archive it，archive social 等都为组织与个人用户免费或有偿提供归档 Web 2.0 平台与应用上信息的工具。以 archival social 为例，它是专门为社交媒体开发，能够自动为组织提供工具和方案，依据各州与联邦的法律法规如信息自由法、联邦文件法等来高效捕获与管理社交媒体文件与档案。再以 archive it 为例，它帮助 NASA images 收集了 NASA 在各类航空航天项目中开设的社交媒体账户，包括小行星观测、哈巴望远镜等账户①。前文提到的亚拉巴马州档案与历史部门的 Web 2.0 归档也是与其展开合作，对内容的归档注重元数据管理，需著录的元数据如表 3-1所示，主要包括标题、归档起始时间、简介、主题、发布者、类型、语言和收藏者。②

① 可查看 https://archive-it.org/collections/1740。

② 可查看 https://archive-it.org/collections/2951。

表 3-1 亚拉巴马州国会代表 Twitter 信息

标题	亚拉巴马州国会代表 Twitter 信息
归档起始时间	2011 年 12 月
简介	收藏亚拉巴马州的国会代表发布的 Twitter 信息
主题	亚拉巴马州立法、选举和美国国会
发布者	亚拉巴马州档案与历史部门
类型	社交媒体
语言	英语
收藏者	亚拉巴马州档案与历史部门

(4)文档管理业务指导机构与形成机关

鉴于文档机构如 NARA 的规定，或是组织信息治理、风险管理、问责制、合规性等要求，形成机关需要制定 Web 2.0 平台与应用的运营政策来应对网络所带来的风险，其中文档管理是重要的一部分。美国的 NARA，纽约州、德克萨斯州等多个州，加拿大英属哥伦比亚省等都从形成机构的角度制定了一系列针对 Web 2.0 平台与应用尤其是社交媒体的政策，主要内容如表 3-2 所示，包括：第一，根据法律、业务与社会需求来确定这些 Web 2.0 平台与应用所形成的信息需要保存多久，保存的要求有哪些。第二，信息的鉴定，确定哪些不具备归档的性质，哪些只是暂时性需要的，哪些是低风险、低价值的，哪些是高风险、高价值的等。第三，文件的分类与捕获，如何使用现有的分类标准，要有怎样的调整，保管期限的划分等；如何设置对这些动态信息的捕获，这些不同形式的信息怎么保存等。

表 3-2 美国联邦与州政府主要社交媒体保管政策

发布机构	政策	时间
NARA	《NARA 公告 2014-02(社交媒体文件管理指南)》	2013 年 10 月
	《社交媒体捕获最佳实践白皮书》	2013 年 5 月
	《联邦 Web 2.0 使用和文件价值报告》	2010 年

续表

发布机构	政策	时间
亚利桑那州图书馆、档案馆与公共文件部门	《公共机构电子通信、社交网络与网络文件通用保管期限表》	2012 年 8 月
俄亥俄州电子文件委员会	《社交媒体:文件管理挑战》	2012 年 7 月
纽约州政府	《文件公告:社交媒体的初步指南》	2010 年 5 月
北卡罗来纳州州长办公室、信息技术服务办公室、文化资源部门	《北卡罗来纳州政府机构社交媒体应用最佳实践(版本 2.0)》	2012 年 3 月
华盛顿州州长与州政府机构	《华盛顿州政府社交媒体应用指南与最佳实践》	2010 年 11 月
俄勒冈州行政服务部门	《社交网络指南》	2013 年 6 月
德克萨斯州信息资源部	《社交媒体指南》	未知
缅因州行政与金融服务部门、信息技术办公室	《社交媒体政策》	未知
佛罗里达州政府图书馆与信息服务部门	《电子文件与电子文件管理实践》	2010 年 11 月
马萨诸塞州文件保管部门和信息技术部门	《电子文件管理指南》	未知
亚拉巴马州政府	《社交媒体档案保管项目经验推广》	未知

此外,部分美国联邦政府机构的社交媒体使用政策与指南中也涉及归档,它们依据 NARA 的政策和机构的具体情况制定归档政策,部分机构的规定如表 3-3 所示。

表 3-3　美国联邦机构的社交媒体政策与归档相关规定

机构	政策	归档的相关规定(部分)
疾病控制中心	《疾病控制中心社交媒体工具、指南与最佳实践》;《Twitter 指南与最佳实践》;《Facebook 指南与最佳实践》	所有的 Facebook 页面的管理者必须依据联邦的文档管理与归档指南建立系统来收集发布的所有消息、评论、事件以及隐藏发布的消息。任何违反评论政策的评论在删除前都要记录和归档
农业部	《新媒体作用、责任和权力》	依据文件保管期限表确认适合归档的文件资料。确保新媒体网站的文件得到复制或是和相关的文件一起进行捕获和保管,除非网站可以提供文件全生命周期的管理
住房与城市发展部门	《部门与部门人员使用社交媒体的政策与手续》	通过本部门发布和接收的信息应当视作联邦文件进行归档。具体请参照 NARA 的文件保管期限表,尤其是和电子文件相关的部分
国务院	《使用社交媒体》	确保新媒体网站的文件得到复制或是和相关的文件一起捕获和保管,除非网站可以提供文件全生命周期的管理。 由保管在其他部门文档管理系统的复制信息组成的非文档的内容和暂时性的文件不需归档,不需要的时候可能要删除
退伍军人事务部	《退伍军人指示 6515》;《基于网络的协作技术》	退伍军人事务部文档官员应当与美国档案工作者以及内容的所有者合作来确定最合适的方法来捕获和保存在联邦服务器和基于网络的协作平台的文件
总务管理局	《社交媒体指南:总务管理局官方使用社交媒体的指导》	在使用电子媒体时,无论是博客、网站、电子邮件、维基或是任何其他类型的电子通信工具,用于文件管理、归档保管和发布的规定都适用
史密森学会	《电子文件:保管格式推荐》;《史密森学会:使用和归档 Facebook》	对 Facebook 页面进行 PDF/A 捕获

续表

机构	政策	归档的相关规定(部分)
美国海岸警卫队	《公共事务手册中的社交媒体章节》； 《社交媒体领域指南》	社交媒体站点被美国海岸警卫队用于执行公务和交流事务，所形成的信息应该视作联邦文件进行管理。 所有内容和评论应当依据 IAW 信息和生命周期管理手册以及 COMDTINSTM 5212.12（系列）进行保管。 不要求任何行政行为、政策决策或是特别编辑的业务活动保持公布状态，但这些内容在 10 天后被认为已过时，在一年后被删除。 不符合公共事务社交媒体政策的评论在留存一年后删除，如果没有涉及其他相关活动，可以销毁。管理账户的人应当给文件注上日期、标题，以及移除评论人名字的首字母。如果信息自由法有要求或是其他活动是必要的，就要把文件存在容易检索的共享文件夹里。 已找到免费的在线工具 Backupify 来归档 Facebook 官方页面的内容和评论，海岸警卫队账户的管理者应当建立一个单独的非个人的账户管理归档信息
环保部	《社交媒体政策》； 《在环保部内部使用社交媒体》	符合联邦文件要求的由社交媒体工具形成的新内容一定要根据规定进行捕获，并根据环保部的文档管理政策进行捕获并保存于文档管理系统中。 不要轻易删除评论和粉丝形成的内容。如果内容不符合评论政策，以离线格式保存整个条目以及尽可能多的细节（粉丝的名字、发布的日期和时间）。例如，评论可以用 Word 文档保存。 保存多媒体内容到本地，使用 Word 文档来说明细节。捕获足够发布和回复的信息以便读取的人能获得背景信息。注明为何不符合政策，然后从页面删除

3.1.2.2 参与不足的表现及其风险

目前档案化管理在Web 2.0环境中的参与有诸多不足。一方面，从绝对数量上来看，形成主体、记忆机构、第三方平台等利益相关者对Web 2.0平台与应用的信息的档案化管理较少。当前的形成主体中，即便是有文档管理传统的政府机构，有针对Web 2.0环境中的信息档案化管理政策与具体行动的也占少数。依据NARA公布的白皮书，目前出台相关政策的机构也只有十余个。记忆机构中，NARA依据规定接收政府机构的社交媒体信息，美国国会图书馆接收Tweets，但更多的Web 2.0环境中的如Facebook、Instagram等具有重大影响力的平台未包括其中。英国社交媒体档案库的报告提及Facebook、Flicker等社交媒体由于过于复杂，暂时难以归档。第三方平台，除了Facebook、Twitter提供归档下载功能，更多的并没有类似功能，如中国的微博。对个人用户而言，更多的只是使用Web 2.0平台与应用，多数时候未考虑信息保存与可信管理问题。另一方面，即便对信息进行档案化管理，但是管理的目标、过程与结果都与档案管理的要求有一定差距。对政府机构而言，主要在战略层面明确Web 2.0环境中的信息需要归档，多数管理环节如分类、鉴定、保管期限划分等虽然都已有一些标准和规定作为参照，但并没有明确的方案来处理那些不适应已有标准和规定的信息。对个人用户而言，这些信息是否归档以及如何管理则更为随意。

(1)参与不足的表现

总的来说问题表现在：

①档案化管理的有限性，主要体现为有限归档和有限保管。“有限归档”是说明一些归档项目在本质上只是完成对信息的捕获，信息未有序整合，这样的管理只能被认定为部分的归档动作。“有限保管”是指当前未做到以可信仓储的标准来保管这些信息，更多的只是“存储”，存储的平台、载体或站点等面临什么样的风险，如何应对这些风险，以及如何保证信息的真实、完整与可信，均未有明确解答。在有限归档与有限保管之外，对信息的分类、整合、鉴定以及开发与利用等环节，还只是遵循通用的规定而缺乏针对性的制度。更严峻的是，归档前的管控主动权主要在于提供Web 2.0平台与应用的服务商，档案化管理的核心即前端控制与全程管理是否实现并

不确定。因而，档案化管理在 Web 2.0 环境中并不完整，尚待其他环节的构想和践行。

②未形成有效的有针对性的档案化管理方案。虽然美国、英国、澳大利亚等发达国家已经在政策与实践中关注 Web 2.0 环境中尤其是政府机构的社交媒体信息，但都未有系统的制度与方案。例如，对政府机构与公众频繁的交互信息，应用 Web 2.0 形成新类型的信息等都不能够完全适应已有的档案化管理制度。以保管期限为例，NARA 对联邦机构指导时建议先参考已有的保管期限表，将未能对应上的信息暂时“永久保存”。

③个人信息档案化管理困难重重。个人档案管理长久以来未获得太多关注，相比组织机构的文档管理专业方法的成熟以及档案工作者的职业化，个人信息与档案的管理难以用管理的严格流程与环节规范。在 20 世纪末，加拿大学者就有过这样的忧虑，即便是在加拿大这种有着收集公共与私人档案并行的传统的国家，对个人档案的关注也在削弱，尤其缺乏全面的网络信息归档。

对机构主体而言，多数已有相对成熟的文档管理实践，在现有工作基础上分析 Web 2.0 环境中信息的特点，形成有针对性的档案化管理方案即可。但对个人、档案机构以及 Web 2.0 平台与应用服务提供商而言，个人信息的档案化管理面临诸多问题：谁来执行档案化管理，是个人形成者，个人形成者所属的群体，Web 2.0 平台与应用还是有责任保存社会记忆的档案馆等记忆机构？个人不一定具备档案化管理的专业素养与档案化管理意识，也难以将形成、收集、整理、保管、提供利用等有序环节常规地纳入日常工作与生活中。档案机构、图书馆等记忆机构有保存人类文化遗产的职能与责任，从网络信息归档管理的既有实践看，它们承担着重要的档案化管理角色。在 Web 2.0 环境中，共同构建的一个个网络社区是对社会的另一类记录，然而，有着无数由个人形成的各自的网络站点，如何选择出档案化管理的信息，标准如何设定，档案化管理范围如何确认，涉及的隐私、知识产权等问题怎么解决？英、美等国的实践一再说明只依靠记忆机构来档案化管理海量、动态与复杂的 Web 2.0 环境中的信息面临资源、精力、技术等方面的限制。英国在针对 Twitter 2012 年伦敦奥运会信息归档管理的总结报告中提出依靠公众的力量，但是目前还未有可行的方案来说明如何践行。对

Web 2.0 平台与应用的提供商而言，档案化管理功能也将随着个人对信息重视程度的提升而逐渐变为必要的，但其提供的档案化管理功能是否符合专业需求却有诸多疑问，就 Facebook 的归档功能来看，这两者有一定区别。

④Web 2.0 环境的跨空间问题。由于 Web 2.0 可以跨越空间限制而存在，信息形成在一定程度上不受国家与地区的限制，从这方面来看，信息是全球性的，档案化管理的范围就可能是全球性的，尤其是对档案机构、图书馆等旨在收集多主体形成的信息的记忆机构而言。且不论这些信息在数量、语言、技术复杂性等方面的问题，不同国家和地区的司法、管理与文化背景不尽一致，这使得 Web 2.0 在各国与地区的使用要遵循不同规范。档案化管理过程将面临信息的全球性形成与地区性管理要求的冲突。例如，英国的"法定送存"对网络信息的规定是要求网站域名与 UK 相关或是在其境内，这使得 Facebook、YouTube 等由于使用.com 域名而不在可控的范围中。此外，如果保证信息通过档案化管理以整体呈现，就需要跨时空的不同主体的参与和协作，那么不同主体的管理需求都有哪些，相互间的权利和义务如何协调，如何在实践中达成可行的方案？

(2)参考不足的风险

这些问题所造成的 Web 2.0 环境中信息的档案化管理程度不足则可能形成一些负面的影响：

①Web 2.0 环境中的信息由于缺乏档案化管理而消失。当前Web 2.0环境中的信息快速增长，提供服务的平台侧重于信息的形成与分享，不承担所有的保存义务。例如 Facebook 每天发送的信息数量在 2015 年有 120 亿条，在用户协议中说明，未在用户可下载范围的信息可能会从服务器中删除。同时，这些商业平台面临破产的风险，例如中国的博客网在 2014 年宣布停止对普通用户的服务，到期将删除所有内容。百度空间迁移也对用户数据造成"破坏"。这些情况从档案化管理的角度来看就是原始信息的消失，或是信息完整性、真实性、可靠性受损，对信息、形成者、所有者或者承载社会记忆存储功能的档案馆等都是一种损失。

②应当保管的信息没能得到妥善管理，从而失去价值。无论是大数据应用所需的即时信息还是历史研究需要长久保存的信息，信息的质量越高

就越能带来好的利用效果。未及时档案化管理则会使得信息的完整性、真实性、可靠性等档案属性处于风险之中，使得信息的证据、业务、文化等价值减弱或消失。进一步来说，未经过档案化管理的有序整理信息库中有价值的信息处在更多的噪声之中，信息间的有机联系不能有效连接与呈现，在开发与利用过程中容易阻碍所需信息的获取及其价值的发挥。这两种情况将使信息的形成主体、保管主体以及利用主体面临法律、业务、记忆等方面的风险。例如，如果不能在收集 Web 2.0 环境中信息时将僵尸用户或是水军的营销信息予以屏蔽，那么不仅会加大整合难度，甚至会影响信息总体的真实表达。

③应当处置的信息可能继续占用管理资源，且为利益相关者带来风险。不是所有信息都有保存的必要，保存期限与要求也不尽相同，有效的管理意味着应当保存的信息得到档案化管理，而需要处置的信息也能及时依规处置。档案化管理不仅是对需保存信息的维护，也是对应处置的信息的保护。需及时处置的信息如未得到有效处置，不仅浪费管理资源，而且会给信息的利益相关者带来不必要的麻烦，例如不当传播会使信息的利益相关者处于法律、业务、隐私等风险之中。网络用户信息被遗忘前的讨论与此相关，如果用户无此方面意识或诉求未得到认可，那么其他主体在使用用户所形成的信息的过程中就可能损害用户利益。在当前，即时发布、交流、删除的社交网络大受欢迎，Snapchat、Hash、Confide、Wickr 都是消息在接收者阅览后就即时消失的典型应用，在 2013 年用户使用 Snapchat 每天分享的照片就有 4 亿张，然而，Snapchat 却被质疑违反用户协议在后台保存了这些信息，侵犯用户的知情权和隐私权。

在这样的情况下，不仅 Web 2.0 为档案化管理提供了新机遇，档案化管理作为整个管理框架的构件也补足了 Web 2.0 的缺漏，使得 Web 2.0 既能成为用户履行职能与开展活动的优质环境，也能降低作为数字网络环境为用户带来的风险。

3.2 信息档案化管理的重构需求分析

档案化管理的理念和方法应 Web 2.0 环境所需而提倡。这并不意味着档案化管理在 Web 2.0 环境中一成不变，而是要根据 Web 2.0 环境做适应性调整。这既是 Web 2.0 的技术与社会框架所要求的，也是信息管理现实所需。澳大利亚的档案工作者马克·库克森提出：当前我们的档案方法是数字信息世界的问题还是方案？他认为两者兼具，我们既要坚守档案管理的基本原则，例如保管好真实与完整的记录，也需要变革我们的方法，这种理念本质上是要求深刻认识档案职业对信息世界的价值以及如何更好地传达与呈现出来。朱莉·麦克里奥德、阿德莱德·帕尔等学者都提倡从当前做起，重构信息世界中的档案方法，而非等待完整的体系来应对进化中的数字世界的挑战，尽管这样的重构并不容易。

这些挑战源于 Web 2.0 通过信息技术与人文社会双股力量影响着档案理论与实践对象的变化，从而要求清晰界定对象，且能够形成适应 Web 2.0 呈现出的社会与技术环境的理论、管理方法论与实践。信息与档案领域的理论与实践专家提出各种挑战，表现如表 3-4 所示。

表 3-4　Web 2.0 环境的信息管理挑战维度概览

维度	表现
数字保管的基本技术挑战	高频率的技术过时； 旧技术的维护； 存储媒体的消亡
海量数据的处理	数字存储空间的不足； 持续增长的数据噪声将为检索特定数据带来困难
选择和鉴定数字遗产的困难	消失的即时性要求加快选择和鉴定的节奏； 隐私和自由传播的矛盾

续表

维度	表现
保证可靠性和真实性的障碍	难以在数字网络环境中做到全面的前端控制和全程管理，从而知道何时、何地何人对信息执行了何种动作
版权问题	互联网跨国家、跨地区、跨文化，缺乏一部单独的规范信息获取与利用的国际法律； 对信息的利用和改变是否在道德上损害他人权益（如作者的声誉）

在不同维度的挑战下，Web 2.0 环境中信息的档案化管理在概念以及管理方面问题丛生。

3.2.1　概念：信息持续模糊档案边界

Web 2.0 为主导之一的互联网发展继续增加了信息的多主体、流动性、动态性与复杂性，为信息档案化管理带来对象的确认问题。档案理论与实践脉络都与记录形式的历史相关。每一代档案工作者都面临来自记录材料和类型的挑战，其中的关键就是档案定义的界定。正如美国在 20 世纪 30—60 年代见证了移动图像、照片、音频的出现与其数量增长，档案职业对档案的认识亦有争论与改变。随着数字技术的出现与发展，传统的文件、档案、信息以及数据的边界愈趋模糊。当原始性在电子环境受到挑战逐渐换以真实性的界定来确认文件与档案的性质时，网络的挑战在信息与数据层面越加明显。信息与数据在网络中的碎片化相当普遍，这和档案作为完整的构件组合甚至记录汇集的特点有一定矛盾，但信息与数据作为各类活动的记录却要求相类似的管理方法。

在这样的情境中，管理对象的拓展都是必然的趋势。当一些欧美国家选择信息治理来描述文档管理在数字时代的要务时，这种界定就显得更为必要，因为这关乎档案化管理的认同与方向问题。Web 2.0 环境中哪些信息应当纳入档案化管理的范围之中，选择何种标准或是根据哪些因素确立标准都是档案化管理必须应对的挑战。这种挑战主要有以下几个方面：

(1)以文本为主要类型界定的档案在 Web 2.0 这样以图片、视频、音频、文本等多媒体形式的信息环境不是那么适合。尽管一直以来图片、视频等形式的信息也得到认可作为档案，但在实践中处于边缘，这与 Web 2.0 以多媒体信息为主的环境有一定冲突。在理论中，主要的成果同样也是针对文本的文件与档案，视听类型的研究少很多。例如，在中国《档案法》中对档案的界定并不限定形式，但从国家制定政策法规来看，却主要是针对文书类档案，这样的现象在各国与地区并不少见。

(2)档案主要指正式文本形式的文件。没有完整制式与要素的信息常常会被忽略。在 Web 2.0 的平台上，碎片化的信息是主要记录形式，整个平台下面是一个庞大的数据库。如果还依赖于以文件为主要概念，那么无论是实践操作还是理论研究，都会面临困惑。

(3)组织机构的档案被理论与研究视作主要对象。许多定义都表明档案可以由个人形成与保管，但在专业术语中，更多时候将范围界定在组织之中，谢伦伯格提出文件生命周期理论时声明不涉及个人的文件与档案，是以机构为背景。在 Web 2.0 的环境中，若以主体数量来比较，个人有绝对优势，这就需要在定义中有新的考量。

(4)部分界定认为进入保存阶段成为判定是否是档案(records)的一个条件。在中国，文件在归档之后才称为档案；在外国，有学者认为，只有被捕获，且进入电子文件管理系统成为有机联系的集合才能称为 records。随着进入数字世界，文件与档案的界限在模糊，由此用电子文件或是 electronic (digital) records 这样的表述来表明术语的变化。对 Web 2.0 中大量的个人信息来说，往往不会有规范管理阶段的区分，因而更加难以用这样的方式确定信息与档案的界限。

3.2.2 管理：要素与方向突破原有框架

从管理上看，管理要素的呈现正在发生改变，具有新的特点，管理有了新的方向，由此带来相应挑战。

(1)信息由多主体共同形成的特点意味着形成者、用户和服务提供商的管理主导权确认与协调各利益相关者的复杂性，体现为：

①从信息形成主体出发的主体权力分配与权益协调问题。在信息的整个生命周期中，这方面的问题包括不同主体是否都能参与对相关信息的管理，各自有哪些权利与义务，在共同形成同一信息或信息集合的主体中，由什么来判定哪一主体拥有主要的管理权，所有权归属如何确定，其他相关主体如何参与管理，以及如何在管理环节中部署与实施。目前，无论是理论模型、制度顶层设计或是具体的法规标准或指南，尚无可推行的方案。比如，政府在理论与实践中都意识到公众参与而形成的评论或其他记录应当与相关信息作为整体纳入管理，但如何实现还在探讨中。再比如，企业在开发利用社交媒体平台信息实现精准营销时，可能在隐私等方面影响个人用户的利益，这些都需要通过明晰权利及义务来规避。

②保管主体与形成主体的冲突问题。这里的保管主体是指档案机构、图书馆、博物馆等记忆机构。记忆机构的文化功能与形成主体更加考虑自身需求的矛盾是档案理论与实践由来已久的问题，詹金逊和谢伦伯格的鉴定观就是典型体现。在不同的司法环境中，保管主体的权利与义务不同，但是其作为信息严格的可信保存的基地供未来查考研究与开发利用的功能却是一致的，而对形成主体尤其是组织机构而言法律与业务需求却是更加迫切的，还要考虑效益问题，个人形成主体可能在可信保存的认识、需求和实践上不尽一致，例如，信息管理目前在 Web 2.0 环境中未得到个人用户太多关注，个人并没有针对这些信息有规范的管理活动，只是在不断累积信息，依赖所处平台实现对信息的保管。

这样的矛盾在 Web 2.0 环境中将有激化的可能，尤其是面对个人用户的海量信息。对记忆机构而言，这些信息具有丰富的历史价值与文化价值，难题是如何辨别和选择信息，如何获得许可，如何确保所需的信息在获取之前得以留存且得到可信管理，如何收集，如何开发利用及在管理中不侵犯利益相关者权益。

③第三方平台的功能、权利与义务界定问题。Web 2.0 环境中人人得以形成记录的关键在于提供信息形成与分享平台的各类应用与工具的服务商，即这里所提的“第三方平台”。第三方平台是连接各个主体并提供各类管理工具的重要基地。管理的战略、策略乃至具体行动在很大程度上要在

形成信息的平台进行，或是要以此平台为基础。这既与平台提供的技术环境相关，也关乎平台提供的协议涉及的权利与义务问题。技术环境的问题包括平台可以提供哪些功能来支持信息管理且符合各主体进行档案化管理的要求，也包括平台上形成的信息的技术特点，需要档案化管理以确认技术细节如元数据方案。协议则是通过平台与各主体达成的条款来规定各自的权利和义务，比如信息的所有权、管理权、处置权、长久保管义务，以及隐私保护义务等。此外，第三方平台还面临迁移或关闭的问题，并非所有的网络平台都能长久维持，这也对信息的档案化管理提出紧迫警示。但在目前，各平台能够满足档案化管理需求的功能并不多见，在所有权、管理权、处置权等方面的规定不尽一致。例如，Instagram 作为最大的照片分享的社交网络，在 2012 年声明对用户的协议可以在不通知用户的情况下进行更改，在得到强烈的用户谴责后才撤回，这依然警示我们在第三方平台保存信息的风险。第三方平台能够提供长久保存的关键在于这些信息能够带来商业效益，但用户的权益和隐私又成为风险口。

(2)管理对象的问题。管理对象(即信息)提出的挑战源于 Web 2.0 环境中的参与、共享、互动、协作形成的海量信息的复杂性。

①信息数量。Web 2.0 环境中的信息几何式的形成与增长对管理直接的挑战就是储存的问题。面对可用性难以维护的信息，不仅要考虑需要多大容量的载体储存这些信息，还要考虑如何通过管理与技术保证信息的可信与可用。美国国会图书馆在 2013 年需要接收的 Twitter 信息是 170 亿条，微博、Facebook、微信、Instagram 等流行的 Web 2.0 应用每日的信息形成数量都是以亿来计数。即便存储技术在不断发展，依然跟不上信息增长的速度。有研究认为，全球可供使用的存储容量的增长慢于全球数字数据的增长，到 2020 年，只有不到 15%的数据可被容纳。那么，Web 2.0 环境中持续海量增长的信息要储存在何处？该研究还提及，2014 年，每个 IT 职业者平均负担 230GB 的信息，到 2020 年将增长至 1231GB，那么仅依靠技术的话，IT 职业者们能够完成任务吗？身处其中的文件、档案工作者该如何应对？

Web 2.0 环境中的信息大多为半结构信息，它是通过用户的描述来形成整体呈现的信息，从机器的角度来看，这样的语言是难以读取和理解的。

如果不借助于技术,这些信息难以实现智能管理,档案化管理中需要呈现的背景信息、有机联系以及描述如果无法通过技术完成,那么档案化管理关于资源整合与服务的目标就难以实现。尽管目前在将语义技术应用在 Web 2.0环境中的信息分析方面有大量研究成果,但任重而道远,因为这样的挑战随着愈加碎片化的信息的海量增长日趋严峻。

②信息噪声的问题。在海量的信息中,互相关联的信息记录形成信息的活动与主体,在理想状态下,获得的信息是精准且适合可信保存的。然而,在数字世界的生态中充满信息噪声是另一个现实,依据 IDC 的研究报告,在全球数字数据中,仅有 20%的数据被视为有用,且在这 20%的数据中,仅有 5%的数据被视为尤其有用。尽管这不能作为完全正确的结论,但反映出在 Web 2.0 环境中要考虑如何识别数字垃圾与应对它们带来的噪声造成的管理对象的界定与信息质量问题。

Web 2.0 环境中的各个平台与应用支持各类格式信息的发布,无论是制式、语言还是内容都对形成者的信息素养要求不高。这从三方面造成信息噪声:首先是信息的内容问题,Web 2.0 环境中信息形成的随意性,包括不能准确表达事实的内容、不真实的内容、暴力犯罪等方面的内容等,这与档案化管理要求的信息的准确性以及价值都有冲突,从海量的信息中完全剔除这些信息困难重重。其次是信息的形式问题,无论是物理还是智能形式,Web 2.0 环境中的信息尽管依靠平台设计有一定规范,但与纸质文件或是办公系统中电子文件的规范制式相比都有较大差距。随着从书写记录的传统到新口语记录环境的转变,Web 2.0 环境中的信息不完全是文本形式的,研究表明,即便是文本语言,也有着口语化的特点,这在一定程度上有口语文化回归的意味。文档管理通常是针对有规范制式和表述的信息,口语化的文本、音频、视频等多形式信息,存在界定、保管与利用等多方面挑战。即便有元数据来辅助管理,可信管理依旧面临形式混杂带来的障碍。最后,由跨平台、跨设备造成的不同技术配置的内容相互交叉与关联形成的噪声,不仅同一活动有不同格式的信息,而且同一条记录也可包含不同格式的数据,在完整性、背景以及有机联系等管理要求下难以按照不同格式来区分管理这些信息。例如,当前一个社交媒体账户可以在网页、客户端、个人电脑、移动设备上使用,即便同样是移动设备也因系统不同如 iOS、

Android、Windows 等有不同的技术配置，使得这些信息的传播有不同的技术协议，这些信息的管理则更加复杂。

(3)主体管理对象的方法问题。这在模式选择与不同管理环节的落实上都体现出困难。

①模式选择是集中还是分散？这与国家体制、社会传统、法律环境以及信息与通信技术发展阶段等多方面的现实问题相关，也与秉持何种哲学观与社会观看待档案有关。Web 2.0 环境对集中模式提出的挑战在于以参与和关注众人协作为特点的平台，集中模式会面临海量信息的集中存储、各个环节的统筹、利益相关者的协调等。分散模式则需要转变对档案及其管理的认识，并要求法律、管理制度等方面有相应调整。这两类模式在 Web 2.0 环境中均有当前未能妥善解决的实践困难。

在集中模式中，档案化管理无论是在形成机构还是保管机构，都有相对集中的文件、档案工作者来进行各项工作，档案最终也会进入记忆机构成为集中利用的资源。Web 2.0 环境中这种模式却有一些并不受用的方面，例如分散各处的资源可否集中，又是否能够满足利益相关者的需求，管理策略是否能够在实践中落地？英国国家档案馆在构建社交媒体档案库的过程中，发现这些信息难以通过国家档案馆的网络档案化管理项目得到完整的档案化管理，复杂繁重的工作需要社会和公众的参与。

库克认为，西方下一阶段的档案范式将是社会/社区，即由专业的档案员担当辅助者和教练员的角色，而社区和个人将承担起文档管理的责任。这是相对分散的模式，鼓励信息的利益相关者尤其是那些长久地在档案墙之外将档案视作神秘之物的个人与群体参与其中，似乎 Web 2.0 提供的功能以及互联网的资源配置能够满足这样的模式。然而，这样的模式也有两方面的问题。第一，价值判定问题。这类似在中国被称作“全民建档”的模式，意味着重新思考“哪些是档案，哪些需要留存”的问题。尽管个人档案的存在得到认可，但在相对主流的实践与研究中，更多地将档案视作是由主流机构形成的记录，那些记录着普通社会活动与公众的信息是否能够得以留存则取决于对其价值的判定是否有新的标准。第二，实践的可行性问题。诚如库克所言，他在 2011 年预言的范式只是一种呼之欲出的预测。目前美国、英国、荷兰、加拿大等国的众包、公民档案员、在线社区档案馆项目或许能够印证这样的预言，但相对而言只是小部分，而且国家档案机构依旧主导管理活动，与他预言的范式还相去甚远。这种参与的分散管理的落地问题可包括：谁为个人或社区提供档案化管理的平台、基础设施，怎么实现可持续的管理；第三方平台是否可靠，网络环境是否可信；档案馆等记忆机构是否还要成为永久档案最终的归属，如果要实现其价值，分散的资源通过何种方式得以集中且可供他人利用，信息中涉及的个人隐私、权益、取向等如何协调。

这些或集中或分散的模式并不能完全放弃或采用，随着互联网的发展，Web 2.0应用的深入，乃至基于Web 3.0的个人门户的实现，这类挑战还会深化或有新拓展。基于法律、管理、社会等环境，在目标选取和现实状况的分析基础上考察两种模式的利弊，针对实践制订可具体落实的行动计划，形成适应于现实所需的管理模式是必要的，必须应对来自Web 2.0的挑战。

②由于主体和管理对象的变化，具体的环节同样面临挑战。关键的几个问题包括：

第一，归档。对档案领域而言最为关注的问题是：在Web 2.0环境中要归档哪些信息，怎么选择，怎么归档，有哪些方式和工具？Web 2.0环境从归档的实践、归档对象的选择、归档的方式，以及归档的主体提出不少问题。目前网站归档的方式还在探索中，较为成熟的是对静态网站的捕获，多主体参与的动态与互动的Web 2.0环境中，归档的问题则更加复杂。主要的问题是：从鉴定或收集（拣选）方面来说，归档对象的选择要建立什么样的标准，不同形成主体的价值取向如何选择和平衡；档案馆等记忆机构要选择归档哪些信息；对机构形成者而言，Web 2.0环境中形成的信息是否是新门类的数字文件，归档的依据是否有新变化；对个人形成者而言，如果要归档管理信息，是否能够沿用组织、机构的那些方法；对Web 2.0平台与应用来说，是否有义务或者能够提供怎样的支持。

从方式来说，由谁来归档，如何归档，档案馆等记忆机构是否有权利归档各类组织、机构、群体以及个人形成的信息，又是否有能力收集这些几何级增长的信息，信息的形成者、Web 2.0平台与应用等信息的利益相关者在其中有哪些权利和义务实现信息的有序归档；如果由个人来归档其所形成的信息，会有怎样的特点，档案专业机构与人员将扮演怎样的角色，归档将采用怎样的方式？

关于工具的选择，Web 2.0 环境中已经有一批在使用中的归档工具，有的是由 Web 2.0 平台与应用开发，有的是由技术公司开发，有的是由形成者尤其是机构形成者或是对应的档案机构开发。这些方式都有怎样的利弊，使用程度如何，有哪些升级的必要，如何选择和设计功能？

此外，还有一个严峻的问题是，尽管档案领域倡导与形成者、技术部门等相关利益者的协作，但是事实上却逐渐出现技术部门取代文件、档案部门管理信息的现象，这使得鉴定的取向往往不能反映文件、档案的要求，这在社交媒体、协作软件、维基等 Web 2.0 环境中更为明显，甚至使得信息没有归档，在信息形成后被个人形成者删除。

第二，整合。档案化管理需要将 Web 2.0 环境中碎片化、异构化和分散各处的海量信息予以有序化，整合成可开发与利用的资源。如何能够用这些信息来还原它们所记录的事物，将信息之间，以及信息与相关的主体、媒体以及时空的关联在开发与利用中予以呈现是极大的挑战，因而，如何整合资源、平台、管理方式以及整合不同的参与者是技术、制度和社会的挑战，亟待档案领域的深入探索。

美国国会图书馆目前对 Twitter 信息的整合颇有“骑虎难下”的态势以致项目进展在 2013 年就停止更新。语义挖掘与关联是 2015 年 ICA 年会的重要议题，于档案领域而言，在大数据、互联网＋等概念盛行的信息时代需要考虑将过去、当下和未来收藏的信息变为可开发的资源，这无法忽略信息与通信技术对整合工作的支持。元数据早已成为电子文件管理研究与实践的重要对象，既是为了实现档案化管理关于“档案性”的保障目标，也是通过描述信息来促进资源的整合与利用。在 Web 2.0 环境的技术、社会和制度框架下，信息档案化管理将应用怎样的元数据方案也需要深入探讨。

第三，保存。档案的保存一般处于形成者的信息空间中与永久保管者的仓储中，在中国分为保存于档案室与档案馆。在 Web 2.0 环境中，则多了形成信息的第三方 Web 2.0 平台与应用。一方面，Web 2.0 平台与应用作为信息档案化管理中的保管空间面临着相当大的影响信息“档案属性”的风险。例如，平台当前不一定嵌入档案化管理功能，亦会因为经济或技术的原因关停。另一方面，Web 2.0 平台与应用分散而繁杂，往往因为定位不同而在信息的形成与管理上并不相同，这些信息集中保存面临困难。

对形成者尤其是个人形成者来说，信息管理有一定的混乱性，更不用说信息的档案化管理。对档案馆等记忆机构来说，还是回归到戴维·比尔曼和特里·易思伍德的争论之中，即档案馆是否放弃实体的保管者身份，成为虚拟的分散保存的管控者。这既是由于档案馆在容量和资源上在当下与未来的一段时间内都无法保存所有信息，也在于档案馆是否有权保管这些信息，信息的形成者有意愿来控制归属于他们的信息等。

第四，利用。利用在 Web 2.0 环境中面临的资源准备问题在整合环节中已经论述，另一个则是开放与保护的问题。在 Web 2.0 环境中，个人敏感信息的保护在信息共享为主流的情况下尤其重要。在这其中，谁来确定哪些是敏感信息与如何处理，被第三方平台、档案机构以及形成者忽视的"人"的维度在人人参与的环境中要如何定位？对社会而言，档案馆等记忆机构要尽可能开放其资源，又要预防开放为档案利益相关者带来的风险，例如声誉的破坏；对形成者而言，形成者是信息开放的对象，也是信息开放的主体，要注意如何把握信息利用的权限和范围。例如，阿里巴巴力图将消费者社交化，使得购买记录为消费者好友可见，引起消费者相当程度的不满，尽管在当前的中国并不违法，却在道德与消费体验上引发争论。Web 2.0 环境中的信息传播往往也引发知识产权上的纠纷，微博上的 140 字抄袭层出不穷，微信公众号非原创文章的推送比比皆是，更不用提 Facebook、YouTube 的内容在微博上传播时我们可能不知作者为何人。

第 4 章
边界拓展与本质回归：Web 2.0 环境中档案化管理的对象界定

Web 2.0 的挑战在社会与技术层面形成，面对挑战，档案理论与实践需要从中构建出适合于 Web 2.0 环境的档案管理概念基础与实践框架，明晰其在信息世界中存在的价值是什么，了解其存在的本质与支柱，从而能够找到重构却不失自我本质的根本。概念基础是理论研究的基点，也是理论与实践互通的关键，从实践中形成的对管理对象的认知，经过理论的思考与总结成为概念。档案化管理参与 Web 2.0 环境的信息管理的前提则是在概念上能达成共识，才能让理论与实践明确档案化管理管什么、管理对象的特点以及管理的需求，从而确保形成合适的管理模式与方法。

概念基础从根本上是解决是什么的问题，在当前的概念情境中，档案是什么需要引申出档案化管理对象是什么的问题。因为在数字世界中，档案、文件、信息、数据等相关的词在认知和实践中的边界愈趋模糊，即使是在前端，以文件来称谓信息也稍显违和。Web 2.0 环境形成的各类信息也在挑战档案已有的概念，这使得概念界定变成复杂而相互缠绕的问题。究竟是通过扩大档案的外延和内涵来沿用“档案”一词的论述，还是将档案纳入信息管理的范畴中，抑或在其中找到一定的平衡从而既能保持档案的“正统”，也能适用于 Web 2.0 环境中的信息管理？

笔者认为，界定 Web 2.0 环境中的档案化管理的对象是一个过程性的事务，可以通过以下基本步骤来探知，予以新的呈现与解释。

(1)从概念变迁的过程中理解界定的必要性与走向；

(2)认识与理解 Web 2.0 环境及其中的信息；

(3)设定概念界定的视角和理念；

(4)解读 Web 2.0 环境中档案化管理的信息。

4.1　概念的变迁：必要性与走向

4.1.1　变迁的轨迹：对象的变化

在档案管理的发展过程中，档案作为最核心的概念经历了不同阶段①，综合来说，是受技术、社会、传播、文化等多方要素的共同驱动。本书将 Web 2.0 环境设为探讨概念的情境，由于具有明显的媒介属性，因而概念梳理也将与媒介演化相联系。施拉姆在关于媒介对人类世界的影响中指出："书籍和报刊同 18 世纪欧洲启蒙运动是联系在一起的。报纸和政治小册子参与了 17 世纪和 18 世纪所有的政治运动和人民革命。正当人们越来越渴求知识的时候，教科书使得举办大规模的公共教育成为可能。正当人们对权利分配普遍感到不满的时候，先是报纸，后来是电子媒介使普通平民有可能了解政治和参与政府。"对于记录社会各领域活动的档案而言，媒介的变化及其带给其他领域的影响也直接塑造与重塑了关于"档案是什么"的事实与认知。

在造纸技术出现之前，无论是甲骨、竹简、土板、缣帛，还是羊皮纸，能够

① Web 2.0 作为技术上的概念，也具有社会层面的因素。在确定 Web 2.0 环境中文档管理的核心概念之前，有必要认识在不同的技术与社会时期，档案概念经历了哪些变迁。与 Web 2.0 相对应，分析的维度将从媒介层展开，但媒介的演化是与社会、文化等方面的变化相关的，因而从媒介层探讨不代表对其他层面的忽视，相反，依然能够呈现各方面形成的综合影响。

通过这些载体记录下的档案都极少，这是各项活动都只能有限记录与传播的时代。即便是造纸术在东西方均得到普及后，由于社会的政治、经济和文化条件的制约，造纸与落后的印刷技术对信息的记录和传播的支持都有限，因而能够形成并使用这些文字记录的主要是社会管理层，如中国的宫廷、欧洲中世纪的教堂。这时期的“档案”，主要就是指代社会管理层形成的记录。

随着印刷技术进入机械动力与电力时代，读写能力逐渐普及，办公机构内用纸，文化传播的用书，公众的日记本、书信，无一不是以纸媒为主。彼时，录音机、录像机、相机、电话、电报、电视等这些声像与文字记录的形成与传播媒介也开始出现与蔓延，音像制品等成为记录的重要载体。在这样的时期，档案随之变化：形成者的类型不限于社会的管理者，传媒机构、社会其他组织乃至个人都能形成各类固化记录；各类档案的数量增长迅速，需要保存哪些档案，用以记录“谁”，用以记录“哪些活动”得到有意识的关注，鉴定的需求变得普遍；形式更多样，除了纸质文本，音像视听和图像类的档案也成为重要组成部分。由此，档案主要在形式与数量上发生变化，内容主体依旧以主流或官方机构所形成的记录为主。在美国，谢伦伯格的《现代文档管理的原则与技术》将探讨的对象“records”界定为国家机构所形成的记录。个人档案(personal paper)或是企业档案等可作为补充，用以记录国家或地区的历史。例如，加拿大的北温哥华档案馆就会征集与接收当地船务公司的档案以丰富北温哥华的历史记录。

20世纪80年代以后，人类告别了熔金铸字的时代，数字媒介通过计算机走向世界各地。办公自动化在政府机构和社会组织的业务活动中开始实现普遍应用。这个阶段的媒介主要还是封闭的电子系统，对档案的冲击主要在于多变的数字形式。在出版领域，由于数字媒介在传播和利用方面的便利性、易获取性、低成本甚至无成本，电子排版、电脑编辑、网络传输等新的出版技术不断应用于印刷媒介。数字媒介的音频、视频、图像的复制质量、检索的方便性等都令其与纸质媒介并行，计算机、相机、DV等走出有限范围，开始走入公众，数字媒介甚至成为更加主流的记录与传播媒介。因而，这个阶段的媒介在内容和格式方面呈现更为多元，随着论坛、网站的产生，公众的记录也开始有限地反向传播给官方主体，双向传播度逐渐显现，但官方的自上而下依旧占据主导。受数字媒介与Web 1.0的影响，档案在形式上有所变化，计算机所形成的记录与纸质档案有很大不同，由计算机产生的数字形式的档案推进了管理前置，也提升了后端的开发利用的便利，因而在管理上倡导前端控制与全程管理。由此，在数字环境中，实现了文档一体化的电子文件“档案化”全程管理，在称谓上以文件为主。

20 世纪 90 年代，互联网开始席卷全球的征程，至 21 世纪初，数字媒介搭载着互联网突破时空限制。官方机构开设了网站，普遍使用电子邮件通信，为留存在互联网上有保存价值的记录，网页、电子邮件也成为档案的一部分。档案的属概念成为信息，这与媒介发展中计算机、网络等信息技术的影响有着密切联系。例如，冯惠玲教授在 2001 年新版《档案学概论》中将档案定义为“个人在社会实践活动中直接形成的具有清晰固定的原始记录作用的固化信息”①。随着形成记录的主体越加多元，政府机构、社会组织与个人都成为形成记录的主力军，尤其在美国、澳大利亚、加拿大、英国等国家，更加呼吁对官方与主流机构之外的形成者的关注，社区档案与个人档案在研究与实践中频繁出现，这时候的档案无论是在概念界定还是具体管理对象上都显得灵活与宽泛，社会档案的概念有了一定基础。

从上述的变迁中可以发现，档案不是一成不变的对象，它所记录的主体、活动、数量、形式等都在社会进程中不断变化。从趋势来看，档案的内涵与外延在不断拓展，形式、价值与功能更多元。它难以从单一的视角予以“一蹴而就”的界定，需要从不同维度认识和理解，这在 Web 2.0 环境中更加明显。

4.1.2　正在出现的走向：信息的“强势渗透”

随着互联网与计算机尤其是移动互联网的普及与深入，数字媒介的应用从机构办公到网站、从线下到线上实现全社会范围的覆盖。通过 Web 2.0等网络平台和工具，官方机构、社会组织、公众可以应用数字媒介实现活动的交流与记录的聚合。而在线下通过数字设备形成的记录也依托

① 冯惠玲，张辑哲．档案学概论[M]．2 版．北京：中国人民大学出版社，2006．

互联网的应用实现更大范围的传播。从社会总体视角来看，执政机构、社会组织以及公众实现多向度的互动式传播。公众更多地利用数字设备尤其是移动设备参与记录，各类主体通过数字媒介实现互动，以完成在社会事务中的协作。因而，记录的形式更多样化，映射着自由、平等、协作的理念，去创造或迎合社会性的需求，呈现出社会化的特征。由此，Web 2.0 环境中所形成的记录，不仅聚焦于国家或是主流机构，而且拓展至多元群体与个人。

因而，档案的理论、方法论与实践都在呼唤着变革，概念的变化开始变得明朗，在当前的研究和实践领域都有体现。

4.1.2.1 信息治理的提出

信息治理是针对组织机构在以 Web 2.0、大数据、云计算等当前核心信息与通信技术所构建的日益复杂的数字环境中提出的，被认为是涵盖一切关于组织如何管理全体信息的概念。根据 ARMA① 的定义，"信息治理是为达成组织目标使得组织和个人能够负责形成、组织、保护、维护、利用和处置信息的标准、流程、职责和评估工具组成的战略性框架"。信息治理采用一系列政策、流程和控制措施来管理信息，以满足外部规范和内部管理框架。信息治理针对的是整个组织范围的持续性项目，不仅要自上而下实现高级主管的政策制定到基层员工的培训与执行，而且跨部门涵盖常规信息类部门如文档部门、信息技术部门并要求业务部门的积极配合。

它的提出主要源于：第一，信息的增长及管理的必要性。原始数据日益被视作和金融或人力资源一样的资产，尤其是在当前的互联网时代。信息在业务中的价值不断提升，业务领导者越来越看重管理和利用信息的能力。在 Web 2.0 环境中，所形成的信息的管理是传统的文档或信息部门难以单独完成的任务，因为这些信息范围要大过传统意义上的文件、档案，文档与信息部门可以做积极的参与者乃至主导者，但需要业务、法律、高层、技术与平台提供方等多方的参与。第二，信息价值的开发需要以消除大量的信息

① American Nuclear Society Specification. ANSI/ARMA 10-1999：Glossary of records and information management terms［EB/OL］.［2016-03-09］. http://www.freestd.us/soft3/853396.htm.

噪声为前提。组织既不可能保存所有的信息,也不可能销毁所有的信息,尽管从大数据提倡者的思路来看,能够保存所有信息是最好的。但依据调查,在大部分企业中,69%的信息没有法律证据、业务和信息价值,只有剔除不必要的信息,消除信息噪声,才能够满足组织对信息的法律与业务方面的需要。此外,保存所有信息的成本过高,不符合组织管理的要求。第三,信息价值要满足的是业务、法律、历史等方面的需要,因而一方面需自下而上的管理理念、战略、政策、行动计划在组织范围内的贯通,另一方面,它不仅是文档、信息技术、知识管理等信息部门的职责,也是各业务部门需要配合完成的管理任务。因而,以治理的视角提出对信息的统筹与协作管理是必要且迫切的,这也与档案化管理的理念不谋而合。

当前,尤其是在西方国家如美国、澳大利亚、英国等,信息治理在文档领域得到颇多关注与认可,ARMA 从文档管理的视角为信息治理列明一系列原则,并根据这些原则在 2013 年构建出完备模型,用以组织依据该模型评估与设定信息治理的目标。澳大利亚国家档案馆明确将信息治理作为其业务模块,用以指导联邦机构的信息管理。在专业研究领域,据不完全统计,信息治理已经连续三年成为 ARMA 探讨频率最高的议题,在 2014 年达到 40%。

4.1.2.2　生存与浪漫:个人信息与文档管理的融合

个人信息与文档管理的实践愈加普遍,无论是因为个人需要在信息治理框架下参与组织机构的信息与文档管理,例如在"带上的自己的设备"(bring your own device,BYOD)①的风潮下工作中形成的各类信息存储于个人所有的设备上,或是由协作软件形成共同开展业务的信息;还是由于在 Web 2.0 平台与应用中形成各项社会与私人活动的记录如在社交网络 Facebook、Twitter 上展现的生活信息或是在电子商务网站上购物所留存的订单。在这样的趋势下,如果组织机构由于此前的文档管理传统以及相应的制度指导还能区分清楚档案与信息,那么对于个人或是群体而言,多数时候并无严格界限。

---

① 当前,在美国、加拿大等国家,办公机构中让职员带着自己的设备来上班的现象相对常见,这些设备可以直接用来开展工作。

（1）个人与专业文档管理者对档案的认识有相异之处。文档管理者更关注文档的法律、行政与历史价值，对文档的智能控制，以及与数字文件真实性、可靠性相关的事宜，面对如此多的文件、档案，保管者往往忽略或难以考虑作为形成者的个人对所形成信息的情感。相反的，个人关注信息管理很重要的原因是情感需求，例如他们在网络博客、微博中发表意见以获取社会事务与事件的参与感，或是在社交网络中与家人或朋友互动以增进感情。他们捕获或是管理信息并视作档案的一份照片或聊天记录则可能并不在意文档管理者关注的问题（如来源、背景）。他们甚至不去考察所获得的“档案”是否有档案的属性。

因而，一方面，文档管理者可能忽略了文件、档案中与形成者相关的情感、文化等要素；另一方面，作为形成者的个人对文件、档案的认识与管理相对业余，在概念与实践上与文件、档案可能相去甚远。这种冲突于文档管理者与个人形成者而言需要一定的平衡，指向完全的信息还是回归严格遵守“传统”的档案是需要着重探讨的问题。

（2）个人信息与文档管理关联密切。随着技术的发展，数字生活也在发展，移动设备与 Web 2.0 应用无处不在，微博、微信、Facebook、Flicker 还有移动电话里都保存着具有档案性质的信息，捕获和管理这些数字证据面临更多挑战和机遇。一方面，来源、全宗、原始顺序和保管链作为档案核心概念与个人信息管理有很大相关性；另一方面，个人信息管理与文档管理在时间范围、主要任务、所有权和管理目标、背景信息的作用和重要性、对选择（鉴定）的态度、目的性整理以及系统需求方面又有不同的着重点。

在这样的趋势下，信息与档案在概念上就同样面临两个问题：两者是什么在融合，界限又在哪儿？

4.2 具体对象解析：档案框架下 Web 2.0 环境中信息的解构

以往的概念变迁提供了这样一种认识：档案概念包括它与哪些概念相

关会随着所处时空的不同而变化，Web 2.0 从多方面改变着记录世界，这就需要重新认识档案。在这样的背景下，对信息的认识显得尤为重要，它和档案的关系是什么？国际项目 InterPARES 提供了这样一种模板（如表 4-1 所示）来界定文件、档案，或者可以反其道而行之，用 Web 2.0 环境中的信息在这些要素上的表现与模板对各要素的界定进行对比，分析确认在 Web 2.0环境海量信息中哪些是或将是档案的难点。

表 4-1　文件、档案要素模板

要素	释义
载体（medium）	文件内容的物质承载物
内容（content）	文件所述事实
形式（form）	内容显示的方式，可分为物理形式（外在要素）和智能形式（内在要素）。物理形式指外在表现形式特征，如版式、颜色等；智能形式指内部构成特征，如标题、时间等
相关责任人（persons）	至少包括三种人员：发文者、收文者和作者，也可包括会签者和目击人。如果发文者是个人，发文者和作者很可能是同一个人，但如果发文者是机构或团体，发文者和作者就不是等同的概念，作者指书写文件的人，通常是署名人
行动（acts）	旨在产生、维持、修改、消除某种情形而采取的活动
档案链（archival bond）	成文环境造成的文件与其形成者、其参与的活动以及其他文件之间的关系
背景（context）	司法-行政管理背景（形成机构所在的法律组织体系）； 来源背景（形成机构使命及其授权、结构和职能）； 程序背景（形成的程序性流程）； 记录背景（所属的档案全宗及其内部结构）； 技术背景（生成系统的技术要素）

固定的记录形式和内容成为必不可少的两个关键限定，但 InterPARES 提出有限变异的原则，它认为有固定的规则约束的信息记录形式和内容变化都在有限变异的范围内，固定的记录形式和内容不是绝对不变的，承认有限的变异不会影响数字信息信息体成为文件、档案。

在 Web 2.0 环境中，信息各要素的特征如表 4-2 所示。

表 4-2 Web 2.0 环境中的信息解构

要素	Web 2.0 环境中的信息	例证
载体	用户设备或平台与应用提供商的服务器	社交网络应用 Instagram，在其平台上发表通过其编辑的照片时，同样会在发布的设备如手机上备份
内容	涵盖公务与私人活动，尤其是社交网络的互动	既有政府机构发布信息，例如政务微博，也有个人发表的各种活动记录，总之是围绕各种社会事务、活动以及人际关系形成各种内容
物理形式	应用提供商提供的多媒体结构	一般来说，各个应用发布的内容都有一定版式，且可以提供个性化的服务
智能形式	个人编辑与半结构化的内容	
相关责任人	从政府机构、社会组织到个人，在一项事务中，他们可以身兼发文者、收文者和作者	一项社会事件的记录既可有目击者与评论者个人、正式传媒的发声，也有政府机构的回应与说明
行动	各类公务、群体以及个人活动	只要设备与网络支持，各项活动的主体都可以实现对活动的记录
档案链	由内容或人际关系所形成的有机联系	这种关系体现在整个社会网络之中
背景	Web 2.0 的应用很大一部分是全球性的，司法-行政背景不尽一致。 来源背景：机构、社会、个人。 程序背景：正式与非正式兼有。 记录背景：社会网络与传播网络中。 技术背景：Web 2.0 所使用的技术与软硬件配置	

注：智能形式和背景在不同情况下各不相同，这里不再具体举例。

从各要素中可以看出，Web 2.0 环境中信息有这样的特征：第一，多元。这包括它的形成主体、内容呈现、记录的活动以及形成背景。第二，多阶段信息同时存在。这与文件和档案有一定界限不同，Web 2.0 环境中信息在形成、传播与利用过程中有着“再生与循环”的表征，信息的新旧可相互转化。

这引发了概念界定的难题：第一，与固化的冲突。当前的 Web 2.0 环境是一种媒介传播环境，它的对象更着重于形成与传播，是否会停止脚步进入固化的保管阶段则难以确定，更不用说作为开放的平台，信息的形成者会继续改动信息或是会有新的形成者加入，使信息发生变化。此外，它还面临数字信息都会遇到的对固化的挑战，尤其是形成者与传统的保管机构都可能不是原始信息的保管者，而是提供服务的第三方，有不当管控而损坏与改变的风险。第二，阶段界限的模糊。Web 2.0 环境中的信息一直在增长与流动中，成为信息共建与共享的基础。对于信息而言，难以确认何时声明它是档案。第三，信息的“杂乱”。对信息形成者来说，形成信息的目的是指向当下，而不是保管以供未来使用，尤其对个人形成者来说，他们往往不受限于组织中的管理规范形成与管理信息，也没有意识来形成有规范“制式”的信息，第三方的服务提供商在没有足够的制度尤其是法律政策的规定下不一定关注档案化管理的要求。另外，在很多时候，文件、档案工作者也需要管理那些在数字世界中不被认作文件、档案的材料，甚至不是处于档案机构的实体管理之中，遍布信息、数据的 Web 2.0 环境中也是这种情况。归档管理和非归档管理的资源间的界限并不清晰，因为存储在网络数据中并提供利用的资源同时存在于 Web 2.0 环境中。

4.3　阐释概念的理念与框架：多元全局的视角

Web 2.0 对记录世界的改变是变革性的，相对于遵循原有的概念，重新阐释相对来说会是更多研究者的选择，也有助于解决实践中的困顿。

伴随权力社会化的过程，数字环境中的档案化管理出现，有着越来越多主体的参与，社会多元取向凸显，档案化管理的方式也更加多元，对概念的界定就成为一件复杂而有必要的事情，前提则是立足于讲求多元的

Web 2.0环境。

这在理论研究和实践中已有一定的依据,主要以档案多元论和文件连续体理论为代表。在档案多元论的框架下,要建立这样一种档案系统:可以呈现各式各样的文档管理实体,包含或至少可提供不同的,涉及文件记录活动的有时空观念的世界观,并为所有的利益相关者提供有意义的利用途径。同时,需要反思与重新界定那些把口述记录、文学、艺术、文物、建筑环境、景观、舞蹈、庆典、仪式等排除在档案形式之外的文件、档案的定义,基于后现代主义,重构档案的内涵。在文件连续体理论的第四维度中体现出文件、档案从个人到社区,到合作的集体再到整个社会的范畴,是走向多元化的呈现。随着网络提供的技术,虚拟空间的出现使得共同的档案系统的出现成为可能,这样的共同的档案系统能够描绘和反映不同的文档管理实体,包含了文件、档案所记录的活动中所有主体的世界观,并为所有利益相关者提供利用渠道。例如,在澳大利亚原住民的档案项目描述中使用了平行来源的方法,从原住民、原住民社区、联邦政府、州政府、档案馆多角度来共同呈现关于原住民的记录。这些理念与实践意味着,从整体来看 Web 2.0 环境中不同主体的档案化管理以多元和全局的视角完成其中的核心概念界定是可能的,但会是较为复杂的事情。

4.5 Web 2.0 环境中档案化管理对象的概念界定

总的来说,信息与档案是相互关联的,如果离开了档案的限定,那么单独的“信息”就不能成为档案化管理的核心对象。相应地,如果忽视“信息”,那么档案在 Web 2.0 环境中就显得过于狭隘。澳大利亚的维多利亚大学的档案馆馆员克里斯汀·莱特认为档案在多数时候是狭隘的概念,这也使得收集、管理、利用等环节变得狭隘,因而她倡导更加宽泛的界定,而不是把已有概念作为唯一可能。

因而,本书认为用信息作为相对后端的“档案”的上位类以及相对“前端”的那部分可能更加合适,将“信息”与“档案”选定为核心概念。

信息与档案的相互关系总体表现为:第一,档案化管理参与到信息治理以及管理之中,贡献其理论、管理方法论与实践经验。第二,档案的边界以信息为上位类进行拓展。

4.5.1　概念的界定说明

档案化管理的要点在于将文档管理的理念与方法运用于各类记录的可信管理中。信息从形成起就可能有保管的需要,需要档案化管理的参与,那么这些信息就归属于档案化管理的范畴。然而,保存价值又是一个具有弹性的概念,它能否成为界定档案概念的标准,值得研究。因而,就粗略的界定来说,“信息”用来代表档案化管理在 Web 2.0 环境中的对象,这样的对象是所形成的信息中在一定情境中需要以档案化管理的方式进行保管的那部分,以供必要时开发与利用,这样的对象在多元论和连续体理论的框架下,要从全局的视角出发,反映不同主体的档案观与声音。

4.5.2　档案化管理对象选定:信息与档案的组合

信息治理与管理不仅限定在组织尤其是企业之中,而且从整个社会的范围出发涵盖社会群体与个人。在整个社会的信息治理与管理的框架之中,档案管理作为重要的参与方成为“档案化管理”。在这个层面上,档案化管理的贡献对象是被视作要成为档案的信息。在这其中,尽管不能将其称为有保管价值的档案,但档案化管理可以帮助完善这些对象的管理。

因而,信息与档案的界限如同文件与档案一样,难以在数字世界中有明显的刻度区分,但档案依然会有其不同的属性与特征,档案化管理的对象不是 Web 2.0 环境中形成的所有信息,但广于现有的“档案”范围。

4.5.3　以信息为属

信息的英文对应词是 information,对它的不同界定来自数学、通信、计算机、信息、传播等各个领域。最初一些工程师如贝尔电话实验室的工程师为区别 intelligence 而用 information 来表达一些技术性概念如信息数量或测量等。随后香农采用所谓信息，就是“在人们需要进行决策之际，影响他们可能的行为选择之概率的物质-能量的形式”，即信息是“消除不确定性”。控制论的创始者威纳所界定的信息概念与香农的信息概念有着重要的区别，香农主要考察的是离散信息（yes/no 信息），而威纳的则是连续信息，即信息的不停流动。为了适应科学领域，加以简化、精炼，并以比特度量后，信息以比特存在于二进制数字和“是”或“否”的判断里，而这正是Web 2.0得以存在的原因——信息的形成与处理系统，在这样的一个系统中，信息的呈现与处理机制成为可显、可视、可发现、可处理与可用的。

将档案界定为某类信息，在很多不同来源的档案术语中都能体现，例如 ISO 15489 中，对 records 的定义是机构或个人在履行其法定义务或业务事务活动过程中形成、收到并保管的作为证据及信息的记录（information created, received, and maintained as evidence and information by an organization or person, in pursuance of legal obligations or in the transaction of business）。国际档案著录标准里也把文件、档案定义为由组织或个人在业务活动或执行事务的过程中形成、接收与保管的以任何形式或载体记录下的信息（recorded information in any form or medium, created or received and maintained by an organization or person in the transaction of business or the conduct of affairs）①。

由此，本书所采用的定义更加接近信息资源管理领域的界定，它将信息视作可识别、分类与量化的资产，是形式与内容的结合，既包含可被提炼为知识的内容，也包含呈现内容的形式。在 Web 2.0 环境中，数字形式的记录意味着形成的对象是由更多的信息组成，这种信息在香农的信息学中是“有无”的组合，这与 Web 2.0 环境中也极为重要的一项概念区别开来，即数据。信息来自原始数据，但数据只有经过关联、加工或提炼才能成为信息。

① American Nuclear Society Specification. ANSI/ARMA 10-1999 Glossary of records and information management terms[EB/OL]. [2016-03-09]. http://www.freestd.us/soft3/853396.htm.

4.5.4　以多元为中心拓展的特征

在以信息为属概念时,以种差界定属性的方式来界定档案是惯用形式,具体界定一般围绕形成与接收的环境、内容、背景与结构以及保管的需要、功能、目的、物理特征、文件、档案的法律地位、可利用的方面等。

基于已有界定规则,在档案多元论的理念与向信息边界推进的趋向下,如图 4-1 所示,本书将 Web 2.0 环境中的档案化管理的对象从主体、内容、背景、形式以及保管价值进行呈现。

(1)多元主体

强调主体的多元是因为此前的概念界定尽管没有排除个人主体,但在文献论述或实践中,一般侧重于主流组织如政府、政党。大型企业、社会群体或个人则可能被忽视。例如,20 世纪档案鉴定理论的重要代表人物詹金逊的《档案管理手册》就是聚焦于行政管理机构的文件,谢伦伯格也在《现代档案:原则与技术》中明确将对象界定为公共文件,而后汉斯、海伦的文献战略以及库克的宏观鉴定尽管都将私人部门的文件与档案纳入研究的范畴,但是对私人部分鲜少涉及,电子文件的研究也多数针对组织机构。

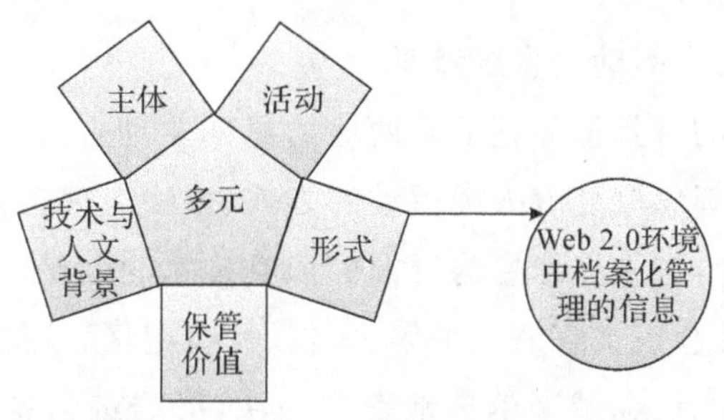

图 4-1　概念的多元特征图解

本书提及的“多元”有两层含义:第一,强调主体不仅限于主流组织,在 Web 2.0 这样有着绝对数量的群体与个人参与的环境中,社区群体与个人有重要作用与话语权,也有相当的参与意识。多元的提出是说明,Web 2.0

环境中信息形成与保管的实践主体将是各种社会组织、机构、群体与个人。第二，在 Web 2.0 环境中，在不否认主体独立性的前提下，多元主体有着很大的关联性，呈现协作式的参与的趋向。这体现在：一方面，各主体间基于内容或人际关系共同形成信息，记录了共同参与的活动；另一方面，从整个社会的视角来看，各主体在社会活动中形成社会网络，这种社会网络同样映射在 Web 2.0 环境中。因而，在 Web 2.0 环境中，多元主体在其所形成的虚拟社会网络中共同形成、接收与保管信息。

(2)源于更加丰富的社会活动

Web 2.0 环境中记录的是形形色色的从社会治理到个人日常的各项活动，例如政府公务的办理、公众参与的网络议政、企业的市场营销、个人与亲朋好友的互动等，所形成的信息既有对公务活动的记录，也有对社会事件的见证，既是对组织延续到网络平台的反映，也是对个人生活史的记录。信息所记录的活动多种多样，一方面是多元主体从其他记录形式迁移到 Web 2.0环境的表现，例如政务信息或是个人日记；另一方面，活动记录的内容和形式大大拓展与深入，以往难以记录的活动依托 Web 2.0 能够事无巨细地得到记录。社会重大事件如选举、体育盛事等以往由政府或是传媒机构记录，而当前个人主体能够成为“业余记者”，对所见闻的事件进行报道。就记录形式来说，文本、图片、音频和视频等多种形式都能够帮助更加完整和深入地记录活动。

(3)技术与人文驱动的多维背景

档案化管理的背景世界正面临两股力量的驱动：一是以 Web 2.0 为代表的信息技术与理念改变着人类活动的方式、方法与理念，随之影响信息的形成、传播与保管，进入以信息为资源的依赖技术的世界。二是人文情怀越来越得到重视，社会正义、公正、平等、人权、社会记忆、身份认同等这些在西方社会讨论多年的议题越来越多地得到关注，渗透进信息世界中呈现为信息权利的平等、隐私保护、遗忘权的建立在网络环境更加得到重视。这两股力量不仅强化技术与社会的发展趋向，而且反映在传播、文化、政治、经济等领域，档案化管理的信息越发地形成于充满参与、协作、技术建构社会、向往民主与平等、以信息为核心资源构筑社会、越加包容与多元的世界之中。

(4)多元记录形式

记录形式的多元是指信息有多样的数字格式，以文本、图片、视频的形式呈现。多元记录形式并非 Web 2.0 环境中独有，在模拟媒介时期或是互联网风行之前的数字媒介时期就有体现。然而，Web 2.0 环境中，这种多元性随着 Web 2.0 平台与应用的支持和数字设备的普及而更加显著，文本以外的记录形式占据更大比例，异构化的信息成为主流。例如，个人使用智能手机就能以视频、音频和文本形式记录活动。网站也多以多媒体形式呈现，这与以文字表达为主的日记、电子系统或是早期 BBS 论坛有很大不同。

另外，Web 2.0 环境中信息的记录多元形式还有其显著特征：

①多媒体的集聚性。数字技术把分散发展的文字、声音、画面、影像媒介都整合到一个有机互联的传播系统中，迎来了多媒体传播的新时代，信息的表达不局限于单一记录形式，很大一部分是多种记录形式组成。例如，微博信息通常是图片、视频与文本的组合。

②具有记录性的口语化特征。口语化的信息在 Web 2.0 环境得以跨时空传播，这与只能通过电话线路或是空气传播等即时方式传播而难以留存的口语不同。多数时候作为声音符号的口语是有其局限性的。口语使用的声音符号是一种转瞬即逝的事物，记录性较差，口语信息的保存和积累只能依赖于人脑的记忆力，口语受到空间和时间的巨大限制，在没有诸如电话等口语媒介的情况下，它只能适用于较小规模的近距离社会群体或部落内的信息传播。在 Web 2.0 环境中，这些口语化的信息更多的是指表达的特征，而通过文本、视频、图像、音频等形式记录与保存于数字载体中，能够跨时空保存、管理与利用，有很强的记录性，突破了即时性的限制。

③有限的固化。以比特组成的二进制数字信息在 Web 2.0 环境中面临着更多的易变因素，或者说数字文件的长久可信保存会是随着传播与保存载体变化而不断探讨的问题。在 Web 2.0 环境中，更加开放和多元主体参与，更多种形式呈现的信息面临着更多与更大的可信风险，关键点就在于“固化”继续受到冲击，比如对一份开放平台的信息而言，不断增多却随机的评论怎么能够成为信息的一部分。就技术的发展速度和载体的更换需求以及比特的记录和使用来说，可能通过定期收集更新变化中的信息，判定需要收集哪些信息作为档案，设定收集与更新的频率，决定停止收集更新的时

间，而不是以一个版本贯彻始终。在这样的前提下，记录形式的固化可能作为考虑因素而非决定性因素来界定档案化管理的对象。

(5)时空拓展的多元保管价值

保管价值是保管目的或缘由的体现，在 Web 2.0 环境中，由多元主体形成的记录各类社会活动的信息表现为保管价值的多元性，主要是针对多元主体表现出多元价值，从证据、业务价值到对个人或是集体记忆、身份认同的支持，从决策支持到信息资源经济价值开发，对不同的主体有着或多或少的价值。保管是指它们有一定时间长度的保管需求，从而需要档案化管理。档案一般用来指代成为过去的事物，而在当前的 Web 2.0 环境中会有一些“形成即成档”的信息，它们在本质上已经有固化而成为过去的成分。因而，管理的要求主要是保证这些信息保存下来，并且真实性、完整性、可靠性、准确性不受影响。同时，保管在时空上发生变化。一方面，时间上向前端拓展，永久的概念受到挑战，尤其是在 Web 2.0 参与的大数据环境中，信息的形成是以秒计，而消失也可能是以秒计，短期内的海量信息管理与长久的相对少量信息的管理在总量上可能是相近的，这需要做好哪些信息将是档案的鉴选。保管在时间维度上不一定仅着眼于长久，而是要细分相对较短的保管期限，判定好每类信息的保存时间，在形成之时就将符合档案条件的信息纳入档案化管理的范畴中。在空间上，保管价值的体现并不是严格的将信息有序移交的过程，保管可能会因为不同的背景与需求而由形成者、Web 2.0 提供商、保管机构决定。

因为主体、需求、专业程度、环境、对象等因素的不同，“保管”的体现不尽相同，而且在 Web 2.0 这样的数字虚拟环境中，“保管”的呈现也有了变化，既会反映 Web 2.0 环境中多元的世界观、价值观和档案观，也会具有 Web 2.0 的技术特点：

①“保管”需求不同。一方面，关于 Web 2.0 环境中的信息对不同的主体在不同的阶段是否有价值，又分别有什么价值。另一方面，这些信息的价值对不同主体而言，是否有进行档案化管理的必要性。只有具备价值，又有对其进行档案化管理的必要性，这些信息才具备“保管”的属性。在 Web 2.0 环境中，对不同主体有不同的标准，不能一概而论。既要考虑司法环境和管理需求，也要考虑自身的需求和能力。例如，个人在 Web 2.0 环境中形成

的个人信息，对其所在组织或档案馆并不具备价值，但对其个人具有价值，他若认为有归档的必要，那他就可以进行档案化管理。反之，若个人对其信息无归档意识，而档案馆认为一些信息是反映社会重大事件的一部分，那么在合法的条件下进行归档与收集则是可以的。再如，对形成主体的组织而言，其判定价值的取向可能基于证据与业务需求，不能强制从“历史价值”去要求。

②保管的“逻辑”化与“虚拟”化。信息的保管不一定要进入专门的档案管理系统以及最后要移交到档案馆或其他记忆机构中。这取决于多方面的因素，信息可存在于开放的 Web 2.0 平台与应用、组织的 Web 2.0 业务系统，形成主体与保管主体专门的档案化管理系统(包括档案馆)、第三方的档案化管理平台等。保管在 Web 2.0 环境中更多地表现为通过档案化管理的方案、功能、工具，以及建立信息间的逻辑联系实现有序化和低风险。

③不同的保管要求与实践。档案化的保管有多元呈现，信息保存多久与怎么保存不是绝对的，对 Web 2.0 环境中的不同主体和信息而言各有差异。这既受需求影响，也受保管能力影响。这是以保证信息的真实性、完整性、可靠性等基本属性为前提的，但是这些属性在不同的背景和对不同主体而言的理解不尽一致，而不同国家与地区不同性质主体的档案化管理也不尽相同，对保管信息的需求不同，档案化管理的资源、组织文化与专业能力也有区别，因而在 Web 2.0 这样多元主体、多元平台、覆盖不同国家与地区的环境中，保管要求和实践各有特点。

第 5 章
参与:来自过去的启示

将档案化管理的范围指向多元主体形成的海量复杂信息,既是档案与档案工作更加主动与积极参与社会建构的契机,也直接带来管理挑战,难以在一时予以解惑。档案化管理所依赖的档案理论、管理方法论与实践有待调整以适应 Web 2.0 环境。其中部分知识、实践和规范需要在 Web 2.0 推广,例如真实性、完整性与可靠性的界定与保障,元数据方案与档案化管理的结合等。同时,Web 2.0 从背景到信息本身带来的影响需要我们考虑如何找准定位与重构信息档案化管理的框架才能达成拥抱新环境和维护专业核心的平衡。

英国国家档案馆在为 2012 年的奥运会做网络信息归档时发现,他们难以处理社交媒体的挑战,Facebook 的复杂性令他们暂时放弃对 Facebook 的归档,但即便是能够列入归档项目的 Twitter 和 YouTube 也极为棘手。在收集与整合这类信息的过程中,他们发现了来自语言、司法政策、技术、鉴定等多方面的问题,直言无法完成对这些信息的完整归档。这种困境是由 Web 2.0 带来的管理主体、对象以及方法上的挑战的综合表现,他们提出由大众参与形成与传播信息造成的难题或许要由大众参与解决。

并非只有英国国家档案馆提出这样的思路,加拿大的记忆机构同样鼓励参与式文化如添加信息的标签、历史知识的分享或专家志愿者参与的软件设计。这是源于不同主体间可信任的协作关系正在形成,例如人们希望记忆机构能提供先进服务,而他们也在社交媒体和其他 Web 2.0 平台寻找机会分享想法、理念和经验,记忆机构随之提供以用户为中心的服务,包括中心化的在线利用门户、移动 APP 和工具。

理查德·考克斯也指出，从海量的信息中选择要留存的记忆时，让公众的参与可以制定出可行和持续的拣选策略，这时候就显现出个人参与归档的优势。网络在被称作虚拟的档案馆或图书馆时，与专业的档案馆或图书馆是有区别的，当前的网络归档总是意味着更大和移动的信息空间的有限版本的保存，档案馆等记忆机构保存下的只是小部分网络信息，且能够保存到什么程度的控制权往往不在专业的图书馆或档案馆而在形成者种。一百年前的档案可能全部保存，但网络是不可能的，尤其对档案机构来说。因而，Web 2.0 既是档案管理从专家走向大众的契机，也要求大众去关注那些档案机构无法帮忙保管的数字资产，即便这种在网络空间中力求保存记忆的行动失败，但也是值得的。

因而，在 Web 2.0 环境中，由各方参与和协作达成由某一方难以应对的海量复杂信息的档案化管理任务尤其具备必要性与可行性。

由各方主体参与来解决文档管理的问题有一定的研究与实践基础，参与式档案馆，尤其是分类、鉴定、加标签、著录等环节吸纳更多主体的参与，都已有较多实践与研究成果，例如对 archives 2.0 的构建。社区档案馆、个人档案管理也是对参与式档案管理的拓展与延伸。特里·库克预言："以参与为特征的第四范式——社会/社区档案范式呼之欲出。"笔者认为，参与将是应对挑战与把握契机的关键，促进档案领域与其他领域的紧密融合与协作，从而使档案与档案工作成为更加重要的社会建构组成与参与者。

参与当前在各个领域都有涉及，如社会治理、众包、众筹与大众生产等。然而，参与的概念却鲜少有明确界定，或者说，关于参与的解读比较宽泛，在不同领域和不同应用过程中表现各异，梳理已有界定与明确其在档案领域的内涵和表现是探讨在 Web 2.0 环境的信息档案化管理中"参与是什么"的前提。

5.1 参与：是什么？

参与遍及创意生产、社区生活、民主政治、教育实践、分众传播等方面。在政治领域中，参与的概念一般又和民主或民主化关联，与“协作”“合作”“参加”等类似。但“参与”的使用并不局限于此，在互联网的助力下，它基本出现在所有的生活与工作领域中，尤其是信息、传播和媒介领域，一般和社会化标签、用户形成的内容、社区实践、参与文化、免费开源软件，以及业务者和专家的关系相关。例如，参与文化被亨利·詹金斯定义为这样一种文化：①艺术表达与公民参与有着相对小的障碍；②有着对形成与分享个人所创造的成果的强烈支持；③有着非正式的组织关系，富有经验的人将所知传承于新手；④参与的人相信自己的贡献是重要的；⑤参与的人能够感受到与其他人一定程度的社会联系（起码他们在意其他人对他们所形成的贡献的看法）。

这使得参与能够在各个领域都得到应用，但界定上的模糊使得关于参与的界定比较混乱，学者克里斯托弗·凯尔蒂的总结如表5-1所示，主要包括七个维度。

表5-1　参与的七个维度

维度	描述
教育作用	学习有价值的东西，尤其是如何有效参与
目标与任务	参与者不仅承担任务，而且帮助设定目标
资源控制	参与者不仅生产资源，而且能够控制（拥有或使用）资源
退出	离开时不受惩罚的能力
发声	为影响结果而发言的机会
可视的测量	关于参与和结果之间联系的实证
情感/交际能力	集体欢腾和成为受众的一部分的体验； 公共组织内的交流、情感、友好关系和社交

随着技术、社会、文化的发展,参与作为理念和方法的融合在各个领域的表现更多元化,内涵也更加丰富与多样。例如,政治参与更多关注公民的发声以及是否获得反馈,通过意见输出和监督参与社会事务的管理;维基百科的参与更多是对知识的学习、贡献与修正;众筹在很大程度上是对投资的参与。从中也可看出,上述的七个维度并不完全体现在每一种参与之中,某种参与只是涉及某几类维度。例如,维基百科的教育作用十分显著,也体现出目标与任务,而Facebook则侧重在情感/交际能力。

当然,参与在各个领域依然有其共性:①参加某项事务,是以活动为载体的;②无限定的参与主体,即没有限定是人、物还是意识等,新唯物主义中以物为主体来思考尤为明显;③参与和退出或是独立在外是相对应的关系,有参与自然有退出,也有独立在外的行为,这反映在意愿上就是赋予参与的权利,可以选择是否参与;④连接或关联性,参与式将个人言论与行动自由转向社区参与,意味着参与者与参与的事务以及其他参与者形成了关系,呈现的是参与中形成的社交网络,例如社区乃至整个社会。

这种具有共性的参与通过与信息、技术、政治、社会、法律、文化等每个领域的需求与特质的结合形成各具个性的"参与",在档案领域中同样有着关于参与的研究与实践,体现在概念、管理模式、环节与方法等多方面。

5.2　档案领域中已有的参与实践

特里·库克直言:"新的参与式社区的档案管理的范式倾向已经出现,它将早期关于大众化和民主化的档案管理设想融合,把档案工作导向赋权于社区,令其管理自己的文件与档案。"[①]这样的设想一方面深入理解了数字世界对社会、文化、技术各层面的影响乃至未来的发展趋势,另一方面

① Cook T. Evidence, memory, identity, and community: four shifting archival paradigms[J]. Archival Science, 2013, 13(2-3): 95-120.

也体现了档案管理在时空中发展与演绎的脉络。我们同样可以发现在档案及相关领域的学术期刊与会议对参与的关注,2014 年邓迪大学的记忆与认同论坛、澳大利亚档案工作者协会 2015 年年会就以参与为主要议题。在实践中,参与式的档案管理在多个地区与相关领域有着蓬勃发展的态势。

5.2.1 呈现:纷繁的参与式档案管理

参与式的档案管理首先直指档案馆,对参与式档案馆的概念最早界定的应当是 2008 年胡维拉所下的定义:“参与式档案馆是基于文献综述和实证的需求分析,使用 Web 2.0 的技术和平台吸引用户参与的档案馆,具有三个特征:推行分散保存;以用户为中心;档案与其整个档案流程的背景化。”[①]2011 年,伊丽莎白在 SAA 会议上将其界定为“共同呈现信息、共同制定可信标准、共同创造知识、共同分享权力与管控的空间”。同一会议上,天玛认为前者的界定相对狭隘,参与式档案管理“通常是在网络环境中,除了档案专业人外,由众人通过贡献知识或资源来促进对档案材料的了解的一个机构、地址或者汇集”。她认为这里提的参与(participation)与普通参与(engagement)不是一层级的,前者是要参与者贡献知识与资源加深对档案的理解,后者则更加宽泛。她将参与式档案馆称为 archives 3.0,认识到了网络环境的重要性,但提示网络只是作为工具与平台,关键的是背后的参与文化。这些界定各有不同,但都认定“参与”是未来档案管理的发展方向。

由此,参与在档案领域的研究与实践中形成不同的观点与形态,可以表现为:参与作为背景,即参与是外在的现象,档案机构与档案工作者要记录下这种参与文化,并参与到这种参与文化之中;档案工作者作为参与者,更加主动收集机构的文件管理与档案材料;其他人可以直接参与档案的管理、描述和组织;文件形成者要参与可信保管空间建设,形成可信对象等。

---

① Huvila I. Participatory archive: towards decentralised curation, radical user orientation, and broader contextualisation of records management[J]. Archival Science,2008,8(1):15-36.

由此,在研究与实践过程中,通过不同的主体,完成了档案资源的收集整理、鉴定、保管以及开发利用等,不同的项目各有不同,参与的方式各有侧重点与特征。参与依据主体以及主体间相互关系的不同可分为以下几种:

(1)档案机构主导的参与式档案管理

在这种方式中,档案机构作为主导机构控制档案资源及其配置,抑或通过授权由其他组织或个人配置档案资源。主要包括:

①知识与资源的参与:档案机构+公众

公众的参与应当是参与式档案管理指向最明确的一种,作为档案机构的用户,公众在这种模式中转变为档案资源的贡献者与管理者。公民档案员项目被认为是公共参与档案馆建设的典型代表,吸引了大量的公民与馆外专家(例如家谱学家、历史学家)参与到档案馆的众包活动中。在这样的过程中,公民既作为用户获取与利用档案,也作为业余档案员补充档案信息以优化档案资源建设与促进档案资源开发。例如,对档案做标签的方式能促进档案资源的挖掘,方便了其他用户在之后获得更精确的检索结果。

2009 年,奥巴马签署《开放政府指令》,其中提及“我们开放的任务不仅是要让人民都知道我们如何决策,而且意味着政府并不拥有所有答案,公务人员需要从公民那里获取答案”。NARA 由此获得启示,面对超过百亿页的纸质档案以及其他形式的大量档案,NARA 有大量未知的信息,这可以作为机会来让公民为数十亿档案提供抄录、做标签和上传图片来回答 NARA 所不知晓的问题,补充重要资源,同时促进公民对档案的获取与利用。

在 2010 年发布 NARA 的第一份《开放政府计划》不久,NARA 在 2010 年 4 月借用公民科学项目提出“公民档案员”的概念,从国家档案馆目录引进为档案做标签开始实践,截至 2012 年的项目包括二战海报、1963 年华盛顿公民权利游行照片、路易斯·海因照片、灯塔照片等。2011 年 12 月,NARA 开通公民档案员工作台①作为众包活动的门户,在 2012 年 1 月开展的历史手写档案的抄录活动中,两周就完成 1000 多页从 18 世纪到 20 世纪

① Dashboard,一个 NARA 提供的众包网站平台。

的档案，包括逃亡奴隶卷宗、总统档案、选举权请愿等。此后，公民档案员工作台推出为视频添加字幕的项目用以优化视频检索，包括一战与二战的电影、档案中的酒等类别。此外，公民档案员工作台还提供了进入国家档案馆在维基百科和 Flicker 专题页面的入口，可在其中做相关研究。它还定期举行比赛鼓励公民以新鲜而有趣的方式利用档案，通过头脑风暴的方式激发公民提出关于新的众包活动的创意。

②平台与工具：档案机构＋Web 2.0 第三方平台＋公众

与由档案机构建设与开放平台不同，由网络服务提供商提供平台与工具的方式也是当前参与式档案管理的代表，它本质上依旧属于公众参与类，但由于第三方的 Web 2.0 服务提供商的参与而在方式与成效上呈现出部分不同。档案机构对社交媒体的使用是当前这类方式中最受欢迎和最为普遍的。

NARA 依旧是这方面的引领者，截至 2015 年 10 月，它具有对博客、Facebook、Historypin、Twitter、Google＋、Flicker、YouTube 等 20 多种社交媒体工具的应用。NARA，美国档案馆馆长，美国档案新闻，波士顿、芝加哥、西雅图等各州档案馆，联邦文件中心等 40 余个档案机构或专题项目在各类社交媒体上开设账户，以推送、收集、整合数字档案资源。在中国，档案机构当前在微博和微信平台有百余个账号，成为提供互动式档案服务的重要渠道。

公众通过关注其感兴趣的档案机构的社交媒体账户，参与对档案机构所上传的各类专题的多媒体数字档案资源的著录、背景描述、内容补充、资源补充等。这就类似于公民档案员项目在第三方社交媒体平台的延伸。进一步说，公众可以通过评论等方式参与探讨档案理论与实践的各类问题，实现某种形式的管理参与。

Web 2.0 平台与应用的服务提供商的参与优势在于：第一，更加智能与友好的平台。一般档案机构选择的是有大量用户群的社交媒体，具有尖端技术群体的支持和后台大量的资源投入，因而能够提供各项功能供档案机构开展业务使用，例如分享视频和图片，吸纳公众参与，为档案机构节约资源和成本。第二，引入潜在的大量用户群。社交媒体平台的用户是以亿来计算的，相比于独立的网站运营容易湮没在网络海洋中，社交媒体以内容为王的民主机制给了致力于资源建设与呈现的档案机构更多机遇,例如 NARA 的 Facebook 账户群在 2015 年 8 月有超过 430 万的粉丝、破千万的访问量。第三,能够实现不同的功能。第三方的 Web 2.0 平台与应用有图像、视频、存储、信息发布类等各种应用,这也使得档案机构能使用不同的社交媒体来发布信息、分享资源、存储资源、探讨业务,从而完成内部与外部的工作协同、资源共建与共享、业务分享与探讨。由此可看出,服务提供商的参与是服务性的,档案机构作为政府类的组织也为服务提供商吸引或“固化”了一定的用户群体,使 Web 2.0 平台与应用成为网络议政厅与文化资源传播平台,对服务提供商而言有益。

同时,Web 2.0 平台与应用服务提供商的参与要求档案机构与公众在使用过程中要遵循运营与管理制度,如评论、信息所有权、隐私等方面的要求,而档案机构同样有其要求,例如 NARA 就有针对用户评论的专门规定,加之其他主体如公众的需求,相互间可能存在一定冲突。

(2)社区①主导的参与式档案馆

社区档案馆在英国、美国、加拿大等西方国家是在国家档案馆之外的一种档案馆,是由社区记录和开发社区遗产的基层草根活动的项目,关键在于社区对项目的参与、控制和所有权。社区档案馆所管理的对象包括由社区收集与保管的各类物质材料、纸质与数字的文件与档案、视听材料、个人“证词”,可以是原始档案、口述史记录、电影、工艺品等,也会被叫作社区历史项目、社区遗产项目等。建立目的主要是社区想要为其自身留存记忆,或是发起人想要为主流档案机构如国家档案馆未曾记录或是带有偏见记录的群体如黑人、同性恋、妇女等留存更加真实和丰富的记录。建立社区档案馆的原则主要有:参与、管理权共享、多样性、主动、反思。参与作为原则是确保社区档案馆的关键,社区以及社区成员只有主动参与,从其角度记录历史并提供利用才能建立真正的社区档案馆。在社区档案馆中,收集哪些材料,如何描

① 社区在这里的含义是社会学层面的,有着不同的界定,但是总体来说可以看作在地域、文化、信仰、背景或是其他共享的身份认同或兴趣的基础上所形成的群体,许多社区是由于地域形成,在网络环境中则是有虚拟形式的,他们的共性在于性别、职业、种族、信仰、兴趣或是综合其中几种。

述，谁可以利用档案都是由社区成员决定。这种自下而上的方法意味着社区档案馆不是由外人(例如官方档案机构)来决定社区的历史是怎样，而是由社区成员共同创造。当然政府或是大学的资源库可以同社区档案员展开合作，但他们不是作为命令者行使专业技能，而是作为辅助者完成这项记忆工作。

当前，加拿大、英国、美国、澳大利亚等国都有较为众多和知名的社区档案馆。例如，澳大利亚由档案工作者、研究者以及原住民社区代表共同打造的原住民口述记忆的档案系统项目，从Koorie(澳大利亚维多利亚与新南威尔士南部的原住民的常用语，意为“我们的人”“人”“个人”)的角度，用参与模型形成、归档、保管、描述和利用档案。这个项目中的主要参与者是澳大利亚“被窃走的一代”①，他们在很大程度上决定要留存和移除哪些档案。他们用讲故事的方法呈现口述记录、档案、图片与影像，依托档案工作者与研究者的指导，通过开发或引入Web 2.0、注释系统等技术平台，由“社区”参与者来保存所有形式的材料，并鉴定、描述、修正、研究与管理材料。他们保有对其所贡献的资源(例如注释)的知识产权，用这些材料构建身份认同，认识与了解属于他们的文化与经历，实现与家人的重聚等。又如美国的南亚移民数字档案馆开展了“第一天项目”，鼓励来到美国的南亚移民上传关于他们来到美国第一天的经历的视听与文本档案。这个项目由社区成员参与完成，或是自己录下对经历的描述，或是通过DV、电话和个人电脑采访其他人，然后直接上传到南亚移民数字档案馆，在对外开放前由管理者完成审核与开放。这个项目是希望从广度和全面性上提升南亚人移民经历记忆而非只是某个人的深度记录。纽约皇后社区档案馆、伦敦黑人历史遗产项目等都是社区建档的典型代表，社区成员贡献核心材料，在形成、收集、保管、开发与利用的过程中以参与者和主人的姿态构建属于其群体的记忆。

(3)社会机构参与的档案项目

社会机构的参与在早先或是当前还存在的一种方式就是外包服务，例如商业文件中心的外包管理，或是在中国当前普遍的档案数字化外包服务，但笔者认为这种参与本质上只是管理执行动作的外包，并不真正影响档案项目或机构内的资源，不能显著反映参与者对档案资源的管理或是知识与

① 1910—1970年50000名左右的澳大利亚原住民儿童被迫与家人分开。

资源的贡献。因而在这里探讨的社会机构参与是指社会机构参与档案资源的管理以及开发利用,典型的就是商业机构作为主体收集与整合档案,并提供档案服务。不同的是商业机构的参与是将档案视作商品的原材料,用其为客户即档案利用者开发商品与有偿服务,Ancestry 是典型代表。

Ancestry 是全球较大的拥有数百万付费用户的家谱档案在线资源提供商。在该公司构建的在线社区上,注册用户创建自己的家族,建立家谱树、相册、大事记、公告、话题等,分享自己的故事,邀请家人和朋友分享个人记忆、上传照片和相关故事,以帮助建立他们的家谱树。2014 年,Ancestry 已经建成 7000 多万个家谱树和 160 亿份历史档案,用户上传了 2 亿份照片、数字化文件和故事。在这种模式中,主导者是商业机构,功能是平台与档案资源支持,用户是重要的利用者、消费者与资源补充和丰富者,档案机构与家谱收藏机构则是资源的有偿提供者,它们共同构建资源,相互补充,实现对档案资源不同层面的开发与利用。

(4)记忆机构的参与式联盟

这种模式以记忆机构的联盟为主导来完成档案管理的相关任务,记忆机构可包括档案馆、图书馆、博物馆或是其他社会记忆组织。当前,档案馆作为社会记忆的保管单位,应更加开放地引入其他记忆机构的参与,形成良好的协作机制。这种模式主要是为了完成留存社会记忆等具有共性的目标或任务,形成参与式联盟是由任务的相似性与难度所决定。较具代表性的是网络归档项目,档案馆、图书馆信息记忆机构等都将网站视作记忆的重要资源,开展各自的归档活动。然而,网络归档面临数量、选择、归档范围、技术等方面的挑战,难以由单一机构独立完成,在当前多是以多个机构共同参与同一归档项目的形式完成,以共担风险,共享专业资源,完整收集。以英国为例,英国国家档案馆、英国图书馆等机构意识到参与协作的方式可能有益于网络归档,联合信息系统委员会(JISC)和欢迎信任组织(Welcome Trust)在 2003 年发布了一份报告,倡议各机构参与网络归档项目,形成协作模式。随后,他们建立英国网络归档联合会(UK Web Archiving Consortium),组织成员分别为英国图书馆、英国国家档案馆、威尔士与苏格兰国家图书馆、联合信息系统委员会和欢迎信任组织。归档项目于 2004 年正式启动,在 2005 年投入公共使用,通过利用和修正澳大利亚开发的

Pandas 系统，不到两年就归档 1000 多个独具特色的网站。

这种通过参与来形成协作的模式在澳大利亚、美国、加拿大等国的网络归档中得到普遍应用，甚至实现跨国参与，最有名的是由澳大利亚、加拿大、丹麦、芬兰、法国、冰岛、意大利、挪威的图书馆、大英图书馆、美国国会图书馆以及互联网档案馆组成的国际互联网保管联盟（IIPC）。在 Web 2.0 时代，这种协作模式随着各个机构专业能力的不断提升和实践中的磨炼而深入，但仍然难以轻松应对更加复杂多变的 Web 2.0 环境，网络归档的探索依旧不易。

此外，从更加宏观全局的角度来说，社区档案馆的建立本身也是在参与整个社会的记忆资源的建构。例如，在加拿大迅速增多的小型社区博物馆和档案馆就被认为是所在地区人员的集体记忆，以此作为社会整体记忆的补充。

(5)呼之欲出：社会的全景参与

深具参与特质的社会/社区范式在特里·库克看来呼之欲出。Web 2.0 环境不断成长与成熟，影响着线上线下世界，库克的设想从萌芽中有着渐趋明晰的趋向。他认为，在档案边界不断扩张、时间维度不断拓展的管理背景下，继证据、记忆、身份认同之后将要到来第四范式——参与式管理：积极的档案工作者导师和协作的证据与记忆制作。在当前的环境中，新的社会和交流空间在所有地方呈现。通过网络每个人都可成为出版方、作者、摄影师、电影制作者、音乐录音的艺术家和档案工作者。每个人都在建立在线档案，无数的非政府组织、团体、社区档案工作者和普通公民在一起，在无数的论坛分享兴趣，讨论已发生的或期待的活动。他们正在形成各种记录将社区连接在一起，培养群体的身份认同，开展他们的业务。档案工作者强烈希望能够以从未有过的丰富和相关的可获取的资源记录人类和社会经验，也有机会将过去的证据、记忆和身份认同的焦点融合形成整体和充满活力的总体档案（total archives）。库克认为，越来越多人呼吁档案工作者同城市和乡村的实体社区或是网络空间通过社交媒体建立虚拟社区以分享档案管理。因而，在这样的新世界，旧的范式不再适用，原来的档案实践难以适应。在一些传统的定义中，如果信息没有进入档案机构，就不能被称为档案。然而，许多社区档案馆却不愿意把档案转移到其他档案馆。这些在社区档案馆中的信息不仅是档案资源，而且是这些社区身份的一部分。在新的数字、政治和多元环境中，职业档案工作者需要从精英专家转为指导者、教练、辅助者，鼓励档案管理作为社会中的参与式流程。档案工作者需要倾听和讲述，甚至成为社区的学徒，学习新的管理方法来形成与保管证据，学会通过记忆制作来讲故事、记录下和我们很不一样的那些联系。原住民在这方面有着尤其丰富的传统文化，我们可以学习，妇女和种族社区也是。对社区的敏感有助于档案工作者重新认识传统视角，将他们对档案的理解拓展至包含新的证据和对人类记忆更加流动的呈现，从中促进社区成员和主流档案馆以及馆藏的对话，例如参与式的著录。

库克设想的这种范式则是从建立一个虚拟的、包容的、总体的档案馆的角度来重新思考鉴定和获取档案。它由许多档案馆和图书馆联合形成，加拿大就在采用一种联合的管理网络来鉴定、获取和保存国家的文献遗产，无论是否出版，模拟还是数字，文本、图像或声音。从排他的保管文化语言、术语和定义到对“其他”的敏感，要实现更加民主、包容和全面的档案，更加倾听公民而非政府，尊重当地的认识方式、记忆、证据。档案工作者赋予社区权力来管理他们自己的文件与档案，尤其是数字文件，这需要专业档案管理指导、档案的数字基础设施，以及社区本身的付出的支持。社区是第四范式的关键概念，是档案的民主化，是对数字时代的交流形式和社区要求的回应。以此来看，这种设想不仅把以上的参与形态囊括其中，而且指向人人都是档案员这样有理想意味的状态。

5.2.2　特征：已有参与式设想、实践的共性

(1)多元化

参与主体、方式乃至实践对象，都呈现多元化特征。就参与主体来说，档案机构、公众、社会机构、研究人员、Web 2.0 平台与应用的服务提供商等都在参与式的档案管理中形成各式各样的协作组合。从方式来看，实体与虚拟档案空间兼具，文化、行政、商业等性质的项目并存。就实践对象来说，除文本档案以外，还包括物品、口述记录、图片、影像等各类形式的记录。

这种多元化的参与并不单一局限于某类主体，而是更多地将档案、档案

机构以及项目与社会的方方面面融合,令各类群体将关于档案的理念与实践方法应用于形形色色的档案活动中,使用档案从不同的角度构建记忆,呈现出广泛与多元的档案资源。例如,社区档案馆将可能书写出不同于官方档案机构关于该社区的记录,加拿大档案馆关于同性恋带有偏见的记录结果与加拿大同性恋社区保存的档案就是主体的档案管理结果。

(2)资源式参与

如果说前文还在探讨参与的权利与已经存在的实践,那么这些实践还透露出一种信息:各类主体得以参与档案活动,使其观点映射在档案中的关键在于各类主体可在所参与的活动中贡献资源,有参与档案活动的资本与筹码,笔者称其为"资源式参与"。参与者所贡献的资源,改变着档案资源的结构与内容构成,同时影响着不同主体在参与过程中形成的相互关系。例如,对于档案机构无法添加的背景信息,研究人员或是公众在描述的过程中反而成为"专家",公众对档案活动的热心也能促进档案资源由书写国家记忆转向社会与社区记忆。

这种参与意味着档案活动中的主体不只以官方档案机构为中心,这并不否认官方档案机构依旧会以重要的记忆机构或是档案管理指导权威的角色存在,而是宣告,对同样把握着海量记录的群体而言,他们所有的资源在宽松和智能的社会里可以令他们得以参与甚至主导许多档案活动、开展档案项目甚至组建档案机构。资源式的参与既是资本,也是期盼的结果,就是尽可能地反映一个更加真实、可信与多元的社会及进程。当然,这种真实、可信更多地并不是指代档案本身,也不是绝对的,而是通过多角度和多方面的记忆构建,来交错反映更加多面的记忆。

(3)Web 2.0的推动

从几种模式及其实践来看,Web 2.0起着重要作用,为参与式的档案管理提供平台与工具,使得参与式的档案管理得以深入发展。新技术的影响体现在两个方面:第一,Web 2.0平台与应用被视作最适合参与式档案项目开展的地方,可以用来收集、存储、鉴定、描述和传播档案,包括照片、扫描的文件和口述记录,特别是对缺乏基础设施的社区而言。例如,现在许多社区档案馆并无对外开放的实体,而是建立Web 2.0功能的站点,支持利用者的参与。例如美国的南亚移民数字档案馆或纽约皇后区城市记忆就是以虚拟的形式存在于 Web 2.0 网站上,后者甚至通过与 Web 2.0 的应用 historypin 合作来扩大影响力。在英国,基于 Web 2.0 技术开发的一系列软件包例如 Comma、Community Sites 和英国乡村社区遗产商店(UK Villages Community Heritage Stores),通过不同方式帮助人们建立网站、数字化、上传和储存图片,然后分享和传播他们的档案,已经支持英国以及其他国家的 300 多个群体建立了社区档案馆。第二,Web 2.0 促进了参与意识的发展。一方面,网络使得社区的形成脱离了时空的限制,职业、文化、兴趣等都可以借助虚拟空间而非物理空间来形成群体,随着 Web 2.0 吸引更多网民参与到网络空间来发表意见、协作完成各项事务,社区也将越来越多元化,留存记忆的需求与可能性也更大。另一方面,以参与、分享与协作为关键理念的 Web 2.0 在盛行的过程中也会提升参与意识,促进各主体的协作理念的深入,通过社会和文化的影响进入档案活动中,这就是美国作为 Web 2.0 诞生地能够形成诸多有影响力的参与式档案项目或档案馆的原因之一。

(4)空间与文化的"西式"

从地域来看,代表性的实践都进行于西方发达国家。一方面,发达国家的 Web 2.0 应用的普及和使用程度更高,为参与式的实践提供较为完善的软硬件基础设施。另一方面,Web 2.0 所根植的理念与文化在发达国家获得更多的呼应与传播,无论是作为专家还是业余爱好者的公众更加积极地参与构建扁平与互动的开放档案世界。作为对比,中国的参与式档案管理并不明显,最具代表性的档案机构的微博与微信运营的单向度资源分享还是相对明显,互动与共享共建不足,在资源的准备和呈现上也有所欠缺,而其他社会机构乃至公众似乎也对参与没有过多兴趣。原因可以从社会、文化、技术、政治等各个层面探寻,例如档案体制、对档案的认识、档案的文化功能、Web 2.0 的普及和应用程度等。

5.3　来自 Web 2.0 环境中的审视与发问

如图 5-1 所示,已有的参与式实践与 Web 2.0 确实有着相当契合的联系，参与是 Web 2.0 的核心要素，Web 2.0 提倡的共享也是参与式档案管理的核心之一，多元的特质与 Web 2.0 中的档案化管理对象相契合，Web 2.0 更是参与式档案管理的重要推动力。因而，从一定程度上来说，参与式的档案活动能够在 Web 2.0 的环境中得以深入发展。

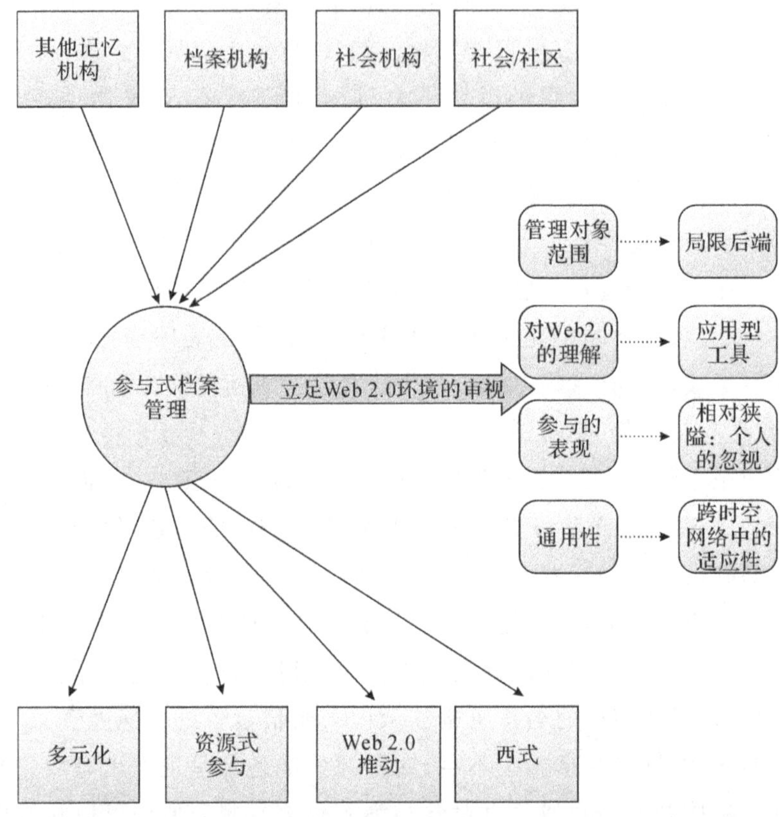

图 5-1　已有的参与式档案管理概览与审视

但是，同样需要反思 Web 2.0 环境中参与式档案管理是否就止于此，或者，针对 Web 2.0 环境是否会有新的发展，从而可以从理论上预测、构建或是从实践中呈现更加丰富的参与式档案管理。从 Web 2.0 环境对已有的参与式档案管理做一定审视，有以下几个问题值得提出与思考。

5.3.1　是否过于局限在“后端”与“历史”信息

已界定的参与式档案管理有两个特点:第一,在对象上更倾向于已形成一定长度时间的信息以及承载信息的载体。在各个项目中,参与者们穿越时空,追溯的是已经逝去的年代,处理的是具有一定历史痕迹的信息,带着浓浓的“过去”的气息。第二,在功能上呈现出向历史与文化的倾斜。在众多项目中,展现某个时空的历史与记忆是核心目标,参与者是要参与构建其自身或与其群体的记忆。因此,应用 Web 2.0 开展的参与式档案管理在很大程度上并不是针对 Web 2.0 环境中的原生数字信息,而是借助 Web 2.0 完成“过去”的数字迁移,形成的多是过去的数字化后的信息,例如纸质文件、照片、胶片档案的数字副本。因而,这并不能被视作前文所提的档案化管理,在本章是以“档案管理”来论述。

然而,在 Web 2.0 环境中,那些在数量上占据绝对优势且更加“年轻”的数字原生信息同样面临管理难题。全球的互联网容量在迅速增长,但信息的形成速度却未曾落后,这就是 Web 2.0 环境中的信息面临的“生态环境”,这些信息在担心无法从互联网抹去时,很大一部分也在被动“消失”。作为支持 Web 2.0 环境运转的基础性资源、未来数字遗产,这些信息要如何容纳于当下与未来的数字世界中,它们的档案化管理要如何完成?面对庞杂纷繁的即时信息,个人的广泛参与可能是合理发展的方向,但是这将如何在档案化管理中实现?在这样的背景中,对于档案领域来说,能否使用参与式档案管理的理念与方法,在 Web 2.0 环境中构建“历史”的数字记忆宫殿的同时,进行兼具前端与后端从而贯通全程的参与式的信息档案化管理?

5.3.2　Web 2.0 是否只是工具或间接影响档案管理背景

从已有的实践中可以看出,Web 2.0 是作为工具成为进行参与式档案管理的网站,同时作为网络空间传播参与和分享的意识。

这在很大程度上忽略了 Web 2.0 环境所形成的或大或小的档案库,未意识到或是投入足够有效的行动来应对那些由更多主体尤其是海量的“个人”形成的信息带来的管理难题。在这些档案库中，信息来自不同阶段，用澳大利亚的文件连续体理论来说是一直处于形成中的信息，在 Web 2.0 环境中面对多元主体和非线性时空，形成颇具难度的挑战，缺乏足够的研究与实践投入。例如，英国国家档案馆在归档网络信息时，面对技术更加复杂的 Facebook 时选择暂时放弃，同样，美国国会图书馆在接收了 Twitter 信息后停滞在了整理阶段，并未实现对这些信息的利用。

总而言之，从 Web 2.0 的角度来说，当前的参与式档案管理与 Web 2.0 的关系还主要在工具层面。至于 Web 2.0 环境中的信息档案化管理如何同参与结合，形成怎样的理论、方法论以及实践框架，最后怎样呈现于实践的具体环节、流程与活动之中，或许要从理论层面先予以钻研。

5.3.3 参与的界定是否过于“狭隘”

当前的理论和实践对参与式档案管理的界定并不完全一致，但共性之处在于这些界定都相对微观，即便凯特·天玛认为她的定义更宽泛，但还只聚焦于一个机构、一个站点、一个项目或一个专题，关注“参与”动作的完成和结果的输出。这样的界定其实将参与式的档案管理视作一种微观的模式，以机构为中心，或以某个档案活动如项目、专题等为中心，由某一主体主导，通过技术的手段如 Web 2.0 网站提供入口，其他主体得以参与档案资源建设。即使将这种界定拓展到 Web 2.0 环境中，应用到现行的原生信息中，依然只是应用范围的拓展。

笔者认为，对参与要有更加包容与宽泛的认识，而不是以严格的资源输入和结果输出来限定“参与”的含义。无论是在理论还是实践中，个人为主导的参与都甚少提及。如果没有个人的主动和主导，这些由个人形成的信息怎么管理？尤其是在 Web 2.0 环境中，人人可以记录，那么是否人人就有信息档案化管理的行为？如果人人都在进行信息档案化管理的活动，无论是有意的或无意的，主动的或被动的，以个人名义或集体名义的，是否都可以视作参与。又或者，能否把人人进行信息档案化管理这样的行为视作建设档案世界的参与而不以贡献的程度与结果判定是否参与?

因而,在 Web 2.0 环境中,如果要将参与式档案管理的理念与方法应用于信息档案化管理,面对各具特色的国家与地区、网络站点与社区、形成与传播信息的多元主体及多样复杂的信息,是否可有更宽泛的界定,将专业有深度的参与转向普遍而不限贡献的参与?

5.3.4 “参与式”是否通行于 Web 2.0 环境

参与式档案管理在很大程度上起源于西方,但它并没有止于“西方国家”,起码在研究领域并不是,那么它是否通用?2014 年,全国档案局馆长会议上时任国家档案局局长杨冬权明确指出及时吸收、利用新的档案工作合作者参与档案工作,要利用网络组织档案工作志愿者进行开放档案的编目、关键词著录、编研等工作。2015 年,中共中央办公厅、国务院办公厅发布的《关于加强和改进新形势下档案工作的意见》提出,规范并支持社会力量参与档案事务;规范并支持档案中介机构、专业机构参与档案事务;支持企业、社会组织和个人依法设立档案事业发展基金;支持有条件的家庭建立家庭档案;支持个人保管、展示其收藏的档案。而在更早的 2010 年左右,中国档案机构就借鉴 NARA 利用 Web 2.0 的经验来使用微博,社区档案馆的建设也开始得到中国学者的关注,随着国际交流的增多,参与式档案管理的研究与案例开始得到传播。

这一方面引发了部分档案学者或者工作人员的兴趣,认为档案新时代即将开启,也引来一部分学者的批评,认为这只会是“橘生于淮南则为橘,生于淮北则为枳”,例如我国不存在西方“社区”,更无从谈论社区档案馆。

另一方面,目前列举的参与式档案管理都是生长于“西方土壤”,与其社会、文化、技术等一脉相承,即使在 Web 2.0 环境中,依然不能离开其所在地区和国家的影响,在档案领域意识到建立“多元档案宇宙”的时候,参与会如何呈现,是不可避免地在全球化的过程中被握有优势的西方所压制而全体“西式”,还是会在各处形成不同的参与式档案管理。这种全球一统和多元化的萌发最终会平衡在何处,呈现出什么?在中国,安小米、张斌教授等学者在重新阐释数字时代中国的"国家档案全宗"时实际就是基于中国的环境提出新的参与式的文档管理框架，它是以技术为背景的社会建构与智能建构的国家档案全宗的结合，有着如下要素：以人为本、多元化理念、参与式的治理机制、国家的服务框架、以风险为基础的知识管理战略、复杂的适应性系统。在这其中，参与遵循中国《档案法》中对中国市场经济中档案权利的规定，考虑的是不同档案所有权的管理权、处置权和利用权，所有合作主体和对记忆、真实历史完整性以及这些主体作为信息消费者的档案利用权的保护。

同库克、迈克米希等学者一样，笔者认为参与会成为未来档案世界的关键词。而 Web 2.0 正因其特质，能够将参与式的信息档案化管理淋漓尽致地呈现与发展。这不局限于某个地区，而是随着 Web 2.0 席卷全球。只是，Web 2.0 环境中的这种参与式不局限于已有的理论界定与实践，而会从更加全局和宏观的角度进行构建，无论是对象还是方式上都更加宽泛和多元。它如何呈现，包括什么，实现的脉络，都还需进一步深入探讨，且待理论构建与实践探索以解决困惑。

第 6 章
宏观构建:Web 2.0 环境中参与式的信息档案化管理

6.1 回应来自 Web 2.0 环境的发问:走向参与式的信息档案化管理

作为档案工作在 Web 2.0 环境中预测性的核心关键词,参与在数字信息时代档案领域的渗透与扩散不再是预想,逐渐在各处散发走向现实的气息,其内涵与呈现亦不局限于某个时空。基于前文立足于 Web 2.0 环境的审视与发问,档案领域若要积极参与 Web 2.0 环境中的信息管理,攻克若干管理挑战,就要将参与的理念与档案化管理相结合,将参与式档案管理导向更加适应于 Web 2.0 环境的参与式的信息档案化管理,从而解答 Web 2.0 环境中档案管理是什么。针对那些发问,Web 2.0 环境中参与式的信息档案化管理意味着以下几个方面。

6.1.1 布局前端,关注现行时空

Web 2.0 的功能主要是支持现行活动,帮助形成信息的主体通过信息

满足现行的活动需求，例如完成业务协作、发布即时信息、分享当下的生活状态、评议感兴趣的社会事件等，为“档案库”贡献了即时的信息资源。因而，尽管 Web 2.0 能够整合与提供历史信息，但其功能绝不仅是追溯历史，而且要指向当下与未来，与并行的社会活动直接关联。它即时形成的原始信息在数量上要远超在现实世界生成的实体记录，是对当前或不久的过去实实在在的映射，它作为档案库在很大程度上是指向它的“现行作用”，紧随的是节奏快速的现代社会。这并不否认 Web 2.0 可以助力于档案资源“历史文化”功能的拓展，而是需要考虑 Web 2.0 环境中参与式的信息档案化管理是否可以满足信息在形成后短期内的需求，如即时的业务决策、法律证据、信息资源开发等。

进一步来说，管理即时形成的原始信息本身也是为长久的未来留存真实与可靠的记忆，这些通过 Web 2.0 记录下各方面的社会活动对未来而言是丰厚的信息资产与文化遗产，及时管理与控制这些信息为后世留下有序和可信的资源是必要的。例如，社交媒体与社交网络上事关社会治理、文化、政治、经济等重大事件的信息，需要及时纳入档案化管理之中。电子文件的实时归档已成共识，是 ERMS 的基本功能，但在 Web 2.0 环境中，形成与流失在分秒间的信息却不一定能够做到实时归档，或者归档的数字构件如元数据并不完整。因此，在 Web 2.0 环境中，参与式的信息档案化管理是将文档管理方法运用于信息管理中，由多主体拓展出兼具前端与后端，贯通全程管理。管理的对象则需要：第一，同样关注信息的“前端”阶段。在 Web 2.0 环境中，电子文件的前端控制与全程管理的原则依然适用，只是有点小的区别，即从系统到网络平台的变化，前端控制和全程管理涉及的主体相对更复杂。第二，能够实现类似 ERMS 的功能，不限定于长期保存的信息，及时捕获与维护不同保管期限的信息。在信息不需要长期保存但有一定的现行管理需求时，通过档案化管理保证信息的质量，实现现行价值的开发。

6.1.2 视 Web 2.0 为重构档案化管理的环境

Web 2.0 环境可以看作具备两大空间：一是组织、机构、群体与个人开展活动的虚拟空间，兼具虚拟活动（如虚拟人生的体验）与现实活动的数字迁移（如社会治理的数字化）。二是通过信息开展活动的过程中在 Web 2.0 环境形成诸多或大或小的信息库，这些信息库可视作广义的档案库。这样看来，Web 2.0 不仅可以理解为工具或平台，而且是由这种工具和平台建立的立体的虚拟与信息空间。

文献战略的倡议者海伦·塞缪尔斯想要依靠档案机构的有序规划来收集反映社会职能的信息，不希望档案记录的仅是社会的某一方面或某一部分，也并非从某一特定角度或由某一特定主体来记录社会。她以麻省理工学院为例阐明若要遵循文献战略思路，档案机构收集更多的是作为教育机构主要职能的教学、科研、文化传播等活动的记录而非行政管理的材料，这些记录往往并不是官方文件。因而，文献战略的实现需要做好社会的职能分析和收集计划，认真考量那些复杂的非官方信息，需要档案机构、用户、形成者等多方主体在社会范围内的合作①。Web 2.0 本质上是为文献战略的实施提供相对理想的环境，它所形成的记录正是文献战略所关注的覆盖社会更多方面和职能的信息，尤其是由个人记录下的信息，与能够支持多方参与的潜在基础设施。这是从留存社会记忆的立场出发，立足 Web 2.0 提出参与式的信息档案化管理的关键之一。

同样，就管理对象来看，参与式的信息档案化管理主要针对 Web 2.0 环境中形成的原生信息，将 Web 2.0 视作创造了新信息环境的工具和平台。新环境中，在考虑怎么进行信息档案化管理前需对 Web 2.0 环境有足够考察与了解，构建出的管理能够适应这个环境与这个环境所形成的信息，且能够满足这个环境中形成与保管信息的利益相关者的需求。这意味着，随着信息环境、内容和结构出现变化，相应理论、管理方法论与实践需做出调整甚至重构，从而呈现不同形态的 Web 2.0 环境中参与式的信息档案化管理。

---

① Samuels H W. Improving our disposition: documentation strategy[J]. Archivaria, 1991,33:125-140.

6.1.3 从全景视角理解与构想“参与”

德国的档案工作者与学者汉斯·布姆斯曾这样构想他的记录计划：由来自不同领域的如历史、管理、经济、媒体的人员和档案工作者合作，定期制订与出版记录计划，这个记录计划要明确说明“记住”哪些社会事件与活动，根据这个计划选择具有重要社会价值的文件作为档案。由此，在现代工业社会的多元建构中，实现一种总体性记录，记录呈现的是组织、机构、群体和个人在通过共有的兴趣和其他相关关系形成的社区的公共生活。他也认为，这种构想难以实现，因为如果从对社会重要性来选择需要保管的文件的话，在讲求多元的资本主义国家其实不那么适用，因为有太多的观点和取向，官方所形成的文件哪些是“社会性的重要”档案是难以界定的。

Web 2.0 环境在一定程度上能够从社会角度建构档案遗产与多元主体间的关系。在 Web 2.0 环境中，信息的形成主体不是单一的，这代表着一种趋向：不再由档案工作者来决定整体或主流的历史是什么这样复杂的问题，而是由有不同需求和兴趣的多元主体对应多元主体形成的多元信息，建构的本就是多元主体各自及其相关的历史。相对于补充或完善档案资源的微观项目和活动而言，这种全景视角下的档案资源建构更具备参与的前提与基础，也令参与在内涵与外延上拓展。

尽管资源式的参与在 Web 2.0 环境中与分享、社区、协作的理念契合，但是 Web 2.0 同样讲求自主的个体与个性。因而，从个体及从其与整体的相互关系的不同方面看，对参与要有不同理解。在 Web 2.0 环境中，人人可以记录，那么人人就可能有信息档案化管理行为，无论是有意的或无意的，主动的或被动的，以个人名义或集体名义进行的，这就是对总体的档案世界建构的最基本参与；这个环境中，诸多主体共同形成信息，在社交网络和社会活动所需的参与的共同作用下，人与人、人与组织、组织与组织之间会有相互影响的档案化管理行为，这是更具互动和协作的参与。

上述结论呈现的是对参与的不同理解：第一，在 Web 2.0 环境中，如果组织、机构、个人及其形成的群体都在进行信息的档案化管理,那么从更加宏观的角度来看,这些活动共同打造着档案世界。从这个层面来说,个人或是组织都可独立以自己的方式贡献于档案世界,无论是以资源、知识还是简简单单的日常独立行为参与这个档案世界的建立与发展。第二,这时的参与不限定于某类"主体"的主导,而是与 Web 2.0 中的"分享"与"共建"接近。即便是独立的行为也会通过社交网络相互影响,对信息的档案化管理来说也是如此。这就像一个社会建构,群体由个人组成,群体组成社会,他们由社交网络联结。Web 2.0 中,群体同样是重要特征,如同在现实社会中个人难以完全独立生存,个人会由于失去时空的限制而参与到更多不同的群体之中。他们各自的信息档案化管理会影响群体中的其他人或是其他群体,也可能主动参与共同完成某项信息的档案化管理。

6.1.4　以 Web 2.0 为探讨"参与式"全球化发展的背景

互联网加快了全球化的步伐,Web 2.0 环境中形成的社区就在这样的背景下。不可否认,网络世界仍受现实世界影响,东西方文化所形成的网络社区还是会有差别。然而,网络社区的差异似乎在缩小,自我、参与、共享等意识在中国的网络社区中体现。中国的网络社区同样探讨国家大事,发表正面或反面的意见,也会因为爱好聚集一处,分享知识与资源等,他们乐于参与、共享、协作、贡献与关注。因而,从 Web 2.0 环境来看,参与在档案领域起码在 Web 2.0 覆盖的区域与领域有全球化的趋势,这是得以从 Web 2.0 环境来探讨参与式信息档案化管理的关键。

正是以此为基石,这里所探讨和构想的 Web 2.0 环境中参与式的信息档案化管理,一方面是具有共性的,在一定程度上脱离时空限定,仅以 Web 2.0环境来指代时空总体。另一方面,多元依旧在其中体现,参与式管理在落定于某一时空或是情境中时,依然会表现出其个性,呈现各不相同的面貌。

6.2 Web 2.0 环境中的参与式信息档案化管理宏观构建与解析

在 Web 2.0 环境中,参与式的信息档案化管理以已有的参与式实践为基础,在信息技术与人文社会需求的合力驱动下成长,给予未来更多的想象空间。目前能实现的主要是借助实践归纳和理论推演构建宏观设想。

从参与式档案管理转向参与式的信息档案化管理意味着:参与的内涵与表现会有一定的变化;从档案管理到信息的档案化管理是对象与管理侧重点的变化。这将从 Web 2.0 环境中参与式的信息档案化管理的宏观构建中体现,将其建构为纵向分层呈现的体系与横向要素组成的系统,并对管理的具体构想予以说明。

6.2.1 体系:参与的分层

在 Web 2.0 环境中,全员参与的信息档案化管理设想每个组织与个人都有权利与可能成为档案员来管理信息,信息的档案化管理是普遍的社会现象,是组织、机构、群体以及个人的日常行为。在这样的系统中,他们独立或协同进行信息的档案化管理,记录他们参与其中和见证的事件,汇集成某个时空的记录,由此形成档案活动与资源的网络,搭建出广阔的档案世界。

这样的构想与海伦全方位记录社会的文献战略有一定的相通之处,她将文献战略视作保证正在进行的事务、活动或是地理区域能够得到记录的计划,计划的形成涉及文件形成者、档案工作者和用户,通过众多机构和个人的共同努力影响文件的形成和归档保存。由此有四个活动:选定要记录的主题;选择咨询人员和建立战略的实施站点;做好结构化调查与检查现有记录的形式和资产;选择和实施记录计划。这些活动依赖于三个层次的设定与协作:第一层是机构各自的收集政策;第二层是收集项目;第三层为具体的鉴定工作。关于 Web 2.0 中参与式的信息档案化管理的构想,尽管与以档案机构为主导的受限于资源而面临实施困难的文献战略并不相同,但在构想的分层上却相通,伴随着 Web 2.0 提供的大众参与和分享的环境而更具拓展性和可行性。

因而,宏观层的构建从俯瞰档案世界的角度进行,将参与式的信息档案化管理看作不同层次组成的体系,以自下而上的方式进行反向说明。为了保证 Web 2.0 环境中形成的参与式的信息档案化管理能够在构建中相互关联映射出社会网络、活动与多面档案世界整体,同样需要不同层次的分工与协作。由此,如图 6-1 所示,笔者从自建层、汇集层与全景层构筑“参与”,三个层面各有分工与侧重点,亦相互关联,深度融合于信息的档案化管理之中,构建参与式的档案世界。自建层、汇集层与全景层并不是 Web 2.0 环

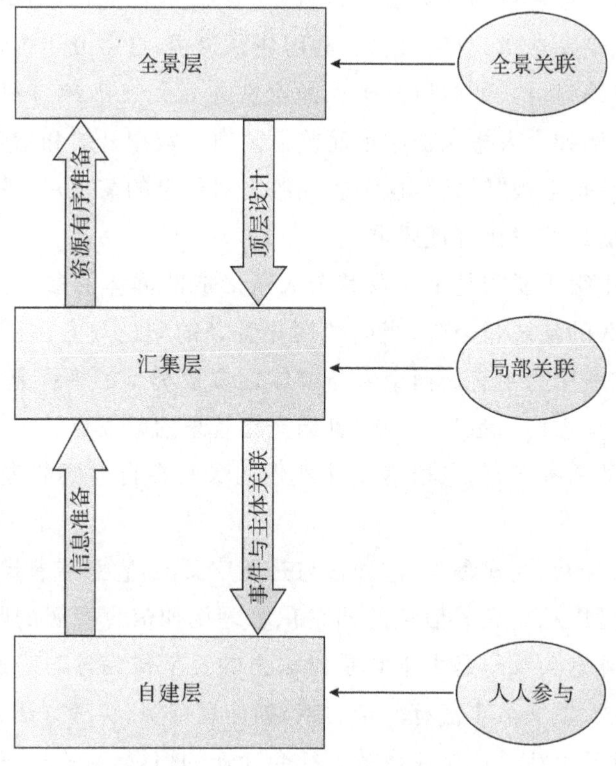

图 6-1　参与的纵向体系分层概览

境中才有的设想，在实现上也不限于 Web 2.0 环境，与海伦的构想相似，国家档案馆的系统往往也可以实现自下而上的构建。Web 2.0 环境参与式的信息档案化管理构建不是凭空而出，正是基于已有的研究与实践成果，进行拓展和延伸，强调大众参与、信息互通、主体协同、技术应用以及多元时空的展现。

(1)建设性奠基——自建层

自建层的参与表现在每一个参与了档案世界构筑的主体上，呈现的是组织、机构、群体以及个人的个体信息档案化管理行为，建立与管理各自的资源库。在这个层面，每个个体在参与信息的档案化管理时，主要是从个体的角度来满足需求。对自建层的参与不妨理解为，如同生活与工作于地球上的个人或运营于社会当下的组织一样，都在整个社会的体系有其位置与任务，进行着形形色色的社会活动。档案世界同样如此，对那些在活动中形成的记录，无论是选择记忆或遗忘，利用还是忽视，自主或让权，有两种状态是存在的：组织、机构、群体以及个人总会在有意无意中参与到信息的档案化管理之中，例如个人想保护隐私而监督政府的数据开放和信息公开；承载信息的记录总是会被“管理”，这种管理源自对信息的需求，只是管理成效上区别为是否满足档案化管理要求。

在这其中很重要的是个人及其个人所形成的群体的参与，因为组织与机构已有长久的传统和经验，当前档案化管理的理论与方法论也主要从中导出，且在实践中为主流。而个人与群体之多及类型的多样是 Web 2.0 环境的特色，也是重构出参与式的信息档案化管理的触发点。

在这样的前提下，信息档案化管理中的参与在自建层的表现有以下三种形式：

①有意识的独立式参与，这种参与是更广义的，它意味着组织、机构、群体以及个人可以独立完成信息的档案化管理例如信息资源的收集与整理，它之所以被界定为参与是由于它是以输出的贡献作为参与的通行证，对档案世界的形成、发展与丰富有一定贡献，如信息资源、管理方法、理念等。例如，个人对自己生活的记录往往就是社会变迁的缩影，从论坛三言两语的争论到微博或朋友圈多方面的自我展示与记录，不仅从内容上记载社会发生过什么，也从形式上呈现社会变化。

②有意识的协作式参与。这种参与有悠久的“历史”,涉及多主体共同完成档案活动或项目。在 Web 2.0 环境中,无论是自上而下以档案项目为单位由档案机构、社区或其他相关机构主导的众包,自下而上的由那些有自主管理信息的个人或社区开展的档案化管理,抑或由智能平台、工具与系统主动采集汇聚的重大事件、重要组织或重要站点的网络归档行为,都有各类群体与个人的参与,这时尤其注重群体与大众的参与。例如,习惯于浏览微博或 Twitter 的用户一定会看到整个网站每天都在更新的热门事件,点击进入则看到所有用户参与记录、传播或评论事件的信息,这是关于这个事件的档案化管理的重要对象,是需要留存的相对完整的记录。

③无意识的参与。提及这种参与意欲说明,在 Web 2.0 环境中,大众的记录行为极为普遍,无论是组织、机构、群体或个人,都无法与信息的档案化管理毫不相关。例如,当一个人在注册社交网络平台点击了其提供的注册协议时,就在获得或放弃信息管理的一些权利。Facebook 对用户个人信息的收集、处理和利用的各个方面都有详细规定,总体上包括了“我们所接收的信息及如何使用此信息”“在 Facebook 上分享和搜寻您”“其他网站和应用程序”“广告和动态赞助的运作方式”“cookies、像素和其他类似科技”和“其他需要您了解的信息”等条款来告知如何使用用户形成的信息,用户注册账户,则认可了该协议描述的内容。这时,在信息形成前,它的形成主体就通过这样的动作“参与”了信息的管理——一种权利的让渡。一个人分享对其所在地或是所处事件的记录,也可能被网络服务提供商抓取,作为某类事件的记录之一。这种无意识参与在实际中却有“参与”的痕迹与影响。

(2)承启性集聚——汇集层

汇集层处于参与式的信息档案化管理的中层,起着承上启下的作用,一方面是自建层通过社会与信息网络开展参与的输出点,另一方面又由汇集层交织出更广阔的全景层的参与网络。汇集层的存在是由于个体及其信息非独立存在,而是在很多时候与其他个体相互联系,小到一条信息的主体内容与评论,大到一个组织的信息整体或一个事件的多方记录。汇集层的参与就是要将这种关系通过“参与”挖掘和显现,以供组织、机构、群体乃至个人利用。

在 Web 2.0 环境中,以自建层的输出为原材料、半成品以及成品资源储备，自建层中那些由不同主体参与管理而保存的信息，借助 Web 2.0 中的语义关联、信息组织、数据挖掘等技术，使得不同形式的信息通过背景、内容、结构等要素形成潜在关联。汇集层需要做的是通过参与实现分散各处的信息或信息库的进一步组织、关联和加工，呈现出从个人到集体的记忆，从证据到业务的信息资源库，从个人生活史到地域变迁记录再到社会的发展历史。汇集层的参与是以组织、机构、群体以及事件或活动为单位，这不是否定个人或大众的作用，反而是从群体的角度看待个人，将个人的独立行为置于自建层中。与自建层中相对独立的行为相比，汇集层更关注主体之间与资源之间的交集，这在参与上表现为不同主体的协作、目标的趋同、设定有专业与领导能力的引领者。由此，汇集层的参与表现为：

①以官方或主流的档案或记忆机构主导的档案项目。在 Web 2.0 环境中，多元异构的海量信息的档案化管理项目难以由档案工作者独立承担，甚至记忆机构联盟都只能完成部分任务。由自建层中的众包活动或是通过技术整合的分散信息在档案项目中同样需要各类主体参与组织与整理，才能形成可用的资源库，在汇集层中强调主体的相互关系且有一定的主体主导档案活动、决定活动的目标与走向，最终要将输出导向一处。例如，发挥大众的智慧完成语义挖掘与关联以提升信息组织质量时，需要以某些项目、某类资源或某项活动为中心，通过汇聚足够规模的参与者形成大量有效信息以支持资源组织和挖掘。

②群体的分众式参与。一方面，汇集层更关注的是“群体性”的行为与活动，社会网络与虚拟空间中的社区关系将个人在 Web 2.0 中连接成群体，在某方面有相同特质或相关关系的个人形成群体，并以此在更大的时空进行信息的档案化管理。将“大众”转成用“分众”是借用了传播学中的术语，大众很多时候被看作同质化、无差别的，分众顾名思义，指的是受众并不是同质的孤立个人的集合，而是具备社会多样性的人群。因而，即便是大众参与，也不意味着在实际中的方向完全一致，而是分众式的参与，即不同群体通过信息档案化管理中的目的、功能及其管理的对象等彰显来自社会结构中的不同方面，参与所构建的信息档案化项目可展现不同观念与取向，贡献不同的资源，信息形成、收集、开发以及提供利用上都有其自主性和能动性。因此，在这样的汇集中，即便是同一主题，也会依据不同群体的取向收

集不同的资源，采用不同的方法组织资源，建构不同的档案库。这也是为什么在澳大利亚的原住民项目中，为了更加真实反映原住民的心声实践基地会由国家档案馆转向社区档案馆。

③事件式参与。这种划分与事件全宗的划分一脉相承，在 Web 2.0 环境中，不仅反映的是组织、机构、群体、个人的活动记录与历史，同样也有诸多由这些组织、个人、群体涉及其中的大小事件。事件式的信息档案化管理在 Web 2.0 环境中极其具备参与特征，来自不同群体的形成者、档案机构、网络服务提供商等都可参与其中，这些事件借助智能平台更加鲜活，例如可借用“#”标注话题，同一话题就可汇集起同一事件的记录，或通过语义关联实现对某些事件记录的逻辑与物理汇集。需要说明的是，这些事件不仅包括所谓的重大事件如奥运会、国家选举、恐怖事件，还包括个人或小群体的重要事件如生日会，细化时空的话每一时刻都有相对重要的事件，这种划分在于分类的属性，而非重要程度。

(3)整体性关联——全景层

全景层的描述或许用档案世界中的参与万象来形容较为合适，它的参与更像是对结果的一种状态表达，关注的是全体的信息、其档案化管理活动以及整体中的有机关系，而非某一部分或细节，呈现的是跨媒体、跨主体、跨时空的信息互通形成的总体世界。即全景层的参与本质是由汇集层集聚形成关联的组织、群体以及事件在更广的网络中协作与互动的百态，通过整体的关联，完成所有信息、主体与活动的全景呈现。由此，全景层的参与更多的并非操作性与执行性的参与，而是通过顶层设计的制度、文化、技术与基础设施建设实现整个社会的纵横向脉络关联信息档案化管理的活动与自上而下的建构。

在 Web 2.0 环境中，全景层参与的构想受澳大利亚学者乔安妮・埃文斯、苏・麦克米希启发，根据 Web 2.0 环境设想为：存在各类群体与个人的信息，既是个人的，也是广义上共同的或集体的；它将呈现形成、归档、捕获、组织和多元化信息时的司法、组织、职能、程序、技术和文档管理等不同维度的背景；提供平行文件、档案宇宙的多元观点；持续交织档案化管理的信息与利益相关者、组织结构、职能和活动的关系，以此帮助保存凭证价值，开通获取信息及其意义的多元通道；不仅用于保存有长久价值的文件、档案，也用于保管有现行价值的信息；可能分散保管于各处，集体或个人，记忆机构或形成主体，但都共存于 Web 2.0 构建的虚拟空间中。由此，对应于现实社会或原生于 Web 2.0 环境中的社交网络与事件网络，从个人到群体，从小事件到重大事件，从一个地区到另一地区，从一个空间到另一空间，从一个时间节点到另一时间节点，从一个网络平台到另一网络平台都在不断形成信息，并通过信息展开互动，在这其中有意无意开展信息的档案化管理，且在已有的关联中协作，或者为了协作形成新的关联。从而，这些信息得到充分描述，具备了流通与关联的属性，如同由个人构建社区，由社区构筑出大社会一样，能够真正地以不同单位实现互通和联结，由此也共同创造着一个更加多元、有序、有温度的兼具技术智能与人文情怀的档案时空。

6.2.2 系统：参与的要素

在全景层、汇集层与自建层的搭建过程中，参与贯穿始终。参与表现在主体上，即哪些组织、机构、群体或个人参与，但不局限于哪些信息本身参与其中，作为信息的关键要素，呈现和传播信息的媒体、信息形成与档案化管理所在的时空也是参与要素，从而形成信息档案化管理系统。因而，如图 6-2所示，笔者将 Web 2.0 环境中的参与式的信息档案化管理的要素设定为主体、信息、媒体、时空。这些要素相互独立，扮演不同角色，通过相互关联而共同推进参与式的信息档案化管理的实现。库克说，它们要回答的是信息和载体间的社会关系，机构和私人形成者的关系，档案工作者是否要从物理转向范式，从实体转向形成的概念性行为①，本书要在 Web 2.0 环境中回答这些问题。

这些要素是档案理论、管理方法论以及实践长久的关注对象，随着社会、技术与文化的变迁更换面貌与相互关系。在 Web 2.0 环境中，信息档案化管理的参与要素不仅关注每个要素呈现上的变化，还在构想中尝试建立要素间的相互关系。

① Cook T. Documentation strategy[J]. Archivaria，1992，34：181-191.

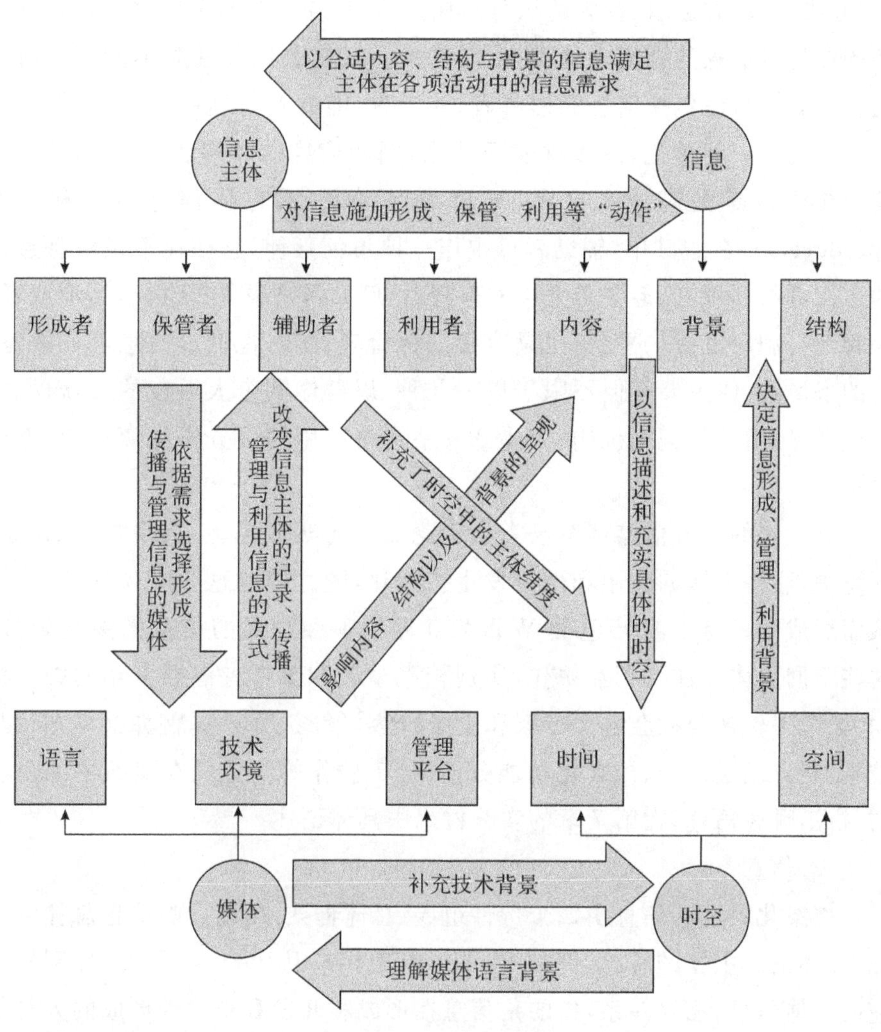

图 6-2　参与要素及其相互关系

6.2.2.1　要素：主体、信息、媒体、时空

(1)主体

在已有的界定中，参与最明确地指向主体，由不同主体参加到同一档案活动中则称之为参与式档案管理。在 Web 2.0 环境中，作为信息档案化管理动作的执行者，主体依然是关键要素，它关乎参与的意愿、需求、取向、方

式、方法、对象的选取、行为的执行。在关系中，各类型的主体会因其权利与义务参与对信息的档案化管理，参与的“动作”也会因其性质不同而有所区别。他们的角色包括信息的形成者、保管者、辅助者与利用者，每一类主体或扮演其中一种角色，或多种兼而有之，例如信息的利用者在 Web 2.0 环境中往往也是关键的生产者，亦可是保管者，被称为信息生产利用者(producer)。在这其中，辅助者可视作一种角色延伸，它往往不是信息直接的形成者与利用者，但会是直接的保管者，例如网络服务提供商，为形成者、保管者与利用者提供平台，也是直接的保管者，同时也通过信息获取效益。总的来说，主体主要有但不限于以下几种：以群体和个人组成的大众；机构形成者；档案馆等记忆机构；Web 2.0 平台与应用的服务提供商；非官方记忆机构。

对主体的划分借鉴档案已有的理论成果与实践经验，只是在 Web 2.0 环境中，这些主体的作用和地位发生了变化，随之影响这些主体间的关系，从而形成的是有自身特色的 Web 2.0 环境中参与式的信息档案化管理。这些不同主体往往要相互协作，实现档案学者和工作者倡导多年的档案机构、档案工作者与社会各类专家和主体的参与和多方合作，例如共享知识与技术、制订顶层计划、档案化功能分析、分工协作等。他们在实践中如何参与，扮演哪些角色，在第 7 章的实践构想中具体论述。

(2)信息①

档案化管理的信息由四个构件组成：总体框架，用以反映信息总体的概况，描述信息主体的总况，例如 Facebook 上用户从用户名、年龄、性别到兴趣的总体信息；相互关系，指的是信息在形成和开发利用过程形成的人与物的相互关系；元数据，关于信息内容、形式与结构等多方面的数据；活动，是指主体在 Web 2.0 环境中主动与被动记录下的活动。信息作为管理对象极为关键，是所记录的活动在信息空间的映射，更是参与式的信息档案化管理得以建立与输出成果的材料之源。通过信息间的关联以信息汇集(整体)来连接的各主体间的联系既触发了参与的动机，也使得有意愿的参与有了执行对象，对信息展开共建、整合、挖掘、开发与共享。

① 这里的信息是指纳入档案化管理范围的信息，为表述简便只用信息来表达。

总的来说,它扮演两种角色。

①信息作为相对于以个人与机构为代表所称的主体的客体,是主体进行档案化管理的对象。若无信息,也就不存在档案化管理,若无 Web 2.0 中多来源的复杂信息,也就不需要“参与”的方式。因而,参与式的信息档案化管理中,不可或缺的是待整合与开发利用的多元的跨时空的复杂信息,这是不需多加阐释的一方面。

②信息的参与并不是被动的,而是主动参与到信息的档案化管理中,影响着理论、管理方法论以及实践的调整,对管理的输出与成效形成直接影响。在一个层面来说,信息是另一个角度下的主体。这样来看,信息有了一种“生命力”,有其意识,并且能够作用于与其产生相关关系的组织、机构、群体与个人乃至其所属的环境。

一方面,信息代表的是通过 Web 2.0 记录下的那部分活动,是对那些活动最直接与最主动的“见证者”,它们的存在现状是对那些活动呈现与呈现程度的反映,这都是主动在给组织、机构、群体与个人传送讯息。在 Web 2.0 环境中,记录下的那些信息能够通过发达的社交与内容网络传递于各类主体,对那些主体产生价值,构成权利与义务,就会吸纳那些主体对信息进行档案化管理。从这个角度来看,信息同样可以以主动的姿态来构建出参与式的信息档案化管理,以实现对信息的有序收集、整合、开发、利用以及处理等。

另一方面,组织、机构、群体与个人在形成、传播、收集、分类、整合、鉴定、保管、开发、利用乃至销毁信息的过程中都秉承各自的世界观、人生观以及价值观,加之对信息有着不同的认识、取向和需求,由此塑造出各具特色的信息汇集和信息库。例如,以业务价值取向构建的信息库和历史文化价值建立的信息库从收集对象到鉴定就会有很大区别,这也是詹金逊与谢伦伯格的鉴定观持续冲突的原因。信息汇集或信息库会代表某些观念反作用于参与管理的主体,以传统的形式来强化或是从反面来破除传统以新的方式重构信息库。例如,公众在参与信息的档案化管理中由其参与获得的成果对信息权、话语权、身份认同等有更加强烈的认识时,那么就进一步推动这种参与的深入与扩散。

(3)媒体

媒体在这里主要指信息的承载物,虚拟或物理的,分为形成信息的媒体和呈现信息的媒体。一个是原生时的，一个是加工后的，两种都可能是在传播与管理中使用的。不同的媒体有各自的技术、人文、社会特点，有不同的使用主体，在管理上也有区别。Web 2.0 作为一种技术本质上就是一个媒体大类，在其中囊括了各具功能与特征的媒体。因而，在 Web 2.0 环境中，参与式的信息档案化管理不能忽视形成、传播、保管与利用的载体，即形形色色的媒体，这些媒体也是管理中的一部分，可以辅助信息的管理，同时也影响管理的理念、方法与方式。

由此，媒体在 Web 2.0 环境的参与式的信息档案化管理过程中有两方面的功能：一方面，为档案化管理提供从技术到背景的信息，优化信息管理；另一方面，为信息档案化管理及其成果输出提供技术支持，既是用来管理信息的工具，也是用于开放、利用与呈现信息的平台与工具。

①如麦克卢汉所言，媒介的发展是不断获得独立性和自主性的过程，参与式的信息档案化管理需要不同媒体的参与和协作来应对技术和社会层面的挑战。任何一种媒介对我们来说都是外在化的客观事物，它们会拥有自己的运动规律，以自己的独特方式影响人类社会发展，带来社会结构变化，改变人类观念和生活方式。以媒介为核心的社会信息系统越巨大，结构越复杂，人类对它的控制就越间接，越需要更大范围内的合作。例如，Web 2.0 环境中，从形式上来说，不同的媒介平台形成不同形式的记录，即便是同样数字格式的比特流也会因为所处平台的功能、技术配置、使用主体的不同而形成不同信息，跨平台的集聚管理是复杂的，能够从媒体的视角出发，以参与和协作的方式达成更加优化的管理。

②媒体本身是有意义的讯息。换个容易理解的说法，即人类有了某种媒介才有可能从事与之相适应的传播和其他社会活动，因此，从漫长的人类社会发展过程来看，真正有意义、有价值的“讯息”不仅是各个时代的传播内容，而且包含这个时代所使用的传播工具的性质、它所开创的可能性以及带来的社会变革。由此，由不同媒体形成的记录有相应的管理需求，管理需求又会直接影响对档案的认识。例如，以社交关系为主导的 Web 2.0 应用在信息管理过程中的关注点在于：信息形成与管理主体建构的社交网络形成的参与关系。相对地，在以内容为核心的社交媒体平台上，以话题或事件进行信息整合会是较为普遍的一种方式。因而，从不同媒体角度的特点切入，

贡献不同的管理方法，真正实现“参与”式的管理，这在现实中就表现为对形成于不同 Web 2.0 平台与应用如 Facebook、Twitter、微博、微信的信息的整合如何通过不同平台的特点来协同展示完整的信息及其所反映的社会活动或主体。

③媒体有自己的语言，其语言也会影响其所承载的内容的呈现与意义，因而在选择形成与呈现信息的媒体上同样需要考虑“媒体”的主动参与。不同媒介的形式会表达不同的内容，通过书写语言、印刷文字、图片、视频、音频呈现的语言有各自不同的特点。Web 2.0 代表着一种走向社会治理，人人都拥有话语权与社会治理参与权、人人记录“自我”的可能。在这样的一类媒体中宣告这是人人都能记录的时代，代表的是参与、互动、协作的社会管理理念，自上而下的传播只是信息传播的主流方向之一，自下而上，或是对等式的，多向度、分众化的传播已经流行。人人也可以是保管者，更被赋予利用的权利。在这样的环境中，档案的形成主体就发生变化，其呈现的社会理念如公平也逐渐在当前这个时代凸显。记录的形成主体从国家拓展到社会组织再到当前的个人。而在信息的档案化管理中选择使用哪些平台来存储信息，又使用哪些媒体来呈现构建好的信息库与提供利用则是参与式的信息档案化管理的重要环节。相比于用简单的目录、全文或是无过多说明的视听材料在独立网站直接提供，在使用多媒体、可视化的有更多背景和相关内容的信息则更符合 Web 2.0 环境中的信息需求。

(4)时空

在新口语环境中，信息的内涵不仅在于自身的内容，更在于它所见证的行为和活动之中，Web 2.0 环境中同样如此。时空是参与式的信息档案化管理的背景因素与目标呈现，信息所记录的活动的附着点，能够让信息的档案化管理为主体、信息以及媒体呈现各自的观点、目标与语言提供环境与背景基础。这与美国学者米歇尔·卡斯韦尔提出的参与式的微观历史相契合，参与式的微观历史是她与合作者在开展“第一天”(first day)项目时提出的互联网环境中的新概念，包含四个要素：使用互动的数字技术；帮助用户直接形成新的文件与档案；这些文件与档案必须记录过去或当下的实践；参与过程中形成的信息必须归入管理主体所在空间。通过无数时空点所形成的微观历史的参与，拼凑出描绘更多主体的信仰、存在、话语以及故事的社会历史。在 Web 2.0 环境中，由新媒体支配与锻造出新的时空，这种时空不再单一，更加灵活与多样；时空不再是线性的，而是在分化、流动与沟通中不断断裂与演化；去中心化的趋势更加明显，统一与分裂的冲突更加激烈。一方面，通过 Web 2.0 中的开放与支持各类活动的平台，凭借文本、影像、音频等信息，个人、群体间可实现的关联越来越多元和广泛，时空在变小；另一方面，我们的身份认同、自我感觉、主体性都在发生转变，我们与“宏大叙事”或“元叙事”的历史渐行渐远，开始想要构建自己的历史，时空变得细碎而复杂，时空长河变成繁星点点，散落各处。

信息的档案化管理依旧遵循档案管理的经典原则，即将信息的内容、背景与结构视作一体，信息形成时所处的时空是关键背景。如同库克指出电子文件在终端可能存在 2000 多个版本，那就可能表达 2000 种观点，档案工作者需要以新形式的社会历史学弄清文件为何形成与如何形成。Web 2.0 环境中，信息在频繁形成、传播、再形成的过程中经历了繁多的动态时空，被赋予多重含义，识别出不同的时空如凭证与信息的背景至关重要。因而，参与式的信息档案化管理依旧注重“来源”，对信息的管理和利用都关注从历史的视角来认识与理解所处理的信息。这是时空作为参与式的信息档案化管理重要因素的一个方面。在参与式的信息档案化管理中，对主体间关系的确定、协调，权利与义务的设定，需要还原到当时的情境中，考虑那个时空的要求，例如，所处的 Web 2.0 平台与应用的信息管理条款。再如，不同时空能够获取的信息也不相同，Facebook 能够为用户提供的信息服务不定期变化，当前能够提供归档的 70 类信息如微视频在此前并不存在，群组活动也不是历来就有，因而不同时期能够描摹用户的维度不尽相同。同时，对信息的整合需深度理解信息的内容、结构特征及其价值，这要结合信息形成与保管的时空，理解信息所要表达的内容，以相对客观地了解信息的价值。

同时，参与式的信息档案化管理力图从不同主体的角度，应用信息，借助媒体来还原或相对真实地呈现属于个人、群体、组织在不同时空节点的扩散的空间。如同米歇尔·福柯所言，旨在重建某一文明的整体形式即某一时代的“面貌”的总体历史[①]的主题和可能性开始消失，非线性的在断裂层的历史[②]开始显现，这种观点再一次与档案多元论的理念相通。Web 2.0 通过大众参与构建充满记忆与资产的虚拟空间，也因此提供个人或群体建立“自我虚拟时空”的可能，而参与式的信息档案化管理的目的就是要在不同主体的需求驱动下，达成这种可能。

6.2.2.2　相互关系：可协作、可对话、可连接

主体、信息、媒体以及时空之间并非相互孤立，而是相互作用组成了 Web 2.0 中参与式的信息档案化管理的系统。因而，要素之间相互补充、相互影响，形成可协作、可对话与可连接的机制，具体的相互关系如下：

(1)主体与信息：主体对信息施加动作，是要完成形成、归档、保管、利用等信息档案化管理环节，从而将信息收集、整合与呈现为有意义的资源；而信息通过其内容、结构和背景使得主体能够管控信息与利用信息，满足不同方面的信息需求。

(2)主体与媒体：信息的形成、保管与利用主体，依据对信息的需求和条件选择合适的媒体施加信息档案化管理的动作，例如英国国家档案馆在当前技术可实现的情况下对政府的 Twitter 账户进行归档就是如此；媒体则通过它的技术、社会与文化特点影响主体的信息档案化管理表现，例如 Facebook 提供归档下载功能，在不考虑是否满足档案化管理要求的前提下，用户可在该平台对信息进行档案化管理，但如果如微博一样不具备这种功能，那么则需要依靠第三方的归档工具。

(3)信息与媒体：媒体影响内容、结构以及背景的呈现，不同的 Web 2.0 平台与应用能够呈现同一信息的不同方面，不同特点的平台呈现各异的内容，所以档案化管理要考虑平台中信息的特点，让不同 Web 2.0 平台与应用参与进来，保障媒体的多样性。信息同样影响媒体的管理。信息形成之

---

①　米歇尔·福柯所认为的欧陆思想界存在线性连续的“总体历史(total history)观”。米歇尔·福柯指出，总体历史观“旨在重建某一文明的总包形式，某一社会的——物质的和精神的——原则，某一时期全部现象所共有的意义，涉及这些现象的内聚力的规律”。

②　米歇尔·福柯认为知识考古学所开掘的历史所展开的空间是弥散的空间。

前要遵从前端控制和全程管理的原则，选择合适的 Web 2.0 平台与应用发布合适的信息，并将信息档案化管理的要求反馈于该平台。例如 NARA 要求联邦政府在使用社交媒体前就文档管理方面的事宜要与 Web 2.0 平台与应用达成协议，从而要求所使用的社交媒体配置相应功能。

(4)信息与时空：信息描述和充实了时空；时空决定了信息档案化管理的背景，通过某时某刻某地的法律、社会制度、文化环境与技术配备等限定了主体的立场、理念、思维以及“能够做什么”，例如在法律没有规定网络平台必须保存用户哪类数据时，个人的信息档案化管理不能获得想要保存的数据是合理的。

(5)主体与时空：时空作为背景只有时间与空间，主体维度的补充使得信息能够反映的是“谁”在“何时”与“何地”的活动，例如对于某个时间段的历史，从不同主体的视角见证的事实并不尽相同，这在 Web 2.0 环境中就更加多元。2015 年的天津大爆炸事件中，事发地的当事人持有的更多的信息是对爆炸的记录、恐慌以及对失去居住地后未来生活的忧虑，政府主要形成调查、处理和通报事故的记录，而旁观者则是关注爆炸严重程度、帮助问责和悼念。关于时空对主体的影响在时空对信息的影响中已提及，则不再赘述。

(6)媒体与时空：媒体补足了时空的技术背景，即便是在同一时空，不同的媒体还是形成了不同的信息背景。例如，微博更像是由媒体、政府、政党以及大众自媒体等共同打造的网络议事厅，反映的更多是社会治理的活动；而微信朋友圈更接近于群体与个人的社交网络，保存下的更多是群体与个人的生活、工作的记录。时空为理解媒体语言提供了背景，为媒体丰富了社会与文化维度的意义，Web 2.0 的参与、共享、协作与社区的内涵正是与当下更加提倡协同、民主与自我的社会与文化趋势相一致，由此也能更加理解为何在 Web 2.0 环境中提出参与式的信息档案化管理。

第 7 章
实践层:Web 2.0 环境中参与式的信息档案化管理实践微观构想

美国沃顿商学院旗下的电子杂志《沃顿知识在线》在 2014 年刊登了题为《安息:数字时代的身后事》的评论文章,文章的主旨是数字时代人们通过网络渠道存储了大量个人数据,一旦用户身故,这些数据的所有权和继承权会带来很多麻烦,如何处理这些资产不仅可能困扰用户,也是政府、企业等相关方需要考虑的问题。

这源自沃顿名誉退休金融教授杰克·古藤泰格思考的一个问题:当他去世后,他个人和专业领域的数字资产将何去何从?他有一家名叫 The Mortgage Professor 的网络公司,一大摞文件密密麻麻地列出各个网站上的 ID、PIN 码和密码,以及多年来拍摄的经由数字化处理保存于电脑且在云计算服务 Dropbox 上保留副本的照片。这是这个时代大多数人的一部分缩影,几乎所有人都在逐渐增加上网时间,创造了一份寿命超过其本人的数据遗产,也不可避免地给身后事带来挑战。Web 2.0 在其中扮演重要角色,这从社交网络与媒体、协作软件和应用以亿计的用户群就可看出。对很多人来说,他们的数字身份与物理身份旗鼓相当,有时候甚至更加重要。

政府和企业(如 Web 2.0 平台与应用的服务提供商)也意识到这个问题的重要性。2012 年,美国联邦政府在个人金融推荐列表中增加了“社交媒体意愿”一栏,建议人们指定一个网络资产执行人负责帮助用户关闭电子邮箱、博客和其他网络账号。此人还将执行死者对社交媒体资料的处置意愿：既可以完全关闭，也可以继续保留供亲友回忆。多数科技和社交媒体公司都针对用户身故后如何处理他们发布的网络内容制定相应政策，如谷歌从 2013 年开始推出不活跃账户管理器功能，允许用户自行决定身故后如何处置他们的账户。

可以说，这些数字资产的处理并不容易，起码在当前未有通用做法，尚在摸索之中。这并不是“个人”的事宜，在 Web 2.0 环境中，那些共同创造的信息资产是社会组织、机构、群体和个人的共有成果，从个人到共有资产的管理都需要法律、信息、商业、文化、技术等领域的专业人士出谋划策，最终也要信息的所有者与管理者执行相应的规则。这要求协调多方关系以达成参与和协作。例如对企业来说，一方面，由于他们要处理数量庞大的独特请求，会消耗大量的时间和金钱，资源会受限；另一方面，当用户离世后，满足他们家人的需求是符合道义的事情，这类业务也蕴含着机遇，可以此提升声誉，且可能获得意想不到的收益。

这个案例涉及多个信息档案化管理问题。

首先，加州大学欧文分校信息学博士候选人杰得・布鲁贝克提出，在谈到 Tumblr、Twitter、Facebook、Instagram 和其他拥有大量用户的准公共社交媒体时，我们的虚拟物品是否始终被视为“资产”。这一方面是所有权问题，即这些信息是否严格归形成者或 Web 2.0 的平台与应用所有，共有的信息如何决定归属，档案馆等记忆机构能否主动收集这些资产？另一方面，哪些是需要长久保管的“资产”，这是鉴定的问题。在内容鉴定层面，哪些信息可判定为“资产”，判定为谁的“资产”，依据何种标准？在技术鉴定层面，这些资产是否得到良好保管，资产是否得到破坏或滥用？

其次，案例涉及信息保管，信息的形成者是信任 Web 2.0 平台与应用在线存储，还是将这些数字资产变成实体物品，抑或找到第三方托管？德克萨斯科技大学法学院教授盖瑞・拜耳认为“可以下载电子邮件保存在电脑磁盘中或存储到光盘或 U 盘里，甚至可以把它们打印出来。如果不这么做，所深爱着的人或许就会失去访问权……如果一个人在意数字资产在人死后的状况，包括照片、家庭录像和电子邮件，就必须早做计划”。但并不是所有的数字信息都能这样处理，也不是所有人都倾向选择这样的方式。

最后，案例还涉及信息利用，这是对信息价值的挖掘和利用中各主体的权益协调机制问题。尽管有人认为包括 Facebook 时间轴或数码照片在内的绝大多数的数字资产除了情感因素外,并无太大价值。沃顿市场营销教授皮纳·伊尔迪里姆等人认为这不意味着它们没有经济价值,“比如,你今天上传了一张照片,等到你已经去世很长时间,你的曾孙希望得到这些照片。那时,任何企业或许都希望收取存储这些数字内容所支付的成本”。

进一步来说,现实也在告诉我们 Web 2.0 环境中信息的价值不只是这样平凡,某些数字资产无论在现在还是未来都拥有巨大经济价值,例如域名能够创造收入的博客,那些与新浪微博签约的自媒体们便可直接将阅读量、评论量等直接划转为收入,《魔兽世界》《第二人生》等网络游戏中的账号或虚拟道具同样拥有可量化的价值。Web 2.0 平台与应用的服务提供商的公司也正在寻找各种方式利用数字遗产赚取收入。包括 E-Z Safe、Estate++和 SecureSafe 在内的一些公司,都扮演着数字内容仓库的角色,提供虚拟保险柜业务,帮助用户保存用户名和密码,一旦用户身故,这些信息将转交给指定继承人。在信息的利用上,我们需要考虑谁负责监护这些资料,谁可以获得访问权,谁来决定这些相关事宜?

在价值开发方面还有关于开放与保护的问题,数字资产是封闭守护在一处还是开放,即数字资产怎样使用? Web 2.0 环境中,信息的增值在很大程度上在于参与、共享与协作,那么这些形成于 Web 2.0 环境的数字资产是如同传统的实体档案馆要到资产的所在地(很可能是虚拟的)获得允许再利用,还是如同 Web 2.0 环境一般开放,以自身的资产换取其他资产抑或通过量化使用信息的人群及其使用程度获取收入? 这恐怕不是一种方式能够解决的问题,而需在各种情境中差异化处理不同资产。

这是一个关于个人数字遗产的案例,却值得正在 Web 2.0 环境中遍布数字痕迹的组织、机构、群体和个人关注与思考。在 Web 2.0 环境中由他们所形成的信息,哪些应当保留,怎样保留,怎么可信保存那些有价值的信息,将由谁使用,如何使用等,档案机构能为此做些什么? 这些问题不是一方所能解决,在庞杂的社会网络中,每类主体的信息管理问题都可能涉及其他主体的利益,也需要其他主体支持。这正是参与式的信息档案化管理的关键。

本书尝试在前文建构的 Web 2.0 环境中参与式的信息档案化管理的

框架下，构想这种参与式的管理在实践中如何呈现，从而让 Web 2.0 环境中的信息得到妥善管理，尽量满足各利益相关者合法合理的需求。笔者一方面选定几个关键的环节，而非整个管理链；另一方面，探索某个环节实现的模式或原则，不会细化到每一个环节的管理动作。关键环节的选定在于要解决 Web 2.0 环境中信息档案化管理的对象是什么，如何保存，如何利用，以及如何在数字环境中实现这样的管理。而回答关键环节如何实现之前，还需要构建不同主体如何形成参与的机制。这些问题不能在本书中得到翔实解答，这既受限于笔者有限的理论与实践基础，也因为这些问题确实极为复杂，不仅需要理论构建，还需要实践验证与再完善。因而，对 Web 2.0环境中参与式的信息档案化管理仅在下文提出有限的实践构想，待未来新的探索和同行的完善。

7.1 参与的信息档案化管理链与环节构建

在 Web 2.0 环境中，参与式的信息档案化管理是以体验性与进程性的方式在各种时空背景、媒介、主体需求与信息中执行不同行为。它既要确保档案化融合在对信息的全程管控中，又在各类环节与情境中有不同表现，从而呈现不同要素以各自的立场与功能参与对 Web 2.0 环境中信息总体的管理。因而，要形成不同主体的参与机制，在这种机制下实现每一个环节的管理动作。

7.1.1 参与机制：多主体的功能与关系

Web 2.0 环境中，多数信息形成于开放的互联网，这些平台与应用往往不从属于信息的形成者如政府、企业、社会群体或是个人，信息的档案化管理牵涉了更多利益相关者，前端控制在 Web 2.0 环境中不仅是形成机构与专业的文件、档案管理者的对话，而且是形成者、维护主体、保管主体、Web 2.0平台与应用服务提供商以及用户在多边关系中连接、对话与协作,实现真正参与。协作是必然趋势,2011 年,爱沙尼亚举办的“数字保管的国家协作方法”会议倡导集体数字文化记忆国际层面的合作,提出从技术、法律、教育、经济、组织框架以及标准 6 个方面展开。因而,信息的档案化管理必须要同其他的业务、信息、网络系统、平台以及应用协作,在不同的背景、立场以及系统或是服务需求下,都会根据相关利益者各异,例如法律咨询员、CEO、信息技术人员、信息形成者、保管者以及利用者会提供不同的方案或需求,既需要达成相对统一的意见,也在必要的时候选择主导的立场而有所放弃,这样要防范某种方式或某个主体绝对主导的风险,也要注意不陷入考虑多主体或多情境造成的“无解”之中,明确协作的边界。

(1)Web 2.0 环境中的主体

Web 2.0 环境中的主体相对独立,但也相互协作。一方面,对同范围的信息,他们可能是信息形成的参与者,也可能是保管过程中的利用者或受益者,他们通过提供各自的资源与知识协作管理信息;另一方面,各种协作都是先在一定的范围内形成信息库,这些库通过 Web 2.0 环境的智能特征来提供关联的接口,在必要的时候打通网络,最后形成社会层面的信息资源库,以满足不同主体的多元需求。

①大众是绝对的参与主体,这是 Web 2.0 环境形成新的参与式管理的关键之处。在 Web 2.0 环境中,前所未有的众多的公民档案员出现,如果实现人人参与,那么人人都成为信息的记录者、搬运工与管控人,在档案世界中找到属于他们的任务,他们不再仅仅是信息的利用者或有限的参与者,而是成为一定程度或情境中的主导者。他们要在档案世界中发声,通过参与亲自讲述属于他们的故事,构建他们的记忆,书写平凡却丰富多元的社会历史而非仅属于少数人的宏大叙事,这将使得档案资源的内容构成与管理方式发生根本改变。作为信息的形成者,他们可能直接获得信息的所有权,对其他获取、保管与利用的机构或个人有着保留管理与使用这些信息的权利,例如可参与到对信息的收集、整理、鉴定等环节当中,从形成者的角度呈现信息。即便是归属于国家或官方机构管理的那些记录,大众也可通过参与来补充更多视角的信息与注解,通过参与式的鉴定与描述等影响国家记

忆构建。

大众的参与在当前颇具争议，一种观点认为大众能够为文件、档案工作者分担数字环境的重负，通过参与式的鉴定、描述等众包实践可看出其优势；另一种观点则认为大众不够专业，会形成信息的误解和错误阐释，破坏档案化管理所要求的有机关联，不能达到信息的真实性、完整性要求。就目前的实践来看，大众的参与优势显著，美国 NARA 的众包项目主管、史密森学会的负责人均在 2015 AERI 年度会议上说明，尽管大众在档案众包活动中会犯错，但同样有其他的参与者纠错，形成良好的协作体系，甚至在工作质量上高于专业档案工作者。

②机构形成者，可被看作“传统的主流形成者”，主要以政府或大型社会组织为代表，并不是严格的界定。对这类主体而言，在 Web 2.0 环境中对信息档案化管理的参与在一定程度上只是管理对象和方法的适应性调整，Web 2.0 所形成的记录可看作新类型的数字信息，依旧遵循已有的机构文档管理基础，更加注重以文档管理的方法管理 Web 2.0 环境的信息与数据，以信息治理的方法保证信息管理的可问责、透明、完整、安全、合规以及信息的可用和有效保管。例如，对分类与保管期限表做一定拓展，有一定改变的是那些涉及其他主体如公民、其他社区或机构共同形成的信息，需制定相应政策与参与制度规定与保证其他主体的权益。例如，NARA 对用户在其账户所发表的信息下的评论的规定为：“个人信息如社保号码、地址和电话号码在公布前会从评论中移除……NARA 不会歧视任何观点，但保留不公布这些评论的权利……所有的评论都视作可公开的，除非评论者提前声明。”

③档案馆等信息与记忆机构成为关键的辅助者。档案馆、图书馆、信息协会等信息与记忆机构作为更具专业能力与管理经验的主体，会是活跃的参与者甚至某些宏大项目的主导者。在 Web 2.0 环境中，档案馆等信息与记忆机构需要更关注社会结构的变化，不仅要做保管者，而且通过全局性的顶层设计和行动计划做统筹者、主动的收集者与指导员，记录或是帮助记录每一社会进程中的活动，在其中积极应用技术。①档案机构还会承载对国家机构或大型组织的记录的保管，依旧作为学习、身份构建和个人成长的地方，并从业务上指导前端的信息管理工作。②档案机构的“社会记忆”功能

将在Web 2.0环境大大拓展,档案机构能够深度参与其中,以专业人的形象来指导公众、社区、机构等开展信息的档案化管理,例如专业的实践示范和标准的推荐,关于保管、元数据、信息管理的方案构建等。同时档案机构凭借平台和经验的优势,可为个人或群体提供"外包"服务,也可以收纳社会信息资源的名义存储与保管更多来自社会的记录;③作为推动者倡导政府、社会、组织、机构、群体、个人等为信息档案化管理在Web 2.0环境中建立可靠空间,尤其注意避免信息的相关利益者的权益由于信息管理规则的不足或缺失而受损。档案机构不是单向的主导者,而是组织不同主体共同形成整个社会的信息档案化管理框架,包括满足不同需求的法律、政策、标准、原则与方案等,甚至通过共建平台实现不同主体信息的档案化管理。

例如,在参与式博物馆的构建中,用户的参与同时引发还在使用传统模式运营的博物馆的恐慌和拒绝,但Web 2.0确实带来了更好的转变。如果拒绝,可能会使博物馆面临边缘化。较好的做法是实体和数字模式成为平等的合作伙伴。我们既要珍惜实体对象,注重实体的管理与运营,也要认识到数字及网络技术有助于拓宽利用和促进联系,有质有量地提升博物馆及馆藏的价值。而那些专家并不会面临淘汰,他们依然会在参与式的模式中发挥巨大作用,因为他们对博物馆藏的认识、研究以及对保管的专业认知和实践是非专业的参与者无法与之相比的,也是无法替代的。

④Web 2.0平台与应用的服务提供商作为信息的形成、传播、存储与暂时性保管平台,扮演着举足轻重的角色。墨尔本大学的文件档案分析师阿德莱德·帕尔认为从系统形成者与厂商那里获得帮助来支持档案化管理如保管与处置活动在数字环境中是有共识的。无论是大众、机构形成者或档案馆等记忆机构,只要保管形成于Web 2.0平台与应用的信息,都需要它们参与到信息的档案化管理之中。理查德·考克斯甚至认为当前我们还没找到可持续的公共支持来保存记录遗产,把互联网当作档案馆是当前的最优选择,尽管还是不能全面满足文件、档案的要求。它们的参与表现在:在平台构建或改进中要嵌入信息的档案化管理需求,例如符合档案化管理要求的元数据方案;提供信息的归档或真实可靠的迁移功能如为用户提供信息的完整下载功能,或是通过与机构的协议来定期迁移信息;能够提供真实可靠的保管功能,尤其对诸多个人用户而言,空间

不足或是暂时无归档管理需求，服务商则需要提供可靠的存储；用户的信息档案化管理能够直接在所在平台与应用上实现，除了归档下载模块，还可在平台上整理、鉴定甚至利用信息，但这只能是针对在该平台与应用形成的信息。

⑤非官方记忆机构。以互联网档案馆为代表的非官方记忆机构在Web 2.0环境中拓展出更多功能来参与，一方面，继续合法合规地收集与整合Web 2.0中形成的信息；另一方面则是推出不同的工具来帮助个人、社区以及机构实现Web 2.0环境中的信息档案化管理。例如，archive it就开发出这样的工具。

(2)用户协议的形成构想

作为信息发布和初期利用空间，Web 2.0平台与应用起着重要作用，因而利益相关者的参与机制在很大程度上是在Web 2.0平台与应用产生交集，极具代表性的是用户协议。用户协议的形成构想如下：

①用户协议的形成要合法合规，需参考所服务的国家或地区的制度体系，包括法律、法规、政策、标准、指南等。例如，Facebook的个人信息利用与保护政策在美国需要参考美国的《信息自由法》《个人隐私保护法》等，并遵守美国健康、教育与社会福利委员会于1973年提出的公平信息实施原则，在欧盟国家则要参考欧盟以及所在国家的制度。用户协议所参考的制度的形成与完善需要信息与记忆机构联合其他相关领域的机构或专家如立法者、标准委员会等共同制定。

②用户协议要考察与收集用户的意见。用户关于自身的信息例如保管与利用的要求可以主动或是在平台与应用调研的过程中予以反馈。例如，新浪微博的用户可以通过@微博秘书的方式表达对信息管理的意见。2012年，最大的社交网络Facebook曾经向用户公告了用户协议的更改，即用户的照片可以提供给旗下的图片分享社交网站Instagram应用于商业开发，引发大规模的用户抵制，Facebook最终撤销这项更改。美国、澳大利亚、加拿大、英国等档案机构都提出了类似的要求，即档案化管理的需求要在启动政府Web 2.0平台与应用的账户前与该平台与应用达成协议，从而能够有效管控信息。

③作为商业实体，Web 2.0平台与应用不是公益组织，要考虑信息档案

化管理的成本与信息开发的可能性,这也涉及信息利用者。因而,Web 2.0 平台与应用需要考虑自身定位、盈利模式与现状等,同样要考虑信息利用者的潜在需求以及对信息的利用方式,从而决定信息可以提供给谁,如何利用。例如,微信的《腾讯微信软件许可及服务协议》规定:"用户的信息内容是指用户使用本软件及服务过程中所制作、复制、发布、传播的任何内容,包括但不限于微信账号头像、名字、用户说明等注册信息,或文字、语音、图片等发送、回复、朋友圈图文和相关链接页面,以及其他使用微信账号或本软件及服务所产生的内容。"其依托的《腾讯网隐私政策》规定:"我们以及我们的关联公司,可能将您的个人信息与我们的关联公司、合作伙伴及第三方服务供应商、承包商及代理(例如代表我们发出电子邮件或推送通知的通信服务提供商、为我们提供位置数据的地图服务供应商)分享(他们可能并非位于您所在的法域)……随着我们业务的持续发展,我们以及我们的关联公司有可能进行合并、收购、资产转让或类似的交易,您的个人信息有可能作为此类交易的一部分而被转移。我们将在转移前通知您。"

除此之外,服务提供商还可参考其他 Web 2.0 平台与应用的用户协议或是行业联盟的要求,在相互咨询和协调的过程中,达成相对的一致,且随着环境的改变如法律的修订等不断完善用户协议。

7.1.2　归档:鉴定、累积与收集

鉴定是必须即时完成的工作环节,既要处于前端,以免信息积压造成丢失或是未来的工作过重的风险,也是持续性的过程,依赖全程管理反映多方需求[①]。参与式的信息档案化管理对象从形成起就有一定保管价值,需要在管理中确认哪些信息需要保存与保存多久。无论是形成者、Web 2.0 平台与应用还是档案馆等记忆机构,始终无法容纳所有信息,也没必要保存所有信息。这本质上依旧是归档问题,但在 Web 2.0 环境中,对不同类型的主体,如

① Convery N. From reactive to proactive appraisal[J]. Archives and Manuscripts, 2014,42(2):158-160.

个人、形成机构或记忆机构而言，归档问题不尽相同。这里仅列出关键问题。

7.1.2.1 鉴定

鉴定主要是针对机构或是群体要归档什么，归档多久即依据信息价值判定的问题，表现为归档范围与保管期限，同样涉及内容鉴定与技术鉴定。技术鉴定一方面在于如何判定所使用的 Web 2.0 平台与应用是否提供可靠信息形成与暂时保管空间，这类似于判定电子文件管理系统的可信度，但在开放的网络环境且带有商业属性的平台上这种可信度如何设置标准与规范需要深入研究，例如 Facebook 等能否提供完善的元数据方案，信息的利益相关者对信息的管理权限是否有规范的协作与控制机制；另一方面则是在信息移出所形成的 Web 2.0 平台与应用的过程能否保证其真实性，即不受篡改且以可用的形式转移至新的环境如机构的内部保管系统或是依托的第三方管理中心，这涉及管理与技术的协作。

Web 2.0 环境中的信息只是整个机构数字信息的一部分，内容鉴定方面仅需做一定调整，即归档范围与保管期限同样遵循已有方案，机构依然可根据信息所反映的职能与业务活动的重要程度判定价值与划分保管期限。美国亚利桑那州对当前发布的社交网络/Web 2.0 文件制定了简要的保管期限表(见表 7-1)，也有部分未确定保管期限，但总的来说并未超出原有的范畴，依旧通过判定其行政管理与参考价值确定保管期限。

NARA 在形成 Web 2.0 平台与社交媒体上信息的管理方案时，所制定的政策就是沿用原有的保管期限表，未能在保管期限表中找到分类的信息则暂时设定为永久保存。这反映出，就机构类的形成主体而言，信息的归档主要反映其职能与业务活动，即便是与以往不同的互动类信息，依旧是附着于机构所发布的主体信息或是机构所设定的业务板块。即使部分信息难以在已制定的保管期限表中找到对应分类，或者需要根据信息互动程度调整保管期限，未来更新的保管期限表也能赋予其一席之地。对群体而言，这一方法同样适用，只是要由组成群体的个人来共同形成或项目的领导者协调形成相应的归档方案，并且更考虑个人的情感因素。

表 7-1　亚利桑那州社交网络/Web 2.0 文件保管期限表

文件类型	文件分类型	保管期限/年	保管起始时间
社交网络/Web 2.0(包括博客、维基、Twitter、Facebook 以及其他相关应用)的官方文件	a. 暂时性的材料(有限的参考价值,包括普通的通知、评论、通信、反馈和相关文件)	无	在失去行政管理或参考价值之后
	b1. 公共信息文件(包括新闻发布、照片、公共服务声明、即将到来事件的提醒以及其他相关文件——具有历史价值的)	永久	
	b2. 公共信息文件(包括新闻发布、照片、公共服务声明、即将到来事件的提醒以及其他相关文件—不具有历史价值的)	无	在失去行政管理或参考价值之后
	c. 传记类信息(包括"关于我们"和背景信息)	无	
社交网络/Web 2.0 的复制件		无	在失去参考价值之后,但不会比官方文件保管的时间长
社交网络/Web 2.0 的格式和控制类文件	a. 行政管理类(包括社交网络矩阵、市场计划、登记类文件、CEO/CIO 批准类文件、版权资料的记录性文件、朋友或粉丝列表以及相关文件)	1	在过时或是被取代之后
	b. 技术类(包括配置和设置类文件、启动和执行文件、设计类文件、程序运转、软件、网站地图、网址的综合列表及其他相关文件)	1	在过时或是被取代之后
	c. 追踪类文件(包括网站日志和统计类文件)	无	在失去行政管理或参考价值之后

另外，鉴定不能以孤立的立场进行，凯特·卡明斯等学者倡导以非机构(non-institutional)的观点立足于更广的背景中进行，不限定于一个机构或地区中，扩大相关利益者的界定，吸纳社区参与、倡导个人信息管理以及多主体的协作。例如，要平衡好记忆机构的文化遗产保管目标与形成机构业务和效益需求之间的冲突，过度关注档案馆的立场往往会让形成主体尤其是机构不能理解归档的必要性，而就社会功能来说档案馆需要发布鉴定报告并采纳公众意见。同时，倡导个人信息的鉴定，在组织、机构、群体、个人的相互关系中开展协作式的鉴定需要个人参与，从而应对隐私层面的风险。这同时拓展了鉴定功能，且能够管理更多的数据，以挖掘与利用海量信息。

7.1.2.2 累积

累积是针对个人而言，与机构有相对严格的不同时间与范围，个人信息的技术鉴定主要依赖信息形成平台或是提供信息空间的平台。因而，个人的信息归档有以下几个特点：①相对于按照管理流程归档信息，个人更倾向于累积信息，即更关注形成信息，让信息不断地在其 Web 2.0 账户中累积。所以，使用 Facebook 推出归档下载功能的人并不多，即使他们并不愿意丢失信息。②随机归档。个人可能会由于情感、法律或业务等原因归档所需信息，但这些需求有一定的随机性，因而有不定期归档的趋向，如个人整理自己的实体空间一般。③个人在 Web 2.0 环境中的信息往往形成于不同平台与应用，一个人可能同时使用 Facebook、Twitter、Instagram、微博、微信、人人网。不同社交网络与社交媒体应用往往都各有管理信息的一套方式，个人更没有意识、能力与时间归档管理来自不同平台与应用的信息，因而鉴定与捕获更为被动，*Archival Science* 发布的一篇文章指出，通过对 Facebook 个人活跃用户记录生活的现状的调查，用户并没有积极保留个人的历史痕迹如日志，仅有 7% 的用户保存 Facebook 上的所有内容，约 45% 的用户保存的仅仅是部分自己或朋友账户中的照片。

对个人信息归档而言，Web 2.0 环境中的参与式管理体现为：一方面，档案馆等记忆机构可提供相应指导，例如我国当前就向公众推广《家庭归档范围》，在 Web 2.0 环境中同样也可向公众宣传个人信息档案化管理的必要性，提供相应的归档手册，以产品思维指导归档中的分类、归档工具的选择和使用等;另一方面,Web 2.0 平台与应用服务提供商、非官方的档案机构等,都可以提供工具和功能模块来帮助信息的分类、自动归档等。例如,archive it 就有相应的个人归档社交媒体信息的工具帮助将社交网络上的信息导入专门的管理系统中。此外,作为信息的形成者和实际的保管者,个人亦会主动来承担部分工作,如鉴选那些对自己更具价值与意义而需长久保存的记录。Facebook 支持用户下载在 Facebook 上所形成的 70 类信息,并提供了相应的归档方法,主要通过资料下载的按钮与活动日志查看的方式,涉及的信息包括个人信息、个人生活记录、互动,在格式上从文本、照片到视频,从地理位置到虚拟空间的位置等,用户可以选择不同类型的信息进行归档。个人从中选定不同维度的信息,根据需要归档下载即可。

7.1.2.3　收集

这里的收集是从档案馆等记忆机构的角度来说,属于网络信息归档的范畴,收集意味着进入长久保存的范围。对档案馆等记忆机构而言,Web 2.0环境中的信息无法完全收集,这涉及存储、保管、利用等复杂问题,因而即便美国国会图书馆协议不断接收所有的 Twitter 信息,也面临 Twitter 信息加速增长和不知如何整合的困境;同时,不能许可收集所有信息,其涉及信息的所有权、隐私等问题,且大量信息已经有个人或机构保存,那些信息噪声或只有短暂保管价值的信息亦没有进入记忆机构的必要。难点在于,选定哪类信息,以及如何收集即捕获海量的动态信息。

(1)确定收集范围的原则

收集范围包括保存哪些信息、如何选择、为谁保存、保存多久、谁来决定等问题。如谢伦伯格所言,档案鉴定不是完全与绝对的,鉴定的标准不会是精准的,而只是提供一些指导性的原则,收集同样如此。在 Web 2.0 环境中,参与式的信息档案化管理是为了促进更加多元的社会记忆建构,记忆机构担负重要职责。本书认为,收集范围的确认需遵循一定原则。

①选择性,即不是所有信息都收集。一方面,主流机构与事件的相关信息收集依旧是重点,这主要从它们对社会的影响力考虑;另一方面,适当引入人文的公正与权利理念。

此外,这也与记忆机构自身的定位与功能有关,例如,在美国,NARA

的网络信息归档的对象主要是联邦政府，这从其网络归档的政策以及Web 2.0平台与社交媒体管理指南都可看出，在英国也是如此，国家档案馆的 Twitter 档案库以政府账户为来源。美国的国会图书馆则以社会与个人信息为主。这与一个国家本身的记忆保管机制相关，美国的做法是因为他们本身就有如此分工的传统：国家档案馆主要负责政府文件、档案，图书馆除了图书外还保管私人资料、手稿等。

网络信息归档难以实现所有信息的归档，依据互联网档案馆的经验，或是随机选择（即选择网页时不考虑任何其他因素），或根据网页变化的速度优先保存（更常归档那些频繁变化的网页），或根据流行程度优先归档（着重于那些最多人使用的网页，但会面临遗失冷门却在未来很重要的网页）。当然，选择依然会综合多方面因素，因而一个深思熟虑且反复验证的收集方案是极为重要的。

因而，至于如何实现 Web 2.0 环境中多主体形成的信息的收集，范围如何，还要视具体情况而定，但多方参与的前提是确定的。在资源允许的情况下尽可能收集更多的有价值的真实反映其他主体的信息。官方档案馆近些年越来越注重在社会记忆、身份认同、公平、正义的导向下，在馆藏以及馆藏的鉴定、描述（著录）和利用中引入政府或其他官方机构以外的主体及其记录，并鼓励他们的参与管理。澳大利亚、加拿大、美国、英国有诸多实践，如澳大利亚原住民的档案不仅由国家档案馆号召原住民参与鉴定与著录，而且为他们建立社区档案馆。这在 Web 2.0 环境中将更容易实现，相比于努力征集那些散失或被破坏的档案，Web 2.0 环境中就正在形成社会各类组织、机构、群体和个人的多方面记录，为更多视角和立场的选择提供丰富的资源基础。

②协作。不同记忆机构、网络归档的第三方、信息形成者、公众、Web 2.0平台与应用服务提供商之间要相互协作。记忆机构主导收集Web 2.0环境中的信息时，既要在内部形成联盟，合理分工，例如对不同平台、主体或主题的收集各有侧重，也要发动其他主体的力量如向社会征询需要保存哪些信息，或是由 Web 2.0 平台与应用依据算法推荐具有重要价值的信息等。

③收集的标准永远不会是完全和终止的，不同的时期会应用不同标准。

只有在一定的时空条件下,档案收集才有实体化的存在。因而,收集范围要根据社会发展不定期更新,例如,热门事件和热度高的网络群体是不断变化的,这就需要有即时的反应与收集的调整,像是世界杯这样四年一次的体育盛事或是类似巴黎恐怖袭击的突发大事件。

④参与的许可。对那些未纳入收集范围的组织、机构、群体或个人,允许他们通过自主反映来补充,但是记忆机构保留否决的权利。例如,新加坡的数字记忆项目中,公众就可以通过 Facebook 分享正在或已经发生的故事。

⑤尊重"被遗忘权",在 Web 2.0 环境中主要涉及隐私与安全,不收集不愿意被收集的信息,对涉及隐私或是利益相关者权益的信息做一定处理,例如匿名或在信息的相关利益者指出后即时处置。档案领域越来越反对通过档案管理造成的某个群体或事件的沉默,希望能够让存在过的人与事都有发声与被记忆的权利,但另一方面也要允许某个群体或某个事件选择沉默而不被社会记录即被遗忘的权利。依据 2015 年 11 月谷歌的报告,为了遵守欧洲有关"被遗忘权"的裁决,已有超过 34 万个来自个人与政府等主体的请求,已经评估了 120 多万个网页,并将其中 42%从其搜索结果中移除,就移除网页的数量而言,在个人提出移除搜索结果的所有请求中,社交网站占了 9%,其中 Facebook 受影响最大,其他则包括 Twitter、Google+和 YouTube 等。俄罗斯"被忘却权"法 2016 年 1 月 1 日生效,该法赋予俄罗斯所有公民屏蔽互联网上涉及自身不实信息的权利。根据相关条款,俄罗斯任何公民都有权请求在俄运行的搜索引擎删除涉及自己的不实信息。

(2)收集方式

就收集方式而言,具体的技术与工具不再探讨,因为网络环境是在不断发展与变化的,技术与工具需时时应变,例如改变算法。可考虑但不限于如下的方式:

①主动抓取:通过制定的收集方案主动抓取 Web 2.0 环境中的信息,这主要是针对那些对抓取工具开放的平台与应用,因为如 Facebook、Twitter 等信息往往会设定反抓取的功能与屏障,只能根据客观条件来抓取一定网络层级的部分信息。

②众包:个人可依据档案馆等记忆机构发布的政策、指南如收集范围

等，在记忆机构开通的平台上依据要求上传已归档信息或从 Web 2.0 平台与应用迁移信息，以充实那些难以通过机构力量获取却想留存的关于个人或群体的社会记忆。

③平台协作：可以与 Web 2.0 平台与应用建立协议，直接接收信息，记忆机构以可信保存与备份作为交换条件，Web 2.0 平台与应用作为强大的技术支持方可提供已具备一定整合基础的信息。

表 7-2 是美国联邦政府使用的一些捕获工具，是捕获 Web 2.0 环境中的信息的工具代表。此外，可参考与借鉴已有丰富经验的第三方网络信息归档机构的方法与工具，例如互联网档案馆用的名为“Wayback Machine”的工具。

表 7-2　美国联邦政府 Web 2.0 平台与社交媒体捕获工具部分汇总

供应商	免费与否	基本描述与使用案例	捕获平台	捕获方法
Backupify for Personal Apps	否	当没有协议提供社交媒体内容全体检索式的自动备份与数据存储时，使用这项服务需要付费	Facebook，Twitter，Gmail，Google Drive，Google Sites，Google Contacts，Flickr，Picasa，Blogger	查询每个在线账户的API，确认最近增加和更新的文件，把内容复制到亚马逊云存储的加密档案馆中，可提供利用与再存储
Erado	否	依据 FINRA、SEC、Sarbanes-Oxley、GrammLeach-Bliley、FERC、NERC、HIPAA 等法律法规提供邮件、社交媒体与即时信息的归档	LinkedIn，Facebook，Twitter，Blogs	直接从社交媒体平台捕获内容或是使用 Erado 专门的平台工具。内容转成 Erado 的格式，或是存于 Erado 平台，或是发送到用户选择的平台
Alfresco	否	提供内容管理，但不确定是否连同内容与相关的元数据一起捕获	Facebook，Twitter，YouTube	内容管理系统在社交媒体发布时就进行捕获

通过不同主体的参与,信息能够得到相对完整和有针对性的归档。例如,关于某个重大事件的信息的保存,即便档案馆等记忆机构会保存较多各类主体发布和评论的部分,也受限于收集信息的时间而有所缺漏。同时,参与记录的个体,保存的可能只是自己发布或评论的信息,却会弥补前者缺失的部分,这样组合而成的信息更加完整。但最终能否形成完整记录,则在于整合的可行性与智能,也是接下来要讨论的。

7.1.3　整合与服务的前提:完备的信息描述与关联

描述(description)是档案领域长久的实践,例如著录、标引,它深入呈现了信息是什么,具体的内容、背景与结构是怎样的,从而为更好地整合与利用档案奠定基础。这在数字环境中表现为元数据管理,它是 Web 2.0 环境中实现信息空间构建和智能关联的前提。元数据可以视作信息的语言,遍布各种应用,详细记录着活动,对大数据、数据挖掘、语义网关联和其他正在出现的分析技术有重要价值,同样对社会关注的隐私、个人对信息管理的把控以及数据关联的必要限制等都有关键意义,互联网、谷歌检索乃至 140 字的微博都依赖着元数据。元数据信息能够表现出“是什么”,并被相应的应用与工具所理解,例如万维网联盟开发的以来源为主的元数据模型对信息的形成、抓取、检索等有重要用途。同时,元数据也用于信息间关系的建立,促进信息的关联与整合,推进信息的档案化管理,实现信息的价值。

因而,一个能够展现整体的元数据框架,提供元数据的语义和结构定义,包含元数据元素、结果以及含义的元数据方案是 Web 2.0 环境中参与式的信息档案化管理实现的重要保障。例如,当前的开放数据、关联数据在美国、欧盟、日本等有广泛应用,是网络语义链接的重要发展方向,需要档案领域关注。元数据是关于其所记录的活动,表现为谁、何时、何地以及是什么的问题,从而描述形成与保管信息目的,为什么人们需要它们,要如何处理它们,如果没有它们会怎样,除了形成者外谁需要它们以及原因,可用于保管信息的意义与价值、认证其记录的活动、数据背景化、数据的再利用等。澳大利亚莫纳什大学的研究团队建立的文件管理信息学就将元数据作为这个学科的基石之一，认为元数据是从应用层面在有噪声的信息环境中帮助管理归档信息。平台设计、信息形成、传播、归档、鉴定、保管、利用等环节，都离不开元数据的支持。它关注的是归档信息正在形成的过程中的各个时刻，信息来源的结构化数据、流转以及关系网。

在这遍布各处的 Web 2.0 环境中，需从档案领域的视角加深对元数据的认识，当前的 ISO 23081 可视作最具专业性的元数据概念模型，但在 Web 2.0 环境中还要进一步调整，尤其是要脱离前端与后端在现实世界中由于立场和资源而矛盾的桎梏，本质上是要满足证据、业务、记忆等多元需求，这种形成者、保管者以及利用者之间存在的冲突在 Web 2.0 等数字环境中表现更加复杂。在 Web 2.0 环境中要实现的是反映多主体、多平台、多环境的能够跨时空与平台相互理解的元数据方案，用以反映信息所涉及的人、流程、活动和环境，既要应用于信息档案化管理包括形成、维护、保存的所有阶段，保障信息在每个阶段的一致性与真实性，也要保证信息在不同的社会、文化与技术环境中能够得到使用，甚至要达成语义挖掘的理想状态，即信息通过充分的挖掘和描述，能够成为智能的主体。

因而，Web 2.0 环境中，信息的描述一方面是立足于信息本身，这既是为了呈现信息是什么，也为保障信息真实性，同样是为了档案化管理的自动化与智能化，这与已有的元数据实践并无区别。只是在参与式的信息档案化管理中，要通过多维的方式保障信息的利益者相关的权利在元数据中体现。例如，四年一次的奥运会是全球性事件，关于某赛事的记录可能来自政府、奥运组委会、社会群体、个人等多主体的信息，因而记录要尽可能反映所有的形成者，并且细化所有形成者的内容、观点等，既可以微观到每一条信息及其数字构件，也可以通过元数据建立的联系汇集为每一系列的记录，反映不同角度的描述。元数据要贯通信息的每一个阶段。例如，Facebook 的图片信息在其平台上包含图片、时间、形成者的文本描述、评论等元数据，但用户通过下载得到的图片信息仅仅只有图片本身，评论的元数据不在其中，这就是元数据在不同环境与阶段不一致的表现，评论者作为参与的形成者的观点没能反映其中。

另一方面，信息的描述是为了整合与利用。Web 2.0 环境中，信息来自不同的平台与应用，往往有不同的技术设置，元数据方案也如此。在这样的情况下,需要达成的是通用方案与专用方案的平衡,使得在某个平台形成的信息在不同的时空和目的中还能得到使用。因为关于技术标准化和专用技术的讨论在档案领域亦有多年,如果全部都是统一的,那么对需要创新和商业化的技术而言并不可行,如果技术间无法兼容与交流,那么也会妨碍市场与用户的利益。因而,为达成参与式的信息档案化管理,Web 2.0 环境中的元数据方案既要允许每个平台与应用的个性,也需提供相互兼容的可能与通道。在必要的时候,不同来源的信息可以依据主体聚合在统一的信息空间中,亦能根据信息的内容虚拟汇集于某个活动或事件,起码要提供这种可能,这才可作为整合的资源实现信息的分析、关联和使用。跨国、跨地区、跨平台、跨主体、跨时间等因素都需要考虑到,澳大利亚难民的相关文件、档案的元数据不仅产生于一系列联邦部门,很多涉及无政府组织、当地医院、公共和私人医务人员、当地政府、公司、社区以及宗教组织等,从中形成了复杂各异的元数据,这种情况在 Web 2.0 环境中将更为严峻,元数据方案的兼容显得更为迫切。

另外一个事实则是元数据是需要成本的,它的形成、固化和存储都需要相应的投入。在 Web 2.0 环境中,海量信息的元数据管理往往难以获得相应的资源,这对互联网档案馆这样的第三方保管机构来说尤为明显。所以,在某种程度上,好的元数据意味着更少的数据,元数据方案的建立要有针对性,而非一定要面面俱到。

在这样的基本理念下,描述也基本围绕参与式的信息档案化管理的四个要素展开。

(1)主体。信息的形成者、接收者、保管者等主体描述都会随信息所在时空转换而不断变化。对信息主体的描述应当是全面与关联的。全面是指信息的相关利益者都能在信息流动过程中得到记录,从最初的形成者到为信息增加内容的形成者,比如在社交网络上发布的信息,其评论者作为共同的形成者也应当纳入。需要说明的是,并不是所有主体都应当被描述,而是要凸显那些有重要内容、传播与管理贡献的主体。例如,只是转发没有任何有意义评论的主体则不必要描述。关联则是指,在描述一个主体时,不仅描述其本身,而且要描述其社会交往网络与所在群体,践行文件、档案有机联系的理念。例如,Facebook 中对用户的描摹(profile)不仅包括用户本身的个人信息，而且涉及用户关注谁、有哪些朋友、所在的群组等。当然，这样的描述方式是针对信息的关键主体，例如一份信息的发起者。

(2)信息。信息的描述要尽可能表达其内容，在 Web 2.0 环境中描述的一份信息往往由文本、图片、视频等多种格式的内容共同组成，所要描述的既有信息所包含的形式，也要尽可能精准描述出信息表达的内容，这不仅是指文本形式的那部分，还包括图片、视频等，这需要语义技术的升级和机器语言发展解决，在技术设想里应当实现，当前阶段可鼓励形成者或利用者增加尽可能多的人工描述。

(3)媒体。对媒体的描述就是对形成、传播与管理信息的 Web 2.0 平台与应用的描述，需对技术与功能配置有相对完整的描述，使平台及其赋予信息的技术特征都能予以呈现，例如形成信息的 Web 2.0 平台与应用的版本、所使用的技术语言，以及其中隐含媒体的社会语言等。

(4)时空。对时空的描述需要完整表达司法-行政背景、社会背景、来源背景、程序背景、"制作"和归档管理背景，从而反映信息所记录的活动，活动反映的业务、职能或事件，活动开展的背景，以及档案化管理的流程等。

另外，Web 2.0 环境中档案化管理在整合方面尤其要保证元数据跨时空、跨平台的相互理解和应用以保证信息可用性。都柏林核心应用模型(Dublin core application profie)能够为元数据的互理解性提供重要框架，资源描述框架(resource description framework)和网络本体语言(Web ontology language)也是元数据方案(基模)的重要标准，它们在日本政府所支持的数字档案馆项目的研究小组中得到一致认可，值得 Web 2.0 环境参考与借鉴。同样，在 Web 2.0 环境中需要各方参与来保管元数据的相关数据，以便留存元数据的技术、管理等方面的源信息。例如，所使用的元数据方案的术语、语义、schema. org、linked open vocabulary 等开放元数据登记中心可在线存储与共享元数据方案及其构件。

7.1.4 保存：可关联的分布式跨时空

数字环境中，关于档案保存在何处有不同的观点，这里的保存主要针对需要长久保存的档案。分散保存的提议已有 20 余年，戴维·比尔曼在 20 世纪 90 年代提出，所有的档案统归至档案馆已经不适用，档案馆倒不如做管控者，让档案分别存于形成机构。特里·易斯威特则认为，档案馆只有把握这些资源才拥有话语权，也可以更专业和专注的方式提供可信仓储和保管。

当具体考虑 Web 2.0 环境中信息的长久保存时，参与依然要作为重要的思考与探索方向。海量的信息的形成与传播本身是分散的，即无法统归一处，这会使得档案馆等记忆机构在信息中湮没，可信仓储可能变成失控无序的仓库；档案馆等记忆机构也没必要保存所有信息，它的工作重点在资源限制中必须有所取舍；也不是所有主体都愿意把信息放置于档案馆中保存，个人收藏家在 Web 2.0 环境中则会把某些信息视作珍宝，对个人、群体或机构本身而言或许自主保存是更合适的。

因而，在 Web 2.0 环境中，参与式的信息档案化管理在保存上体现为可关联的分布式跨时空保存。

首先，参与意味着所有主体都可以帮助长久保存信息，这是跨空间的分布式保存，它的前提是能够形成成熟的概念性的元数据建模、标准设定与系统设计。具体的设想则是：①档案馆等记忆机构作为长久和专业的信息保管基地自然身先士卒，在资源和技术允许的条件下保管尽可能全面和完整的信息，记录社会的多方面活动与进程，反映各处与各主体的声音。同时，档案馆等记忆机构为其他主体的信息长久保存提供建议、指南等。②无论是个人、群体还是机构形成者，同样可以作为主导的所有者与管理者将信息资源、记忆、资产保存于其信息空间之中。③Web 2.0 平台与应用的服务提供商即便在信息的长久保存上有困难，且一旦下线信息就“不知所踪”，如中国四大门户网站推出的微博产品在激烈竞争中只剩新浪微博一家，其他微博平台上的信息难以在几近停滞的情况下提供可靠长久的保存。这就要求，网络服务提供商能够在开设之初就有相应方案在技术以及制度上实现未来长久保存的便利性，或是提供信息迁移的空间与时间。Facebook 通过建立“冷存储”(cold storage)的数据中心来解决有限资源与保存需求的矛盾，每天有超过 20 亿张图片被分享，图片存储系统 HayStack 在 2013 年一共产生了 1EB 的数据流量。虽然这些图片在大多数情况下在被分享几周之后就很少再会被查看了，但是Facebook仍然需要保存它们，而且必须要确保硬盘出现故障时图片文件的完整性。这意味着Facebook需在数据中心保存大量的数据，为保证这一点就需要大量电力。Facebook的工程师则巧妙地利用“负瓦特”开发了一个名叫“冷存储”的系统，“冷存储”能够允许Facebook数据中心内超过一半的磁盘在任何时候关机，从而实现大幅降低功耗。因而，Facebook既能够保证信息得到保存，又能控制成本的投入，这是一种很可行的保存办法。④第三方保存平台在存储和管理上予以支持。第三方保存平台在网络信息归档中长久地起着重要甚至引领作用，互联网档案馆这样的机构为人类保存了海量的网络记忆资产，并在技术上给予各国与地区的记忆机构诸多支持，这种作用使Web 2.0环境更加多元。例如，截至2016年，互联网档案馆已为网络保存了4450亿张网页，总量达到23PB，Twitter、Facebook与YouTube的网页抓取量较高。⑤针对个人、机构或群体提供的信息空间既可是自建的，也要有一定的商业性可信仓储的支持，即有这样一种平台，能够提供个人可信保存空间，这与当前的百度网盘、微盘[①]不同，它会同档案馆一样提供可信保管的工具和应用，可以看作商业文件中心在Web 2.0环境中的新呈现。

其次，分布式保存不是孤立的，而是有社会化的关联。参与式的信息档案化管理是要促成Web 2.0环境中的信息总体在合法合情的情况下相互联系以形成全景的信息网络。因而，每一个信息空间提供这样的可能，通过完备的信息描述与信息关联的接口，在需要的时候信息能够互通，使得保存是真正协作的、对话的、连接的。当前，即便是在一个网站中，考虑到每个能够访问互联网的都是潜在用户，通常是用多个主机来存储数据，而不是用一个超大容量的机器，这更能够保证信息的可用性。在Web 2.0环境中，参与式的信息档案化管理在保存上不仅能做到分布式存储，而且可通过不同主体的协作实现各自信息空间的协作、对话、关联。这种关联在Web 2.0环境中并不是刻意的，而是围绕着社会活动和社会网络以及信息本身存在的关系而集成。这将使得分布式的保存空间同样能实现统一集中的保存模式的效果，且更自由，也更符合社会活动规律与需求。当前，像中国这样的国

① 当前中国普通个人用户中较为流行的云存储平台。

家，形成了自上到下的强大的档案系统，为未来实现档案空间的社会全景关联提供宝贵的经验，奠定坚定的基础。

再次，这种保存是可继承的。档案作为记忆资源需要传承的观点是有共识的，在 Web 2.0 环境中，不仅档案馆需要为此努力，也使用“继承”二字引导形成者，特别是个人形成者。人们开始有意识地把数字信息作为遗产，Web 2.0 环境将逐渐实现相应功能，但根据平台或应用、所在物理空间如国家与地区的不同而有所不同，且随着时间在需求上有所变化。例如，一旦可以提交死亡证明的副本，Twitter 便会应财产执行人或直系亲属的要求关闭相应的账号。Facebook 也会应资产执行人的要求删除账号，或者继续保留，以供亲友纪念死者，甚至允许他们继续在上面发布评论、照片和链接，但这当前只在美国推行，且如何纪念也是随着社会以及技术的发展而变化。雅虎旗下的 Flickr 采用了母公司的服务条款：一旦用户身故，其账号及账号中的内容都将作废。谷歌旗下的 YouTube 则遵守谷歌的规定。Facebook 旗下的 Instagram 表示：“一旦 Instagram 用户死亡，请其家人与我们取得联系。”

最后，这种保存是允许“出错”的。分布式保存面临的风险是不同主体的信息空间在自治中不一定能确保信息的可信、完整、真实、可靠。同时，空间所有人的档案化管理水平参差不齐，也可能放弃信息空间的维护。在 Web 2.0 环境中，参与式的信息档案化管理在于自愿，如同在社会发展中，有的人或群体会选择孤立的生活，信息的档案化管理也是如此，它只是提供参与的权利，是可放弃的。只是 Web 2.0 环境中，在条件完备的情况下，更多的主体会选择参与。同时参与过程中会出现风险，除了信息空间所有人的放弃，Web 2.0 环境或是未来互联网会出现动荡，还有信息会在继承过程中遗失。如同在社会发展中，所有事物都会随着时间而消逝，我们能做的就是尽可能保证信息的消磨或消失是时代所限，减少不必要的风险。因而，保存要有风险管理意识，例如档案馆通过指导、监督和建议，与各主体共同建立与完善法律、法规、标准等，将档案化管理视作每个组织、机构、群体与个人的权利与职责，促进整个信息档案化管理环境和保存空间的安全和稳定。

7.1.5 利用:智能与制度保障下的互动开放

利用是 Web 2.0 环境中极为重要的方面,但档案领域的关注或探索有限,且在 Web 2.0 环境中利用面临更复杂的问题。例如,在互联网时代,个人创作的价值变得更易发掘、放大,技术和产品的更新彻底改变了作品复制和传播的方式,导致新型侵权行为层出不穷。作为信息的形成者,用户希望获得所有权,保护自身权益,提供信息形成与保管支持的 Web 2.0 平台与应用的服务提供商则希望将用户形成的信息用于商业开发,以此将用户流量转化为经济效益。个人日益成为利用信息的相关利益者,不仅作为用户关注信息的获取渠道、形式、质量等,同样作为信息共享者关注个人信息保护,如涉及隐私的数据管理。对第三方平台而言,美国、英国、加拿大、中国等从政府到社会组织倡导的开放数据提议往往也需要这些信息的共享与开发,所涉及的法律、标准乃至具体行动事宜也是繁杂的。同样,以守护社会记忆为职责的档案馆等记忆机构是否有权利归档政府机构以外的信息,尤其是归档后提供利用又是否会侵犯他人权益?因而,在 Web 2.0 这样模糊了实体位置造成时空碎片化的环境中,司法、技术、管理等方面的问题层出不穷,那么参与式的信息档案化管理要如何设定利用环节的机制? Web 2.0 环境中,参与式的信息档案化管理实现的重要前提是空前的信息利用深度与广度,利用是参与的关键动力,只有信息得到充分的利用,才能形成信息的规模性流动,吸引更多主体,由此形成“人人参与”的现象。然而,利用并非绝对自由,开放与信息保护的平衡是必须守护的原则。在这其中,极为重要的是:对“人”的考虑,把人的情感、需求、反应等都纳入利用体系的完善之中;重建概念性的公共利用框架,以信息治理的理念吸纳不同主体参与,与其他相关利益者达成协作;建立信息档案化管理的基础设施,满足微观要求。

因而,在利益相关者之中形成受认可的机制,能够解答利用哪些信息,谁可利用,如何利用,在何时与何处利用这些问题。

利用哪些信息。在 Web 2.0 环境中,利用的对象既可是记忆机构所保管的庞大资源,也可是组织与机构保管的现行资源,还可是个人或群体的小部分资源。它们均有相当高的开放程度,即在合法合规的情况下,利用者都能够利用所需信息,尤其是那些纳入保管范畴的“档案”。这样的开放程度有一个基本前提:从个体自建到全景关联形成的独立档案空间与档案总体空间建成,即信息空间是互通的,这一方面是指信息的形成与保管者有共享档案的倾向,另一方面是指在基础设施、技术与制度环境上支持档案空间的互通。由此,Web 2.0环境中可利用的档案资源才能呈现出。这只是资源准备,是可利用的资源,但还需进一步整合与开发才能达到利用的要求。此外,不是所有的主体都可以利用这些资源,这涉及下一个问题,即谁可利用。

谁可利用。个人对自身信息的利用有一定自主权,对机构而言要根据法律规定确定公开、限定公开与保密的资源以提供给不同的用户利用。从主体的角度看,个人用户可如同Facebook的设置一般,所保管的内容只针对相互关注的“朋友”开放,从内容看,也可以如微博一样,特定的内容可只在某些分组用户中开放。Web 2.0环境能够提供智能与便捷的通道,通过完备的信息描述和技术设定,在可利用的时候即可连通所需资源,由不同的人利用不同的资源,从而保证信息只被获得许可的主体所见,限定内部人使用的资源在开放的环境中也不会为外人所见。

如何利用。需求难以穷尽,可以是商业开放、业务利用、情感满足、娱乐等,但这需要得到制度环境的许可,即合法合规,也需要其他信息利益相关者的许可,例如形成者或所有者希望保护的隐私。在语义网、关联开放数据、众包以及数字可视化的世界中,信息利用不能脱离对技术的“依赖”。美国国会图书馆的案例就说明,如果当前技术不能实现整合与开发,那么用于研究的需求就难以满足。

在何时与何处利用。这也是关键问题,是限定能用什么,谁可利用以及如何利用的条件。何时能够利用这些信息则涉及信息形成者与保管者的情况,要根据具体的情况来决定,例如,Facebook的用户在过世后如果被关闭账户,那么信息在未来就不得利用。关于在何处利用,在参与式的信息档案化管理的构建下,最为主要的是能够在线上直接连接各主体构建的信息空间来使用,无论具体方式如何,在线利用的方式在Web 2.0环境中只会越来越显著。当前,即便是纸质或其他实体的档案,也尽量通过数字化的方式在互联网上线，这是互联网影响不可阻挡的表现。例如，美国的南亚移民数字档案馆并无实体档案馆，用户只能在网站利用可查看的资源。何处利用受司法、管理与技术背景影响，即便 Web 2.0 通行全球，但各国和地区的信息利用制度各不相同，例如，欧盟、美国、中国的隐私政策宽松程度与侧重点不同，个人信息的保护则相应有不同措施。

以互联网征信为例，当前实践存在很多雷区，也为 Web 2.0 环境中的利用指出问题，比如不能采集敏感的个人信息、数据的安全与透明度、不同机构间数据的交换难题等。互联网征信极大地丰富传统征信数据，又具有实时性，但该系统的建立仍面临诸多困境。

例如，出于对信息安全的保护，2013 年 1 月出台的《征信管理条例》对个人信息的采集做了明确的限制：比如禁止征信机构采集个人的宗教信仰、基因、指纹、血型、疾病和病史信息以及法律、行政法规规定禁止采集的其他个人信息。那么，征信机构要尽量掌握每个用户完善、丰富的数据信息，又不侵犯用户隐私。但法律禁止采集的数据恰恰是能反映个人信用的比较关键的数据。因而，为了能够利用有效信息，蚂蚁金服等民间征信机构搜集用户数据前会先得到用户的授权，保证不会开放此类信息，在数据存储中，也会对数据进行加密处理，并根据数据的重要程度采取不同的存储方式。

再谈议论纷纷的美国签证审核申请人的社交网络信息一事，由谁来向美国的签证机构提供信息才能保证信息的可信，签证机构能够利用哪些信息？对签证机构而言需获得尽可能完整与有效的信息，但对申请人而言同样需要保护自身的信息，两者如何平衡；社交网络上由申请人与其他形成者形成的信息是否能够直接获取，是否需要获得其他形成者的许可；签证机构获得的信息后续如何处置，怎么保证其安全？

总的来说，利用环节重要的是能够满足信息需求，但也要保护利益相关者的权利，这需要从顶层的法律法规与政策标准，到具体的管理制度，再到对信息的描述的支持。例如，当前在中国针对隐私的保护很弱，隐私意识并不强，那如何从管理上谈隐私保护？而在 Web 2.0 环境中，制度的落地依赖于技术的建构，如同当前的网络视频和音乐传播可以通过技术来保护版权，那么未来的这种信息利用的合法合规同样要依靠平台功能与信息描述的完善。

7.2　建成的预备条件:从构想走向现实

参与式的信息档案化管理当前还处于构想阶段,在实践上未有完备的对照物,它的实现将依托更加完善的基础设施和相对充足的社会准备。尽管当前 Web 2.0 已有相当普遍的应用,但只是用于发布、传播和有限记录信息,且这种记录并不等同可信保管。若要实现人人参与的档案世界,各方条件还需完善,包括基础设施、档案的理论与管理方法论支持以及实践机制、充分的人文准备。具体来说,这些可以令参与式的信息档案化管理得以在 Web 2.0 环境中成熟的条件如图 7-1 所示。

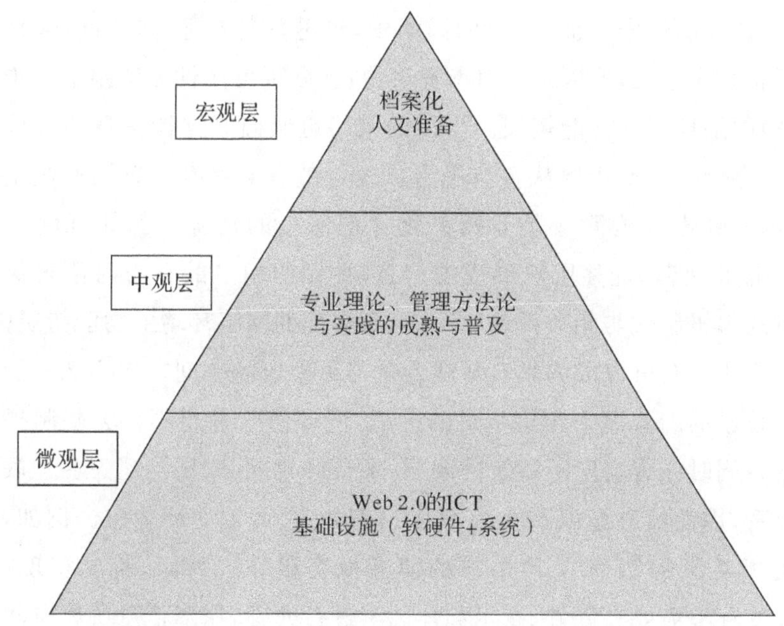

图 7-1　Web 2.0 环境中参与式的信息档案化管理的实现条件

7.2.1 相对完善的基础设施

相对完善的基础设施体现在以下几个方面：

(1)与 Web 2.0 连通的硬件设备。只有拥有设备来连通 Web 2.0 环境，才能在 Web 2.0 开展各项活动，形成具有各类价值的信息，才能管理 Web 2.0 环境的信息，亦能有足够的设备自主管理信息。个人电脑与移动设备在加速普及，依据韩国 KT 经济经营研究所 2015 年公布的《2015 年移动通信潮流展望报告》，2014 年全球智能手机普及率为 24.5%，首次超过个人电脑普及率 20.0%，相比于更高的未普及比率，设备上的支持还具有很大空间来构建一个更具有影响力的 Web 2.0 环境。互联网女皇玛丽·米克尔公布的《2015 年互联网趋势报告》称，全球互联网渗透率在 60%左右陷入了“失速”状态，排在前 15 位的国家中，渗透率都高于 50%，但未来渗透率不会有太大增长，原因是人口增长过快，互联网可用性无法跟上其步伐。

(2)网络环境的功能拓展。当前的网络更倾向于支持信息的形成与存储，甚至存储功能也主要从自身平台出发，在一定程度上忽视形成主体的需求，因而会出现删除或是非档案化管理信息的情况。例如百度空间在 2014 年停止运营，迁移用户形成的信息，在保留用户的日志时不再保留日志原有的编辑制式与相关评论。因而，要实现的网络环境的功能拓展则是：

①Web 2.0 可以成为具有足够容量与更稳定的空间。Web 2.0 受制于容量和技术的因素面临容量不足的挑战，例如微软宣布不再无限制提供免费容量。同时亦有空间不稳定的问题，平台的建立、发展与消失在互联网中瞬息万变，因而信息难以长久保存于当前的 Web 2.0 环境中。例如，2014 年雅虎博客关停对非 VIP 用户的博客保存服务。因而，若要实现构想，Web 2.0 环境需要在硬件、技术和体制上进行完善，保障信息所属空间的稳定。例如，是否可以设置一定的中转库以容纳在平台消失前无处存放的信息。

②Web 2.0 环境以信息档案化管理为常规功能。这种管理并不一定被命名为信息档案化管理，但能够在平台设计与升级中开发类似功能，并能够

满足参与式管理的需要。它既能在线上为用户提供空间进行信息档案化管理,也能够通过技术手段方便用户将信息转移至线下管理。

(3)制度设施建设。从法律法规、规章制度、标准规范三大方面为 Web 2.0环境中的参与式的信息档案化管理构建相对完善的制度体系。制度设施分别为:法律法规上限定在 Web 2.0 环境中的信息有哪些归档、保管、处置、利用、保密、归属和管理的要求,有谁涉及其中,都有怎样的权利和义务参与其中;规章制度上提供管理指导,包括参与式的信息档案管理涉及哪些流程和环节,各参与主体都分别承担哪些责任,落实哪些管理动作实现权利与履行义务,例如存放于 Web 2.0 平台的信息在存放期间的使用权责怎么分配,信息迁出平台时有哪些事宜需要注意;标准规范上则着眼于 Web 2.0的技术环境建设与功能需求设定,例如平台的功能配置、元数据方面的规范、档案化管理的工具、信息的安全管理等。

7.2.2　相对成熟的档案理论支撑

这是从档案研究与实践领域来看待的一个问题,Web 2.0 环境关乎以什么理念与观点认识与理解档案是什么、档案工作是什么、档案工作者是什么,且最后要如何反映在实践中。全景档案世界是一种理论构想,它的实现与否在于构想是否准确洞察理论与实践的走向,为实践的前进提供先验性的成熟的指导体系。因此,以下问题尽管部分已经在本书中有所探讨,但要构建一个成熟的理论与方法论体系,为 Web 2.0 环境的参与式的信息的档案化管理提供足够的理论依据与支撑,解决实践问题,还有待更加全面与深入的研究。

(1)档案是什么,这是理论层的问题。关于档案是什么,或者说信息档案化管理的对象是什么会影响谁来参与和如何践行信息的档案化管理,不同的认识会形成不同的理论、方法论以及实践体系。随着 Web 2.0 环境的变化,界定需及时调整。尤其是在融合各种主体、信息、媒体与时空要素的参与式管理中,关于档案或是其管理对象是什么的问题会面临更多的观点,这些观点在研究与实践的相互冲击中将落于何处,在实践中表现为哪些范畴和怎样的具体对象。

(2)档案工作是什么，这关注管理方法论层面，并不是指管理用哪种方法，而是指信息的档案化管理在 Web 2.0 环境中秉持怎样的理性与哲学的假设，在这样的假设下采用哪些原则认识信息与档案，怎么认识与理解它们的运动规律；谁是信息档案化管理的主体、档案工作者的角色是什么、由谁来担当、档案化管理的目的是什么；需要建立怎样的管理框架与采用怎样的管理方式、方法，如何将 Web 2.0 的特点与内涵融入档案化管理理念、原则、模式和各环节，建立起适应 Web 2.0 环境的参与式的信息档案化管理。

这亦关于参与式的信息档案化管理要细化为什么样的动作以及这些动作如何完成的实践问题，即管理环节的问题。围绕着信息的形成与保管、专业领域的指导和集体智慧参与、共建共享的多元资源和宏大线性的主流记忆、开放与隐私、记忆与遗忘等共同存在也相互冲突的问题，怎样在实践中能够达成多元全景的档案世界；在构建过程中，档案化管理还存在哪些环节，是否还有收集、整合、鉴定以及开发与利用环节，如何操作才能保证在档案世界中获得一种平衡，即所有自愿参与的主体能够参与，那些珍贵的信息资源与记忆得以通过档案化管理的方式留存，并满足参与者的信息需求。

(3)关于参与是什么和如何落定于实践的问题。作为信息的档案化管理的限定词，如何理解参与，并落实于实践是关键的问题。因而，参与不能仅作为一种构想止于理论框架的建立，而是要同信息档案化管理中的环节实现结合，建构实践框架。最为关键的是，参与怎么实现，即参与者的意见、行动、档案化管理的信息、媒体(技术)、时空能够实现连通和融合，在制度、技术、管理环节和操作上能够使得参与落地。主要表现为三个问题：

①参与式鉴定怎么实现。鉴定可能进一步扩展功能，如隐私鉴定、开放程度鉴定等；如何对多主体多来源多元呈现的信息进行分类和鉴定，多元价值取向如何识别；对繁杂的信息如何设定保管期限，随着动态时间间隔的缩短，保管期限是否有细化必要等都要有新的对策和方法。一方面，面对海量的多主体参与，多价值、非结构化的、多来源的信息中，哪些是档案化管理的对象，保管期限如何设定，哪些即时保存与处置，哪些短期保存，哪些长期保存。另一方面，这些怎么在实践中执行，参与者如何获取参与式鉴定的渠道，各种意见如何选择，最终怎样达成鉴定工作的"完成"。

②参与式保管的问题。在保管上需要考虑网络平台所形成的信息在何处纳入档案化管理，而后如何管理。对于多平台的信息，是否需要保存至统一的档案管理系统和平台，如果是统一管理，面临的法律、政策、技术和管理困难有哪些，如何解决？如果分散保管，或许可以借鉴众包或共享经济的方式，由官方平台、自平台以及第三方平台共同与流动分担档案的储存，设定必要的管理标准与配置，以符合档案化保管的要求，但如何保证档案作为整体的特征不被破坏，那些分散保管的信息如何能够在制度、技术、人文等方面得到许可而连通？

③参与式开发与利用的问题。这是关于谁能开发、怎样开发、谁能利用、怎样利用的问题，而参与的限定是需要发现如何能使参与者达成共识，解答以下问题：档案化管理的信息开发的功能与定位是什么，服务于哪些主体的哪些需求；是怎样的开发模式，由哪类主体开发（形成主体、档案化管理主体、第三方）还是协同开发；这些信息对谁开放，开放程度怎样，有何标准与限制；这些信息能用于何种目的，对提供者与用户来说都有哪些权利与义务？

7.2.3　多元包容的分散去中心化的人文准备

这是从社会视角出发关于如何认识档案、档案管理以及档案员的问题，也是参与的意识与行为普及的问题，这两方面相互推进与成就。

档案化管理从专业角度给予档案更加宽泛的界定，扩大了档案管理的边界，以适应信息时代对档案领域的冲击。这与社会对档案的认知越来越宽泛和多元有关，但总体来说档案这个明确的词还未能完全明确地将专业的界定呈现于社会对其的认知之中。而在参与层面，尽管当前的档案参与项目有一定可观的数据，但与那些没有参与的相比则显得相对渺小。尽管我们可以从整个社会的视角将每个个体的信息行为与档案管理做关联，但是真正符合档案化管理的却并不多。因而，若要实现 Web 2.0 环境中参与式的信息的档案化管理构想，需从社会层面实现以多元、包容、分散且去中心化为特征的档案观的人文准备。

一方面，专业与社会相互渗透。在逐步走向成熟的档案专业体系中，随着社会、信息、技术、文化环境的发展，社会关于档案、档案管理以及档案人员是什么的认识相应发生变化。随着 Web 2.0 环境的影响越来越大，“档案库”的建构愈加成熟且影响组织、机构、群体以及个人的社会活动，信息成为更加普遍的管理对象，越来越多的主体会关注信息是什么，档案是什么，且在需要的时候进行档案化管理以保护与利用这些信息资源。信息作为证据、资产、记忆、资源等会承载档案的身份，不同主体会认识到这些信息的重要性与可信保管这些信息的必要性。这些观点与实践不会是完全一致的，而是随着对象、环境、身份与目的的区别会有不同表现，对档案化管理的对象、具体工作以及怎样具备档案员的身份会有各自的认识与理解。随着实践的深入，多元、包容、分散与去中心化的档案观将逐步成为普遍存在的意识，并且在实践中化为行动。

另一方面，由参与的“量变”走向“质变”。Web 2.0 环境中的参与式的信息档案化管理将这种档案世界构想为人人与档案相关、人人参与档案活动、人人构建档案时空，档案与档案管理作为更加普遍的事物与现象而存在。这不是一蹴而就的过程，而是从部分时空、部分档案活动、部分主体的参与开始，然后慢慢扩散与渗透，在发展、修正与升级中渐进发展。这种过程也能够影响参与者对于档案是什么、档案管理是什么，以及档案员的身份形成更开放和包容的观点。通过更多、更广阔的参与，各利益相关者从信息的档案化管理中获得信息权、主体性、身份认同，并由信息满足证据、业务等需要以维持档案化管理的投入，因而形成更加稳定的参与网络，且在社会互动中扩散，进一步扩张参与网络。由此，多元、包容、分散与去中心化的参与观得以形成，并且落实于信息的档案化管理实践之中。

第 8 章
走向由 Web 2.0 开启的全景档案世界

在参与式的信息档案化管理的推动下，Web 2.0 环境将构建出一个更加多元、社会化、关联与自主的全景信息空间，一个个兼顾过去、当下与未来的档案库结成网络，从而成为各方主体的资源与记忆仓储。在这种构想中，档案馆、机构、站点等不再是各自独立的容纳信息的保管空间，对信息总体的保存责任落于每个人的日常中，包括他们与其他机构的互动交易信息、日常记录、观点的表达和群体活动的记载等。由此，借助 Web 2.0，一个更加全面记录社会，反映多元记忆观、认同观与资源观的档案世界将逐渐成形、发展与壮大。

8.1 描绘：由独立档案空间建构的档案世界

依据 Web 2.0 环境中的参与式的信息档案化管理框架和实践的设想，如图 8-1 所示，经由一定流程，未来的档案世界将呈现为一个人人得以自建档案空间，或大或小的档案空间在社会需求的驱动和技术的助力下共同构筑出一个关联网络的全景档案时空。这种构想已在过去与当下生根发芽，会在未来走向成熟的现实，总的来说，表现为以下几个方面。

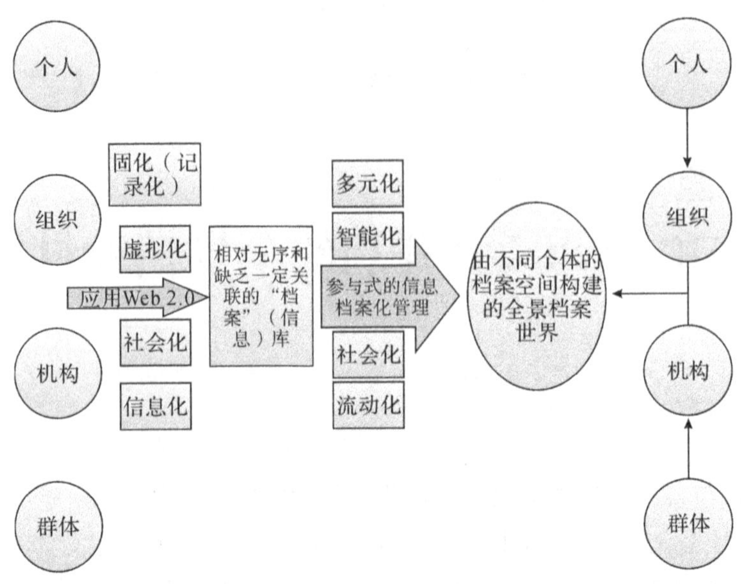

图 8-1　全景档案世界的构建过程概览

8.1.1　赋予“档案员”身份

归功于 Web 2.0，在个人事无巨细地记录人生轨迹方面，这个时代是空前的。无论是公民像写日记那样在 Facebook 更新状态，还是在微博上评议社会事件，抑或是“业余记者”在多媒体平台发布新闻，人们都在形成海量的个人档案，无论他们是否意识到。这些正式或非正式的档案在迅速增长，在分散记录的趋势下，未来能够获取的历史变得更加丰富，也更加脆弱，需要作为记录主体的个人承担起“档案员”的角色。

关于 Web 2.0 环境中新的档案世界的构想极为关键的一点在于档案员的构成发生变化，档案员成为更普遍的一种身份，档案活动则成为更显著的“日常行为”，档案员的功能、输出和身份认同也变得更多面。这些变化具体表现为：

(1)每个人都可以是潜在的档案员，这包括由个人形成的群体或社区。新西兰奥克兰州的档案馆主管卜林达・巴特利认为，众多的组织和个人掌握许多不同格式的信息，并没有得到良好的描述，数据也不能实现有效关联，或是只能满足部分相关利益者的需求，反映的是片面的观点与历史，重要的解决办法就是形成“新历史”的方法论来指导档案实践，帮助社区与个人将档案应用于他们的集体记忆与维护他们自己的遗产。个人档案员的身份有着两重含义：一方面，个人档案员对自身形成、参与形成或其他相关信息有进行档案化管理的可能。对于这些信息是否要管理，档案化管理程度如何，如何收集、整合、分类、鉴定，用于何处，可由谁来利用，个人都可以有其主张与具体实践。另一方面，个人档案员并非孤立，他们可以参与其所在群体、地区乃至民族、国家的档案项目，在其中贡献资源与知识。Web 2.0 环境中，对形成信息的海量个人主体而言，也只有他们对自身的信息有最大话语权。例如在参与式的鉴定、描述和整理中，个人及其群体能够更好地理解这些信息的背景与内涵，了解其价值，决定是否应当存在于对社会的记录中，实现他们的自主表达，既可留存更加精准解读的信息及背景，也有利于保护社会多样性。

(2)组织、机构的信息档案化管理融合参与式的社会化特征。一方面，尊重与延续长期形成的信息与文档管理传统，更注重以机构为整体的信息档案化管理需求，在信息的档案化管理上侧重管理的效率与效益，以信息档案化管理促进风险管理，保证信息的真实、可靠、安全，建立更加智能、透明、可问责和高效的组织与机构，以优化业务与职能，这主要在证据与业务层面。另一方面，同样会呈现社会化的特征，即关注人的维度，将信息档案化管理应用于组织内部的人文情怀需求与外部形象的建立，制度设计中考虑人的因素，“有温度”地统筹档案化管理。同时，更加包容地允许将自身的资源用于社会记忆或信息资源的开发，在保障自身合法权益的情况下根据需要开放或贡献自身所拥有的信息。

(3)专业的档案机构深入拓展边界与功能。首先，档案机构还需为国家与社会保管庞杂的信息，无论是信息资源、证据还是记忆，档案机构有为国家与社会守护的职责，专业档案员的功能就不会消失。其次，档案机构成为主动的专业知识载体的统筹者与指导员。在档案世界中，尽管人人都可成为档案员，支持多元信息档案化管理理念与方法，但需要相对一致的做法。因而，专业档案员可以提供信息档案化管理的倡议、咨询、指导、示范与培训。而且，专业档案机构或人员可从更加全局的角度，引导分散的组织、机构、群体以及个人参与整合，在参与同协作之中扮演意见领袖的角色，分享档案化管理经验。在资源允许和必要的情况下，以合理方式为其他主体提供保管空间等。最后，功能与实体上存在信息机构、记忆机构例如档案机构、图书馆、博物馆等相互融合的可能。它们的边界逐渐模糊，各个职能机构的对象与功能都在拓展，独立的机构需要其他职能机构的支持以共同完成任务。数字档案馆离不开信息技术的支持，档案馆不能只守着政府的信息资产，从而与图书馆的功能也有重合，加拿大的档案馆与图书馆就已合并在一起。因而，不排除某些职能机构可能会因为各种因素消失，但是在功能上，信息的档案化管理依旧存在，且愈趋重要。

8.1.2 人人拥有一个档案空间

在 Web 2.0 环境中，每个个体都能构建其档案空间，收藏自我在世界中留下的信息痕迹，建立虚拟的自我。这个档案空间不仅指在网络环境中所获得的一个存储空间，存储的不但是记录作为物的本身，而且是由记录刻画出的“个人”以及他与世界的关联。因而，这个档案空间一方面是保管信息的存储空间，另一方面是保管与呈现这个档案空间的门户。空间主人可以是组织、机构、群体或是个人，个人档案空间在 Web 2.0 环境中是极为重要的组成，是所描绘的档案世界的重要特征。

个人所拥有的档案空间不限于一个存储空间，对应不同的平台和应用以及管理所需可拥有不同的存储空间。Web 2.0 环境中，人人都可能使用各类平台和应用形成记录，或根据记录形式如文本、图片、视频或综合多媒体使用不同平台，或根据信息交流目的如以工作协同为主的协作软件与系统、以内容为主的兴趣平台、以亲朋或是职业所需为主的社交网络，抑或可扮演业余记者或社会治理参与者的社交媒体等。对不同信息，既可使用所形成平台和应用提供的存储空间，将信息分散保存于各个存储单位，也可将信息保管于一个集中的存储空间。这种集中的存储空间可以是 Web 2.0 环境中由某一组织、机构或是个体提供的信息保管服务，亦可是个人应用技术自建的存储空间，同样可通过自建或是第三方存储服务来为非 Web 2.0 环境中形成的记录构建数字存储空间。

分散保存信息的前提是可以实现互通，通过技术手段可以将分散保存的信息实现虚拟的整合，从而从整体上呈现为个体的档案空间。分散保存于各处的信息可为了便利而不用物理整合在同一存储空间中，但通过与平台的协议以及平台设计达成这样的一种构想：一方面，对应一个个体在 Web 2.0 环境中一致而单独的身份，在各处平台存储的信息可以在需要的时候通过每个存储空间的接口依据技术手段来实现信息互通、整合、管理与利用，这可以仅是逻辑层面上的；另一方面，各平台能够提供信息的迁移、下载，无论是在权限还是格式上都支持相对通用的信息整合，起码不能是排他性的存储，在物理层面实现这个个体的信息聚合。

档案空间有其综合平台为后台的信息予以呈现上的支持。无论是分散保存或是集中保存，这样的提法是相对后台的信息保管，档案空间还包括呈现的空间，即每个个体都有其信息平台，用于呈现其信息与展示自我。如果说当前的社交网站或是社交媒体中，每个个体都有相对独立的空间，那么这种档案空间的门户则是相类似的表达，只是范围扩大到整个Web 2.0环境中，是一种档案世界中的社交网络与社交媒体。这个平台呈现的不仅是一个平台的信息，而且是多个平台的信息，既包括线上信息，也可是迁移到 Web 2.0 环境中的线下和其他互联网应用信息。

总而言之，档案空间不仅用于存储，而且对应的是一个个体，是个体在 Web 2.0 环境中对档案世界的映射，这些信息能够以鲜活的姿态呈现出一个有生命力的主体。

8.1.3　以 Web 2.0 为技术驱动与平台支持

通过 Web 2.0 实现的不仅是人人都可以发表自己的声音，展现工作、生活、娱乐等方方面面，参与社会的治理与建构，而且能够将信息固化下来，成为可保存的记录以保管那些通过 Web 2.0 开展的活动记忆。因而，从这个角度来看，Web 2.0 将会为参与式的信息的档案化管理提供空间与功能支持。

(1)保管空间的支持。Web 2.0 环境能做到的是：一方面，为在 Web 2.0环境原生形成的信息提供存储与管理空间。这种存储与管理空间要作为可信的信息仓储使用，即 Web 2.0 环境中所提供的保管空间是相对安全的，能防止信息被篡改、窃取等，保证信息在保管期间是可靠、真实与完整的；保管空间相对稳定，这是从保管时限上限定，保管空间不仅要确保那些即时保管的信息得以存放，也要确保信息能够保管一定的期限，起码能够允许用户有足够的时间与条件迁移信息；保管空间要以可信任和合规的条款来确保各相关利益者的权益与义务，例如，保管的平台提供方是否对所保管信息有商业开发的权利，信息中所涉及的隐私是否在信息的开发与利用时能得到有效保护，信息是否可以由用户自行迁移，用户是否可以通过删除信息来实现真正的“遗忘”等。

(2)管理功能的支持。Web 2.0 环境作为智能平台，不仅要为信息保管提供空间和配备相应条件确保存储的可信，还要为各主体在其保管空间中档案化管理信息提供支持。这可通过 Web 2.0 的不同功能平台实现，例如在形成信息的平台中嵌入信息的档案化管理功能模块，在现实中已有 Facebook 的归档功能在进行粗浅的实践。未来的 Web 2.0 环境中，这种功能模块会更加全面，形成信息的平台可以提供形成、捕获、分类、整合、鉴定、利用等各类信息档案化管理功能，需进一步完善的是能够实现跨平台管理，从信息的格式到功能模块都需要考虑兼容的必要性。当然，理想状态下，能够有这样的一种 Web 2.0 平台与应用，专属于信息档案化管理，每个个体都能够将其档案空间直接建于这样的平台，每个个体都有独立的账户与门户用于对信息的档案化管理，然后将各种信息与各平台的管理空间接入以进行整合。

(3)参与功能的支持。Web 2.0 不仅为独立的个体、机构与组织提供信息档案化管理的空间，还需要支持“参与”的全面实现。对与社会网络相对应的，或是以内容传播，或是以社交网络传播，或是综合多种形式传播的信息，在保管过程中难以完全独立的形态忽略形成信息的主体在信息传播过程中的互动、共享与协作等相互关联的行为。因而，Web 2.0 需要通过对“参与”的支持，在构建的机制上实现对“参与”的满足，在制度建设上达成共识性的规则来协调各参与主体的权益，开发与完善支持协同多主体跨平台的信息管理的技术。例如，在信息的管理上提供协同管理的模块、部件与工具，或在信息格式标准的完善上注重跨平台的整合问题。

8.1.4　积极参与未来社会的建构

全景档案世界不仅作为现实世界的映射而存在，还可以积极推进社会活动的开展，解决社会发展问题，影响社会走向，参与社会建构。

从形成的角度来看，Web 2.0 形成信息是由于各种社会与个体活动的需要，也正是由于这些信息得以记录形成“档案库”而能不断支持平台与应用的使用。Web 2.0 环境中参与式的信息档案化管理的目的在于：记录下需要或长或短的时限保管的信息；且能以更高质量的状态得以利用；信息价值得以最大限度开发与挖掘。换句话说，它使 Web 2.0 构筑出优质信息库，这种信息库只有在使用中才会壮大，然后增长与完善，从而在理想状态上是良性循环的“滚雪球”效应。

从保管的角度来看，在 Web 2.0 环境中，全景的档案世界是社会建构式的保管。一方面，这意味着保管者和保管的信息要主动参与现实世界的活动，而非被动地作为静态的资源等待单向性利用。直接以档案化管理的标准要求各方主体来履行其中的管理义务可能并不适用，而是积极参与到各方主体所开展的活动中，作为信息资源支持活动目标的实现，通过所保管信息的价值吸引受益者关注这些信息的可信与有序保存。另一方面，对信息的保管要注重识别社会需求，即大范围看社会正在发生什么，需要解决哪些问题，有怎样的总体目标，小范围看不同的群体与个人要实现的目标和待解决的问题，通过选择、保管、整合、开发信息为实现目标和解决问题提供决策、依据、参考，如全球关注的气候变化、公共服务均等化、环保问题、社会治理等。这些问题的解决都离不开信息资源的支持，参与式的信息档案化管理所构筑的档案世界就需要为这些问题的解决提供依据与资源。

由此，构建结果如图 8-2 所示。

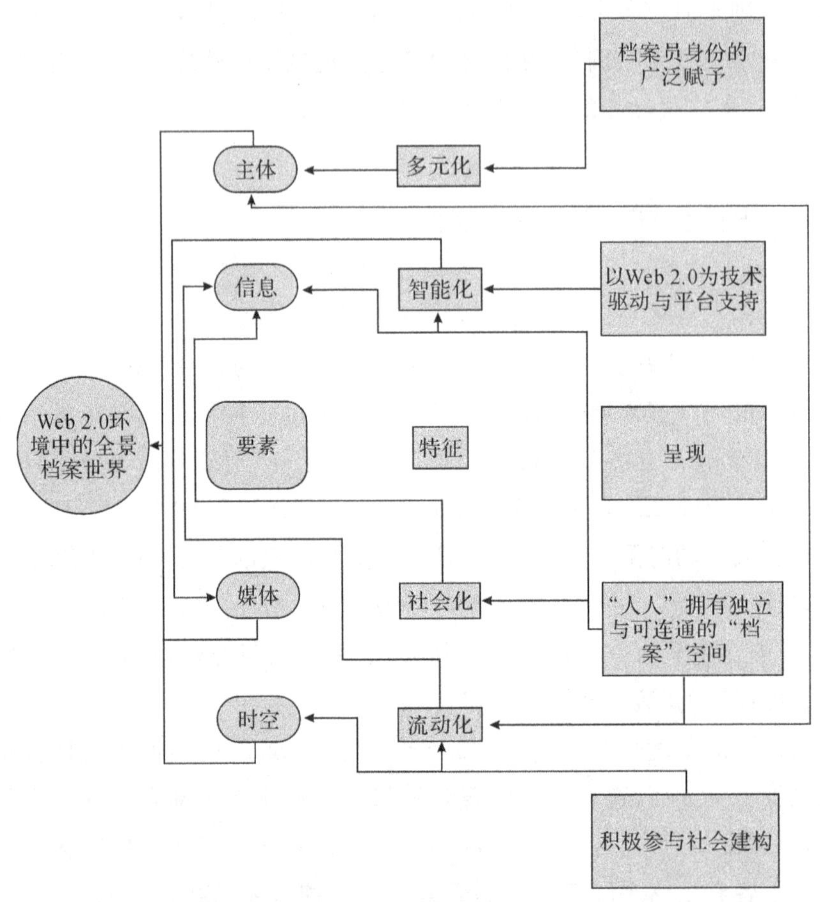

图 8-2 全景档案世界概览

(1)档案世界的多元化与社会化

Web 2.0 不仅要为组织、机构、群体与个人提供独立的档案空间,还要通过这些主体在 Web 2.0 中形成的社会网络构建相互关联与连通的档案时空,这就是一个全景的档案世界。因而,一个个独立的档案空间既在各自的时空呈现关于其主体在过去与当下的画面,也在参与式的信息档案化管理中实现互动、协作与联合,从不同的时空点形成了多面多元的档案世界。这个全景档案世界的显著特征就是多元化与社会化。多元化是多元主体、信息、媒体与时空的综合集成,在这里不再赘述。

多元化推进着档案世界社会化,这里的社会化有两方面的含义:一方面，借鉴了社会学的概念，即社会化是个体在社会互动过程中，逐渐养成独特的个性与人格，从生物人转变成社会人，并通过社会文化的内化和角色知识的学习，逐渐适应社会生活的过程。每个人必须经过社会化才能使外在于自己的社会行为规范、准则内化为自己的行为标准，它涉及：社会对个体进行教化的过程；与其他社会成员互动，成为合格的社会成员的过程。档案世界这方面的社会化就是指个体档案员要在一定的社会规则框架中，且可行动于社会网络中。另一方面，引自政治学中的社会化，主要指权力的社会化，准许、提倡或要求全社会共同参与。《中国法学》原主编郭道晖认为："随着市场经济的发展，国家与社会一体化的局面逐渐被打破，与国家相对分离的民间社会和社会多元化格局逐渐形成，政府的权力与能力已难以及时地、全面地满足人民日益增长的经济与文化多样化的需要和参与政治、监控国家权力的日益增长的权利要求，政府负担过重，迫使它不得不通过委托或授权，将一部分国家权力'下放'给相关的民间社会组织行使，这开始了国家权力向社会逐步转移或权力社会化的渐进过程。"在档案世界中，从官方档案机构主导的档案实践至人人参与的信息档案化管理是显著的档案权力社会化的表现。

由此，组织、机构、群体以及个人都在 Web 2.0 环境中互动、共享以及协作，构建的多元化与社会化全景档案世界如同当前的社交网络一般，对应于每一个个体的信息空间，就有类似档案世界的一个账户，每个个体可以凭借这个账户进行信息档案化管理的行为，账户间会有互动和社区共建，从而共同建设网络化的"档案库"。

(2)信息资源的智能流动化

支持多元化与社会化全景档案世界的关键在于信息，所有的理念和管理都将落定于信息，由信息来呈现。这要求信息是智能与可流动的，即既能够自主独立地存在于每个个体的信息空间，也能够与有内在或外在关联的信息具备连通的可能。这不仅强调个体对信息的自主权，以信息来呈现个体，同样表现出代表着不同个体的信息连接成网络，以信息流通的方式实现不同维度的汇集，形成档案世界中的社交网络，从而形成信息得以关联和汇集的总体世界。

在这样的世界，信息能够得到良好描述，无论是自动的元数据或是人为添加的描述，信息能够以相对"自主"与智能的形态存在。在构想中，这样的信息更加具备作为主体的条件，它在 Web 2.0 环境的虚拟分类中不受载体限制，且各种维度分类和描述能够从不同的视角、经验和观点表达"是什么"；也具备"思想性"，即档案空间所有者的思想能在其中表现；可识别不同的信息需求，并判断是否能满足这些信息需求；与有关联的信息实现自动汇集，在需要的时候予以利用。

依赖健全的人文与技术环境，一方面，信息可以"自主"管理与流动，即在一定条件下，尽量减少人为的管理动作，信息能够根据需求、所处环境、预设条件做出反应。这需要档案世界建立健全的制度，涉及法律、法规、政策、标准；建立可信与安全的信息空间；也要通过技术智能识别不同主体对信息的需求，判断这种需求能否满足与如何满足，然后自动呈现可呈现的信息。另一方面，信息也被赋予"说不"的权利。即信息的存在不仅是为了被用，而且只能在合适的时刻在合适的地点被合适的主体利用，在不满足条件时，信息能够拒绝被利用以保障相关利益者的合规权益。进一步来说，这种信息权利还意味着档案空间的所有者有被这个社会记录下的权利，同时也有选择被遗忘与沉默的权利，不是所有信息的所有者都想被记忆，对应的信息同样可以选择消失。

8.2 迈向更远的未来：关于全景档案世界的再展望

综合来说，由在 Web 2.0 环境中实现的参与式的信息档案化管理而构筑的全景档案世界并非遥不可及，它已在建构之中，是过去对未来的启示和预告，并从 Web 2.0 出发，走向更加广阔与丰富的时空全景。

8.2.1 由过去指向未来的过程性建构

全景档案世界虽然会由 Web 2.0 环境来实现较为完整与成熟的展示，

但是它的萌芽在有了记录行为之时就已经萌发，在技术走向 Web 2.0 与社会走向参与治理的千万年间，它也经历着建构的进程。档案世界跟随着社会变迁、技术发展、文化建设等一起成长，参与的趋向也渐渐显著。

媒体考古学家们持有这样一种观点："事情已经存在了，为什么还要去发明它们呢。"在他们看来，所谓的创新，新的思想、技术、方法等，并不是无根可循，而是来源于过去，或是源自同处一个时空的"周边"事物与行为。因而人们可以从过去的事物，特别是那些不一定被当时的时空所采纳而边缘化的思想与技术中挖掘出价值，运用于当前的世界，可能形成良好效应。这样的思想有助于我们理解参与式的信息档案化管理是由过去开始成长，是未来全景世界对过去的召唤进行的回应。

在全景档案世界之前，我们已经历过不同的档案世界，在档案作为一个职业和学科出现以前，档案世界已经存在。它分散于世界各处，只是鉴于能够形成记录的主体还占少数，对这些记录的占有和封锁令这些记录只属于有限的群体，档案世界同样封闭，如同罗马仅向"公民"开放的档案馆或者中国的天府、石渠阁、架阁库。这是属于少数人的世界，也只能反映有限的社会活动与历史进程。随后，法国大革命开启了档案馆向公众开放的进程，公众通过利用档案维护自身的权益如身份、土地产权他们参与了档案世界，尽管这时的档案世界以宏大叙事为中心，但已有来自社会其他群体的关注和参与。人们开始意识到这些档案与他们的工作与生活相关，其价值可为他们所用。

随着技术发展，形成者或档案工作者不再是唯一的信息保管的主导者，而是更强调从前向后的全程管理与由后至前的前端控制，档案世界更强调"协作"式的参与，这在中国的文档一体化中能够一窥一二。电子文件的前端控制和全程管理更是显著体现：参与不仅包括形成者与保管者在纵向流程上的合作如基于业务流程和职能分析的电子文件管理，也表现为横向上不同主体分管不同信息的集聚，例如政府以外的企业强大的文档管理系统，不同组织与个人的信息都可纳入社会的记忆资源管理体系，以及提供文档管理外包服务的商业性文件中心。由此档案世界有了更多属性的参与者，他们参与了更多流程与环节。尽管这依旧被视作在宏大叙事的体系之内，但来自其他主体的声音开始被听到。

而后，参与式的档案管理正式开启，并随着对 Web 2.0 等互联网技术的利用有了较大发展。公众、商业组织、公益组织、其他记忆机构、技术支持方等，纷纷与档案机构共同建立更加丰富多元的资源体系，更多主体主动贡献，更多地参与从前端的管理至后端的开发利用，以协作的方式构筑一个反映更多声音的充满证据、记忆与资源的档案世界。例如，澳大利亚的昆士兰州档案馆的数字档案与政府文件主管艾德里安·卡明翰推崇国家的文献战略与档案体系，倡导迈克尔·皮戈特所提议的涵盖所有个人、组织、公共和政府的联盟，以反映所有利益相关者与社区的意见，弱化"公私"区别，这更可从加拿大的总体档案与澳大利亚的分布式国家汇集模式追求的个人、集体、社会记忆理念以及多年实践中获得启示。

Web 2.0 环境中参与式的信息档案化管理正是在档案世界的不断变迁中成形，更多人以资源与知识为资本参与成为可发声的协作者或主导者，不再是在已有的话语体系下做顺从者与辅助者，但这却是在学习制作标签、著录、描述等以"补充信息与资源"方式的参与之中建立起来。在 Web 2.0 这样以"参与"作为核心理念与特征的环境中，从以 Web 2.0 为工具培养参与意识与实践到关注 Web 2.0 环境中形成的原生数字信息带来的对记录世界的变革性改变走向人人参与信息的档案化管理，参与得到相对多元与深入的实现，从而通过 Web 2.0 构筑出全景档案世界，并将在更远的未来持续发展。

8.2.2 "去 Web 2.0"：深入新的技术环境

互联网世界不会止步于 Web 2.0，而在寻找人工智能、虚拟现实等更新的技术。"网络（Web）已死，互联永存"的提法或者并不科学，也没有绝对依据，但纵观技术发展历史，更新换代是常态，Web 2.0 在互联网应用已久，于日新月异的技术而言革新是必然走向。因而，网络将持续进化，有专家认为，随着语义网的不断发展，网络将向 Web 3.0 行进，一个基于人、地点以及事物之间关系的网络将形成。

因而，参与式的信息档案化管理在 Web 2.0 环境中进行的全景档案世界构建在过程上要久远于 Web 2.0，既先于 Web 2.0 有了萌芽，也在 Web 2.0进化向新的技术形态时才得以有完整呈现。然而，Web 2.0 作为这种全景档案世界的关键情境，是参与式的信息档案化管理得以实现的触发动力，因而会将 Web 2.0 参与、协作、共享、社区与个性的内涵植入其中，代入新的技术环境中，且影响新的技术应用。当前所设想的个人的档案空间与设想中的 Web 3.0 的个人信息门户有着诸多契合之处，因而既要了解它是成长于 Web 2.0 环境，也要认识到它是持续性和过程性的形态，会在新技术下有新的表现。

对于互联网而言，Web 的形态甚至可能消失，取而代之其他类型的应用，但是在互联网中形成信息，或者不以互联网为前提，人人形成信息的记录活动没有发生倒退的趋向。相应地，在未来，会有更多的个人、机构、组织、群体通过“记录”下的信息促进社会活动的开展。在信息的形成技术发生变化，信息需求更多元、信息更加丰富与复杂的时候，将会开发与应用更先进与完善的技术来辅助信息的档案化管理，以满足无处无时不在的信息需求。而参与式的信息档案化管理的理论、方法论与实践都将能够应用其中，随着技术发展调整框架与细节，深化参与式的信息档案化管理的内核，在技术迁移中焕发不同的形态与生命力。

8.2.3　“去 E”：走向虚拟与实体的融合

数字技术和信息的普及，将使自己成为显著的“不显著”，它不再是创新、独特或是变革生活的，而是变成世俗的。互联网将与社会结构紧密结合，在线空间与线下的现实世界不再分离。我们已经处在无处不在的“计算”之中，使得不同设备间的差异变得甚无意义。在 2015 年美国教育与研究协会的年度会议上，马里兰大学信息研究学院教授约翰·贝尔托说道：“我们一向把数字政府(E-government)作为特例来论述，但它正迅速成为主流和规则，为此，我们需要做好准备，应对一个将这个‘E’去掉的未来。”随着社会往前走，数字将更加无所不在而成为常态，在我们提及信息时，我们将不再附上“数字”二字，如同我们之前的时代提及文件时甚少加上“纸质”

二字。由 Web 2.0 环境中成长的参与式的信息档案化管理也将走向虚拟与实体兼具的世界。

万维网的发明者蒂姆·伯纳斯·李或许没有预想到，如同从农耕时代进入工业时代，互联网则进一步让人类发展到连通时空的信息时代。互联网的影响力更多地来自普通的你我而非小部分精英，这样的环境中，除了在技术上还可做出虚拟与实体的划分，已经很难在人文层面区分，网络世界呈现的就是由真实活动构成，直接影响真实活动的"现实"社会，它与实体世界并行而交融。从而，当线上线下已模糊界限，无论是学习、工作还是日常生活，互联网已和我们融为一体。它的发展深深地影响到每个方面，所有组织、机构群体、个人都需要改变，适当利用互联网则可能有意想不到的发展，而无视互联网则可能被边缘化。在这个过程中，互联网自身也受益无穷，不仅作为工具，而且成为更加全能的活动环境。

全景档案世界借助 Web 2.0 得以实现，然而，参与其中的那些主体不仅仅会在 Web 2.0 环境中形成、利用或保管信息，通过互联网的其他应用，以及实体世界中的各种记录工具，都会形成多种多样的纸质、数字乃至各种其他形态的信息。Web 2.0 环境中全景档案世界的建构与发展，会影响更多主体的档案观，促使更多主体关注对信息的档案化管理，并同步或随后将管理方法应用于其他环境中所形成的信息。

这就意味着由 Web 2.0 环境中形成的参与式的信息档案化管理的理论、方法论以及实践都会在其他环境中实现，而这种实现不会是"泾渭分明"的几种环境以及虚拟和实体的几种世界，各类主体视这些信息为一体。因而，各种环境的边界在逻辑或概念上趋于融合，尽管在信息"实体"上来源于不同环境，但不再区分是否来自数字世界。由此，人们可以从更广的视域来看一个全景的档案世界，它不仅仅归属于 Web 2.0，而会发展至所有进行着社会活动的时空。

第9章 结　语

Web 2.0 是广阔的天地，它为人类社会寻获更多的可能，也由此带来变革性的记录世界。越来越多的学者与实践者汇集于此，探索网络信息将为档案事业带来怎样的影响，档案理论、管理方法论与实践将走向何处，从而能够更加从容地应对新世界的挑战，这也是本书着力探讨的问题。

从本书第 2 章的研究看来，Web 2.0 环境中在参与、共享、协作、社区的理念下正由无数的组织、机构、群体以及史无前例众多的个人建成许多丰富、有价值与即时的“档案库”，它们以信息资源、证据等形式满足人们工作和生活的需要。然而，所谓的“档案库”与我们所严格界定的档案却不完全等同，在 Web 2.0 环境中有其特点，使得“档案库”是多变、复杂、相对无序和难以管控的。

因而，Web 2.0 要求档案人员更加主动与积极地参与，以降低当前面临的信息资产流失风险。档案领域逐渐参与着 Web 2.0 环境中信息世界的有序构建，在档案随着信息拓展边界的同时，也带来理论与管理上的困惑，涉及管理对象的界定、管理顶层设计以及管理流程包括归档、鉴定、分类、整合、保存以及利用等环节的设置。这些困惑令档案领域反思在Web 2.0环境中档案管理的可能性是什么，也是本书在第 3 章考察 Web 2.0 环境中对档案领域的契机与挑战的目的。

因而，本书提出在 Web 2.0 环境中构建参与式的信息档案化管理，用第 4 章至第 8 章共 5 章的篇幅来呈现：Web 2.0 环境中的档案化管理的对象是什么；参与式的档案化管理的宏观构建与实践构想是怎样的；由此构筑出怎样的档案世界。

在概念层面，第 4 章探讨了 Web 2.0 环境中档案化管理的对象。这里借鉴“电子文件档案化”的提法，对档案管理的探讨延伸至前端，把档案化管理应用于更广阔的环境，避免去界定信息和档案的边界。因而，在 Web 2.0 环境中，不用过多地探讨档案的边界，它是时刻变化的，重要的是去探索档案职业在当中能够最大限度地做些什么。因而，档案化管理的对象就是以多元主体、内容、背景、形式以及保管价值为特征的信息。

在管理层面，本书认为无论是从理论研究导向还是当前实践来看，参与都是信息档案化管理的走向。本书基于文献调研以及对实践中参与式的档案管理活动与项目的总结和反思，立足于 Web 2.0 环境，推导出参与式的信息档案化管理，它将从全景的视角布局前端，关注现行时空，在不同的时空有不同的面貌，但又有其稳定的内核。

这个“内核”即本书于第 6、7 章构建的参与式的信息档案化管理的宏观构想层与实践层。在宏观层面，本书认为在纵向形成自建层、汇集层与全景层相连的体系，既有自建层自下而上的个体参与档案化管理储备丰富的档案化管理的信息资源以及实践，又有汇集层有组织的汇集，更有全景层的顶层设计与网络化而实现真正的连接、对话与协作。在横向，由主体、信息、媒体以及时空共同组成参与式的信息档案化管理的系统，融合在每一个层面每一参与式的信息档案化管理中。在这样的框架中，本书基于当前 Web 2.0以及更广的互联网中的案例，讨论归档、整合、保存以及利用等关键环节在参与式的信息档案化管理模式中是如何表现的，从而提出相应构想。

在这样的构想中，本书继续推导，认为随着参与式的信息档案化管理的推进，且在制度、技术以及人文准备成熟的情况下，Web 2.0 环境将构建出逐步成熟与显著的全景档案世界。全景档案世界促成专业档案机构与人员成为档案世界的组织者、辅助员、统筹人与指导员，人人参与档案化管理，拥有智能有序的档案空间，档案化管理的信息成为更加流动的资源，从而呈现出多元化与社会化的特征。本书还认为这样的世界将随着社会变迁与技术发展而更加深入，走出 Web 2.0 以外的互联网，走向线下世界，指向更长远的未来。

由此，本书基于 Web 2.0 环境构想出具有相对完整脉络的参与式的信息档案化管理框架，在一定程度上解决了档案领域在 Web 2.0 环境中关于档案是什么，与信息的关系是什么，如何管理，参与如何表现与实现的问题，从而初步构建基于 Web 2.0 环境的档案理论与管理方法论。这同样有益于 Web 2.0 环境中信息能够以档案领域的视角更加有序地管理，供实践中调整档案化管理的环节以参考，为解决信息归属于谁、由谁管理、如何管理提供方向。

然而，这个研究于国内外、于理论界与实践领域而言都是一个较为崭新的议题。大家已经汇集于此，但还只处于入口处，有太多的未知与不确定。如在澳大利亚文档管理圆桌会议的学者们达成共识："一旦我们克服对数字世界的恐慌，我们就能探索无数的可能性，我们要留给自己机会来发现惊喜，重构档案的根本方法。但是，当前我们不能提供任何的答案，而是更多的问题、挑战、疑问和行动的迫切需求，这样的探索将持续不断。"数字历史学家蒂姆·谢拉特呼吁我们不能等待"大方案"(big solution)，他更提倡类似他所主导的澳大利亚国家图书馆名为 Trove 数字档案的在线利用项目，本质上是一系列协作与实验。因而，本书的研究一方面局限于尚未有成熟的理论支持，理论构建成果稍显单薄；另一方面未能深入实践进行案例研究来实证理论构建的假设，基于文献与局部案例形成的理论不够成熟。此外，由于参与式的信息档案化管理涉及理论、管理方法论以及实践的宏观体系乃至微观细节，以本书的研究时限和篇幅未能深入细节层面构想其如何实施，也无法面面俱到阐释其要素、维度以及其中的关联。

本书并不提供绝对的答案，如朱莉·麦克劳德所说，这个问题本身就不能精准界定，不如说是一个"问题群"，它没有标准来判定绝对正确或错误的答案，更不能立即印证答案的正误，每一种方案都有其价值与局限。也正是有这样的研究局限，需要更多的学者与实践者们以"参与"的精神投入其中，去畅想在 Web 2.0 环境、Web 2.0 以外更加广阔的互联网、互联网以外的虚拟与现实交融的世界以及更长久的未来，参与式的信息档案化管理如何呈现与实现。因而，这个选题还有极大的研究空间：既可是基于本书理论构建的修正乃至重构；亦可是对每一个实现环节的深度探讨；同样可以是以案例为先，以实证的方式解构参与式的信息档案化管理；甚至可以从Web 2.0环境拓展至更广阔的时空予以探索。

总而言之，Web 2.0 提供了这样一种可能：档案人包括那些信息职业人员以信息、管理、技术、人文社会、研究、教育、历史等相互交叉的维度中构建的档案理论、方法论与实践体系支持的档案化管理走进 Web 2.0 展现的信息世界，共建出 Web 2.0 环境的各类主体，以“万众”参与为砖石，构筑更加包容、开放、多元的全景档案世界，给予这个世界无限惊喜。这段路长且崎岖，随着愈加广泛的参与，它会渐入佳境，终将绽放出美妙的档案之花，结出胜利之果。这一切任重而道远，也是令我们投身研究与实践的魅力所在。档案人要做的则是通过足够的研究与实践成为有担当与有资质的领路人。

参考文献

一、中文文献

[1]保罗·莱文森.新新媒介[M].何道宽,译.2版.上海:复旦大学出版社,2014.

[2]陈兆祦.再论档案的定义——兼论文件的定义和运动周期问题[J].档案学通讯,1987(2):23-27.

[3]冯惠玲.档案记忆观、资源观与"中国记忆"数字资源建设[J].档案学通讯,2012(3):4-9.

[4]冯惠玲.拥有新记忆——电子文件管理研究[D].北京:中国人民大学,1997.

[5]冯惠玲,钱明辉.动态资源三角形及其重心曲线的演化研究[J].中国软科学,2014(12):157-169.

[6]冯惠玲,张辑哲.档案学概论[M].2版.北京:中国人民大学出版社,2006.

[7]郭道晖.权力的多元化与社会化[J].法学研究,2001(1):3-17.

[8]何嘉荪.文件群体运动与文件管理档案化——"文件运动模型"再思考兼答章燕华同志之二[J].档案学通讯,2007(4):32-35.

[9]何嘉荪,史习人.对电子文件必须强调档案化管理而非归档管理[J].档案学通讯,2005(3):11-14.

[10]郭庆光.传播学教程[M].2版.北京：中国人民大学出版社，2011.

[11]黄深钢.互联网发展站在新起点上[N].法制日报，2014-11-22.

[12]黄新荣，吴建华.政务微博档案化保存初探[J].档案与建设，2012(4)：4-6.

[13]加小双.当代身份认同中家族档案的价值及开发研究[D].北京：中国人民大学，2014.

[14]黄锴.互联网征信：看上去很美[N].21世纪经济报道，2015-01-09.

[15]马歇尔·麦克卢汉.理解媒介：论人的延伸(增订评估本)[M].何道宽，译.南京：译林出版社，2011.

[16]米歇尔·福柯.知识考古学[M].谢强，马月，译.2版.北京：生活·读书·新知三联书店，2003.

[17]齐爱民，胡丽，陈星.开放平台中个人信息利用政策调研与评析[J].互联网前沿，2014，4(2)：14-21.

[18]权丽桃.政府网络信息资源归档保存研究[J].图书馆理论与实践，2011(7)：31-33.

[19]沈丽.网络信息保存的责任体系研究[D].湘潭：湘潭大学，2010.

[20]维克托·迈尔-舍恩伯格.删除：大数据取舍之道[M].袁杰，译.杭州：浙江人民出版社，2013.

[21]西格弗里德·齐林斯基.媒体考古学[M].荣震华，译.北京：商务印书馆，2006.

[22]谢丽.档案鉴定与鉴定档案：去留之间超越信息技术及政府投入的考量[J].档案学通讯，2015(5)：18-24.

[23]杨霞.对英国国家档案馆数字出版“一战”士兵日记的思考[J].北京档案，2015(12)：38-40.

[24]杨元香.归档网络信息价值判断研究[D].湘潭：湘潭大学，2011.

[25]詹姆斯·格雷克.信息简史[M].高博，译.北京：人民邮电出版社，2013.

[26]赵大伟.互联网思维独孤九剑[M].北京：机械工业出版社，2014.

[27]郑杭生.社会学概论新修[M].4版.北京：中国人民大学出版社，2013.

[28]周洪美.网络已死　互联永存[N].北京商报，2012-08-01.

[29]周文泓. Web 2.0 式的档案信息资源整合原则与模式探析[J]. 档案学研究,2015(1):84-88.

[30]周文泓. 美国政府社交媒体保管政策分析及其启示[J]. 情报理论与实践,2015,38(9):134-139

[31]周文泓. 试论政务微博信息的档案化——基于 InterPARES 的电子档案要素分析模板[J]. 档案学通讯,2014(2):71-75.

二、英文文献

[1] Acker A, Brubaker J R. Death, memorialization, and social media: a platform perspective for personal archives[J]. Archivaria, 2014, 77: 1-23.

[2] Allen A L, Wylie M C. Managing and collecting social media for e-discovery[J]. Information Management Journal,2013,47(3):22-27.

[3] American Nuclear Society Specification. ANSI/ARMA 10-1999 Glossary of records and information management terms [EB/OL]. [2016-03-09]. http://www.freestd.us/soft3/853396.htm.

[4] An X,Deng H,Zhang B. Reinventing the concept of the state archival fond in China[J]. Archives and Manuscripts,2014,42(2):146-150.

[5] Bailey C. From the top down: the practice of macro-appraisal[J]. Archivaria,1997,43:89-128.

[6] Bailey S. Managing the Crowd: Rethinking Records Management for the Web 2.0 World[M]. London:Facet Publishing,2008.

[7] Bak G. Continuous classification: capturing dynamic relationships among information resources[J]. Archival Science,2012,12(3):287-318.

[8] Bass J. A PIM perspective: leveraging personal information management research in the archiving of personal digital records [J]. Archivaria. 2013, 75:49-76.

[9] Battley B, Daniels E, Rolan G. Archives as multifaceted narratives:

linking the ‘touchstones’ of community memory[J]. Archives and Manuscripts,2014,42(2):155-157.

[10] Bearman D. Record-keeping system[J]. Archivaria,1993,36:16-36.

[11] Beer D,Goldsmiths R B. Popular culture,digital archives and the new social life of data[J]. Theory,Culture & Society,2013,30(4):47-71.

[12] Bertot J. E-government:implications for the archival sphere[EB/OL]. [2016-03-09]. http://aeri2015. umd. edu/keynote-speakers/ # bertot.

[13] Booms H. Society and the formation of the documentary heritage: issues in the appraisal of archival sources[J]. Archivaria,1987,24:69-107.

[14] Brown A. Archiving Websites:A Practical Guide for Information Management Professionals[M]. London:Facet Publishing,2006.

[15] Brown C, Archives and Recordkeeping: Theory into Practice[M]. London:Facet Publishing,2014.

[16] Bushey J. Convergence, connectivity, ephemeraland performed: new characteristics of digital photographs[J]. Archives and Manuscripts, 2014,42(1):33-47.

[17] Cartier R G S. Of things said and unsaid:power,archival silences,and power in silence[J]. Archivaria,2006,61:215-233.

[18] Caswell M, Mallick S. Collecting the easily missed stories: digital participatory microhistory and the South Asian American Digital Archive[J]. Archives and Manuscripts,2014,42(1):73-86.

[19] Caswell M. Toward a survivor-centered approach to records documenting human rights abuse: lessons from community archives[J]. Archival Science,2014,14(3-4):307-322.

[20] Chapman A. Managing social data: is SharePoint the answer? [EB/OL]. [2016-03-09]. http://content. arma. org/IMM/March-April2010/IMM0310 managingsocialdata. aspx.

[21] Convery N. From reactive to proactive appraisal[J]. Archives and

Manuscripts,2014,42(2):158-160.

[22] Cook T. Documentation strategy[J]. Archivaria,1992,34:181-191.

[23] Cook T. Evidence, memory, identity, and community: four shifting archival paradigms[J]. Archival Science,2013,13(2-3):95-120.

[24] Cook T. Mind Over Matter: Towards a New Theory of Archival Appraisal[C]//ACA. The Archival Imagination:Essays in Honour of Hugh A. Taylor. Ottawa:ACA,1992:38-70.

[25] Council of Canadian Academies. Leading in the digital world:opportunities for Canada's memory institutions [R]. Ottawa: Council of Canadian Academies,2015.

[26] Cox R J. Personal Archives and a New Archival Calling:Readings, Reflections and Ruminations[M]. Sacramento:Litwin Books,2009.

[27] Craven L. What Are Archives? Cultural and Theoretical Perspectives: A Reader[M]. Farnham:Ashgate Publishing,2008.

[28] Crookston M. Reinventing archival methods:am I part of the problem or part of the solution? [J]. Archives and Manuscripts,2014,42(2): 161-164.

[29] Cumming K,Findlay C,Picot A,et al. Reinventing Archival Methods [J]. Archives and Manuscripts,2014,42(2):117-122.

[30] Cumming K,Picot A. Reinventing appraisal[J]. Archives and Manuscripts, 2014,42(2):133-145.

[31] Cunningham A. Eternity revisited:in pursuit of a national documentation strategy and a national archival system[J]. Archives and Manuscripts, 2014,42(2):165-170.

[32] Dean K. Digitising the modern archive[J]. Archives and Manuscripts, 2014,42(2):171-174.

[33] Dearstyne B W. Blogs,mashups,and wikis:oh my! [J]. Information Management Journal,2007,4(2):25-33.

[34] Eastwood T. Should creating agencies keep electronic records indefinitely? [J].

Archives and Manuscripts,1996,24(2):256-267.

[35] Evans J,Mckemmish S,Bhoda K. Create once,use many times:the clever use of recordkeeping metadata for multiple archival purposes[J]. Archival Science,2005,5(1):17-42.

[36] Evans M J. Archives of the people,by the people,for the people[J]. The American Archivist,2007,70(2):387-400.

[37] Ferriter M. Product or process? creating pathways and catalyzing adventure in the archives with the smithsonian transcription center [EB/OL]. [2016-03-09]. http://aeri2015. umd. edu/keynote-speakers/#ferriter.

[38] Flinn A. Archival activism:independent and community-led archives, radical public history and the heritage professions[J]. International Archives of Occupational and Environmental Health,2011,85(6):689-702.

[39] Flinn A. Community Histories,Community archives:some opportunities and challenges[J]. Journal of the Society of Archivists,2007,28(2):151-176.

[40] Flinn A,Stevens M,Shepherd E. Whose memories,whose archives? Independent community archives,autonomy and the mainstream[J]. Archival Science,2009,9(1):71-86.

[41] Florida Department of State Division of Library and Information Services. Electronic records and records management practices [EB/OL]. [2016-03-09]. http://dos. myflorida. com/media/31109/electronicrecords management practices. pdf.

[42] Force D. Preparing the next generation of records and information management professionals? [EB/OL]. [2016-03-09]. http://aeri2015. umd. edu/session-2-archival-education-in-the-digital-age/.

[43] Franks C. Information governance for social media[M]//Smallwood R F. Information Governance:Concepts,Strategies,and Best Practices.

New York:Wiley,2014:253-260.

[44] Gartner. Gartner says master data management is critical to achieving effective information governance[EB/OL]. [2016-03-09]. http://www.gartner.com/newsroom/id/1898914.

[45] Gehl R W. A cultural and political economy of Web 2.0[D]. Fairfax: George Mason University,2010.

[46] Gerstein J. Feds stalled plan to vet visa applicants through social media[EB/OL]. [2016-03-09]. http://www.politico.com/blogs/under-the-radar/2015/12/feds-considered-vetting-visa-applicants-on-social-media-216899.

[47] Gilliland A, McKemmish S. Recordkeeping metadata, the archival multiverse, and societal grand challenges[C]. Proc. Int'l Conf. on Core and Metadata Applications,2012.

[48] Hackman L. The origins of documentation strategies in context: recollections and reflection[J]. The American Archivist,2009,72(2):436-459.

[49] Ham F G. The archival edge[J]. American Achivist,1975,38(1):5-13.

[50] Hawkins K. Reflection on InterPARES: a pattern language for electronic records[J]. Archivaria,2009,67:157-188.

[51] Hockx-Yu H. Archiving social media in the context of non-print legal deposit[EB/OL]. [2016-03-09]. http://library.ifla.org/999/.

[52] Huvila I. Participatory archive: towards decentralised curation, radical user orientation, and broader contextualisation of records management[J]. Archival Science,2008,8(1):15-36.

[53] Huvila I. The unbearable lightness of participating? Revisiting the discourses of "participation" in archival literature[J]. Journal of Documentation,2015,71(2):358-386.

[54] Janke T, Iacovino L. Keeping cultures alive: archives and Indigenous

cultural and intellectual property rights[J]. Archival Science,2012,12(3):151-171.

[55] Jeffrey S. A new digital dark age? collaborative web tools, social media and long-term preservation[J]. World Archaeology, 2012, 44(4): 553-570.

[56] Johns A M. Web 2.0: An examination of its effects upon U. S. public relations practices[D]. Los Angeles: University of Southern California, 2009.

[57] Kallberg M. Archivists 2.0: redefining the archivist's profession in the digital age[J]. Records Management Journal, 2012, 22(2): 98-115.

[58] Kauffman H J. Political discourse and participation utilizing Web 2.0 technologies[D]. Spokane: Gonzaga University, 2009.

[59] Keen A. The Cult of the Amateur: How Blogs, MySpace, YouTube, and the Rest of Today's User-generated Media are Destroying Our Economy, Our Culture, and Our Values[M]. New York: Doubleday, 2008.

[60] Kelty C, Panofsky A, et al. Seven dimensions of contemporary participation disentangled[J]. Journal of The Association for Information Science and Technology, 2015, 66(3): 474-488.

[61] Ketelaar E. Archives as spaces of memory[J]. Journal of the Society of Archivists, 2008, 29(1): 9-27.

[62] Ketelaar E. Cultivating archives: meanings and identities[J]. Archival Science, 2012, 12(1): 19-33.

[63] Ketelaar F C J, McKemmish S, Gilliland-Swetland A. "Communities of memory": pluralising archival research and education agendas[J]. Archives and Manuscripts, 2005, 33(1): 146-175.

[64] Krause M G, Yakel E. Interaction in virtual archives: the polar bear expedition digital collections next generation finding aid[J]. The American Archivist, 2007, 70(2): 282-314.

[65] Kumar A. Online business models for social media and their implementation

using Web 2.0[D]. Columbia:University of South Carolina,2011.

[66] Kwanya T, Stilwell C, Underwood P G. Library 2.0: revolution or evolution? [J]. South African Journal of Libraries and Information Science,2009,75(1):70-75.

[67] Lauriault T P,Graig B L,Taylor D R F,et al. Today's data are part of tomorrow's research: archival issues in the sciences[J]. Archivaria, 2007,64:123-179.

[68] Lavender A L. Web 2.0 impact on business value at a federal government housing agency[D]. Minneapolis:Capella University,2013.

[69] Lee C A. I, Digital: Personal Collections in the Digital Era[M]. Chicago:Society of American Achivist,2011.

[70] Leetaru K. How much of the internet does the wayback machine really archive? [EB/OL]. [2016-03-09]. http://www.forbes.com/sites/kalevleetaru/2015/11/16/how-much-of-the-internet-does-the-wayback- machine-really-archive/#2715e4857a0b4edc16de88d4.

[71] Lemieux V,Gormly B,Rowledge L. Meeting big data challenges with visual analytics[J]. Records Management Journal, 2014, 24(2): 122-141.

[72] Mas S, Maurel D, Alberts I. Applying faceted classification to the personal organization of electronic records: Insights into the User Experience[J]. Archivaria,2011,72:29-59.

[73] McDonald J,Léveillé V. Whither the retention schedule in the era of big data and open data? [J]. Records Management Journal,2014,24(2):99-121.

[74] McDonald R, Hives C. Acquiring and preserving private records: a debate[J]. Archivaria,1994,38:155-163.

[75] McKemmish S,Iacovino L,Russell L,et al. Editors' introduction to keeping cultures alive: archives and indigenous human rights[J]. Archival Science,2012,12(2):93-111.

[76] McKemmish S, Piggott M. Toward the archival multiverse: challenging the binary opposition of the personal and corporate archive in modern archival theory and practice[J]. Archivaria, 2013, 76: 111-144.

[77] McLeod J. Reinventing archival methods: reconceptualising electronic records management as a wicked problem[J]. Archives and Manuscripts, 2014, 42(2): 193-196.

[78] Menne-Haritz A. Appraisal or documentation: can we appraise archives by selecting content[J]. American Archivist, 1994, 57(3): 528-542.

[79] Millar L. Touchstones: considering the relationship between memory and archives[J]. Archivaria, 2006, 61: 105-126.

[80] Monks-Leeson E. Archives on the Internet: representing contexts and provenance from repository to website[J]. The American Archivist, 2011, 74(1): 38-57.

[81] Nathan L P, Shaffer E M. Preserving social media: opening a multi-disciplinary dialogue[EB/OL]. [2016-03-09]. http://works. bepress. com/elizabeth_shaffer/12/.

[82] Newman J. Revisiting archive collections: developing models for participatory cataloguing[J]. Journal of the Society of Archivists, 2012, 33(1): 57-73.

[83] O'Reilly T. What is Web 2. 0: design patterns and businessmodels for the next generation of software[J]. Communications & Stategies, 2007, 65(1): 17-37.

[84] Pang N, Kai K L, Chan B. Participatory archives in a world of ubiquitous media[J]. Archives and Manuscripts, 2014, 42(1): 1-4.

[85] Parikka J. What is Media Archaeology? [M]. Cambridge: Polity Press, 2012.

[86] Parr A. In an interconnected world—why do we think in functions[J]. Archives and Manuscripts, 2014, 42(2): 197-199.

[87] Patricia F. How federal agencies can effectively manage records created

using new social media tools[EB/OL]. [2016-03-09]. http://www.businessofgovernment. org/report/how-federal-agencies-can-effectively-manage-records-created-using-new-social-media-tools.

[88] Price D M, Smith J J. The trust continuum in the information age: a Canadian perspective[J]. Archival Science, 2011, 11(3-4): 253-276.

[89] Reed B. Reinventing access[J]. Archives and Manuscripts, 2014, 42(2): 123-132.

[90] Reed B. Rethinking approaches to recordkeeping metadata [J]. Archives and Manuscripts, 2014, 42(2): 200-203.

[91] Riter R. Emergence: archivists' engagement with new documentary forms[EB/OL]. [2016-03-09]. http://aeri2015. umd. edu/session-10-studies-in-records-creation/.

[92] Rojas E. New figures of web textualities: from semio-technical forms toward a social approach of digital practices[J]. Archival Science, 2008, 8(3): 227-246.

[93] Ross F, McKemmish S, Faulkhead S. Indigenous knowledge and the archives: designing trusted archival systems for Koorie communities [J]. Archives and Manuscripts, 2006, 34(2): 112-151.

[94] Samuels H W. Improving our disposition: documentation strategy[J]. Archivaria, 1991, 33: 125-140.

[95] Schellenberg T R. Modern Archives: Principles and Techniques[M]. Chicago: University of Chicago Press, 1956.

[96] Senécal S. The effect of the web on archives[J]. Archivaria, 2005, 59: 139-152.

[97] Serewicz L W. Do we need bigger buckets or better search engines? [J]. Records Management Journal, 2010, 20(2): 172-181.

[98] Serra L E C. The mapping, selecting and opening of data: the records management contribution to the open data project in Girona City Council[J]. Records Management Journal, 2014, 24(2): 87-98.

[99] Sherratt T. Contexts, connections, access: the glorious possibilities of getting it all wrong[J]. Archives and Manuscripts, 2014, 42(2): 209-210.

[100] Shilton K, Srinivasan R. Participatory appraisal and arrangement for multicultural archival collections[J]. Archivaria, 2007, 63: 87-101.

[101] Simon N. The Participatory Museum[M]. LaVergne: Lightning Source Inc, 2011.

[102] Sinn D, Syn S Y. Personal documentation on a social network site: Facebook, a collection of moments from your life? [J]. Archival Science, 2014, 14(2): 95-124.

[103] Smallwood R F. Information Governance: Concepts, Strategies, and Best Practices[M]. New York: Wiley, 2014.

[104] Sugimoto S. Digital archives and metadata as critical infrastructure to keep community memory safe for the future-lessons from Japanese activities[J]. Archives and Manuscripts, 2014, 42(1): 61-72.

[105] Taylor H A. The collective memory: archives and libraries as heritage[J]. Archivaria, 1982, 15: 118-130.

[106] Taylor H A. Heritage revisited: documents as artifacts in the context of museums and culture[J]. Archivaria, 1995, 40: 8-20.

[107] Themier K. What is the meaning of Archives 2.0? [J]. The American Archivist, 2011, 74(1): 58-68.

[108] Theimer K. What is the professional archivist's role in the evolving archival space? [EB/OL]. [2016-03-09]. http://www.archivesnext.com/? p=3829 2014.

[109] Upward F, McKemmish S, Reed B. Archivists and changing social and information spaces: a continuum approach to recordkeeping and archiving in online cultures[J]. Archivaria, 2011, 72: 197-237.

[110] Upward F, Reed B, Oliver G, et al. Recordkeeping informatics: refiguring a discipline in crisis with a single minded approach[J].

Records Management Journal,2013,23(1):37-50.

[111] Waugh A. Aligning national approaches to digital preservation[J]. Archives and Manuscripts,2014,42(1):109-110.

[112] Williams C. On the record: towards a documentation strategy[J]. Journal of the Society of Archivists,2012,33(1):23-40.

[113] Wilson I. The fine art of destruction revisited[J]. Archivaria,2000,49:124-139.

[114] Wright K. Broadening the record and expanding the archives[J]. Archives and Manuscripts,2014,42(2):219-221.

[115] Yeo G. Concepts of record (1):evidence,information,and persistent representations[J]. The American Archivist,2007,70(2):315-343.

[116] Yeo G. Concepts of record (2):prototypes and boundary objects[J]. The American Archivist,2008,71(1):118-143.

[117] Zakaria L Q. Analysing the content of Web 2.0 documents by using a hybrid approach[D]. Southampton:University of Southampton,2011.

附　录
Web 2.0 环境中不同主体的信息档案化管理现状与解析案例

附录 1　政府机构篇

问题与对策:政务社交媒体文件管理研究

导语:政府社交媒体文件是重要的信息资产与资源,政务社交媒体文件管理的优化是对信息、文件、档案管理理论与方法创新性的探索,也是为国家、社会与公众留存证据与记忆的重要行动。附录 1 基于文献调研、案例分析与访谈的方法调查了国内外部分国家与地区的政务社交媒体文件管理实践。研究发现,不同的国家与地区形成了档案馆主导、政府机构形成者主导等不同的管理模式。各国与地区的实践也处于不同进程,我国实践还处于起步阶段,但从政务社交媒体应用方面已经显现出不同的特征,也为文件管理提出了一些注意事项。基于对现有实践的分析,附录 1 提出未来的政务社交媒体文件管理应当从如下四个方面予以探索:设计适应性的文件管理框架,明确政务社交媒体文件的范畴,构建主体协同机制,建立系统的技术体系。

1　引　言

社交媒体凭借自媒体性、聚合性、联动性与便捷、快速、精准、高效、互动式的传播，广泛应用于政务活动中，以促进开放政府的建设进程与国家治理能力的提升。Facebook、Twitter、微博、微信等成为各国与地区建设在线议政厅与业务办理空间的重要平台。以我国为例，全国政务微信公众账号数量达 3 万余个，推送微信文章超过 1200 余万次，政务微博 16 余万个，原创与评论信息破亿条。

这些信息作为政务活动的记录，既是政府文件的组成，有着作为证据、知识与记忆的价值，有效的信息管理也是优化政务社交媒体运营的重要手段。英国国家档案馆、美国联邦机构、澳大利亚国家档案馆与国家图书馆等都针对政府社交媒体文件有效管理展开了一系列项目，呼吁从司法、管理、技术与人文等方面识别目前的挑战与构建适用的策略。

当前的研究主要从两个方面展开：一方面直接针对政务社交媒体文件管理，如归档必要性，管理的挑战、方法和构想的模式等。例如，学者提出政务社交媒体文件归档与保存面临信息量大、跨平台、多主体、多媒体等挑战。对策方面，英国国家档案馆工作者在开展 2012 年伦敦奥运会的社交媒体归档后提出公众参与可能是解决问题的途径，我国的研究倡导政府部门、档案馆和第三方平台相互协作的模式。另一方面，社交媒体应用的研究涉及文件管理，例如 InterPARES 北美研究团队开展的项目"社交媒体与对政府的信任研究"(Social Media and Trust in Government)中提出，为了提升政府公信力，政府应用社交媒体要从多方面优化，文件管理方面包括通过审批文件内容管控账户，将社交媒体信息视作文件并制定相应政策予以归档保存，适当使用方法与工具归档如截屏捕获、下载保存为 CSVS 格式、采用第三方付费或免费工具等。从两个方面的研究发现来看，社交媒体的使用应当能够促进公众对政府的信任，提升政府公信力，但也需要有效与可用的社交媒体使用战略与指南的支持，文件政策与管理也是其中的重要组成部分。然而，当前的研究只是出于基本的原则与模式构建阶段，既未有完整的行动模型，也未有研究设想的实证。

鉴于国内目前政务社交媒体文件与英美等发达国家的差距，附录 1 在现状与问题分析方面将分别分析国外与国内的情况。国外方面，将梳理全球当前社交媒体归档的主要进展，不同模式的内容、代表国家、成效与不足。国内方面，基于前端控制与全程管理的理念，以问卷调查与访谈以及线上观察的方式审查当前我国政务社交媒体应用对文件管理存在的影响因素以及政务社交媒体文件管理的现状。通过对国内外政务社交媒体文件管理的分析，附录1将进一步探讨政务社交媒体文件管理的走向与对策。

2 国外的政务社交媒体文件管理概览与问题分析

国外的社交媒体归档从政策到具体行动上均有部署和实践，由于管理背景、理念和主体的不同，目前形成了四类政务社交媒体文件管理模式。

2.1 档案馆主导的政务社交媒体管理模式

在这类模式中，档案馆负责捕获、分类、归档、整合、维护与长久保管政务社交媒体文件并提供利用，典型代表是英国的社交媒体档案库。英国由于有 legal deposit 的法规限定，因而档案馆、图书馆等记忆机构有义务收集好已出版的包括在线发布的内容。

英国国家档案馆的社交媒体归档项目在2011年开展，收集对象是英国中央政府机构在社交媒体平台 Twitter 与 YouTube 上所发布的信息，依托长久的网络归档经验、所参与的英国记忆联盟以及自主开发的捕获与提供利用的工具，英国实现了对两大平台政务社交媒体文件的归档，并且达成了内容的固化，即收集的账户即便原始账户消失，其形成的内容依然可用。截至目前，英国国家档案馆捕获并发布了数千份原始视频和超过65000条的 Twitter 信息，包含内阁办公室、财政部、教育部等50余个政府机构 Twitter 账户的政务社交媒体文件，7个2012年奥运会与残奥会专题的 Twitter 信息库，38个专题的政府机构视频库，两个2012年奥运会与残奥会的视频库。

当前英国的社交媒体归档库主要有如下问题：第一，归档对象有限。目前只是英国中央政府的账户的政务社交媒体文件得以捕获，且捕获的只是每个账户发布的信息，其他转发或评论的信息不予收集，其完整性有待商榷。第二，技术问题有待解决，目前英国国家档案馆只收集 Twitter 和

YouTube 平台上的信息，Facebook 等未涉及，主要问题就在于技术方面的困难尚未解决。第三，如何保证所捕获的政务社交媒体文件在捕获前得到形成机构或平台服务提供商的妥善管理。

2.2　政府机构形成者主导的社交媒体文件管理模式

这种模式的主导方是政务社交媒体文件的主要形成者，这里所指的形成者是从政府机构的视角来说的，不涉及公众参与政务活动中的形成方，即政府机构，具有代表性的是澳大利亚联邦政府。

澳大利亚联邦政府的政务社交媒体文件的捕获与管理主要由政府机构形成者负责，在国家档案馆方面只是发布了《使用社交媒体工具过程中的文件管理事宜》，简要地提示使用社交媒体的政府机构在管理中要注意对第三方平台的依赖、捕获中的真实性与准确性的鉴定以及保障、雇员形成文件时的合法合规、归档范围以及互动类信息的选择等问题。而具体的管理规范、指南与行动则由各机构自行负责。稍要说明的是，在政府机构将社交媒体纳入自身文件管理框架的同时，澳大利亚国家图书馆也将社交媒体文件作为收集对象进行捕获。

这类模式存在的问题主要有：第一，各个政府机构政务社交媒体文件管理的协同问题。关注政府机构自身的文件管理目标与需求往往会在文件管理的架构、业务、技术、流程上形成个性化的方案，分布式的管理将对在澳大利亚建设整体政府的框架下实现文件管理的跨平台集成提出管理与技术方面的挑战。第二，政府机构的文件管理相对而言更加关注自身的需求，那么政务社交媒体文件对政府机构以外的例如对社会的长期保存价值存在未被及时和全面识别的风险。

2.3　机构协同式的政务社交媒体文件管理模式

这种模式是指在文件管理的整体框架内在不同阶段由不同机构或利益相关者主导对政务社交媒体文件的管理，具有代表性的是美国联邦政府的社交媒体文件管理。这种模式与澳大利亚的模式存在类似之处，但档案馆的业务指导与监督职能更加显著，澳大利亚联邦政府机构形成者有更多的决定权。在这种模式中，美国档案与文件署（NARA）主要指导与监督形成信息的联邦机构的社交媒体文件归档，实施社交媒体归档的则是信息的形成者，即美国联邦各机构依据美国的法律、NARA 的政策以及自身内部的制度与方法各自捕获其信息，再依据 NARA 的规定在需要时移交 NARA。

由此，NARA 发布了《社交媒体文件管理指南》，对捕获、保管期限、与社交媒体平台的合约中关于文件管理的条款等做了相应规定。例如，NARA 制定了关于标准的服务协议使用的通用条款：如果契约方存有联邦文件，机构和契约方必须依据现行的文件管理法律和法规来管理联邦文件，包括联邦文件法与 NARA 的相关规定。文件管理包括安全存储、可检索与处置所有联邦文件，还包括在移交的时间以可接受的格式和方式移交具有永久价值的文件至 NARA。在 NARA 的监督与指导下，美国行政与预算办公室、疾病控制中心、农业部、住建部、国务院等 10 余个联邦机构都各有其社交媒体归档政策，且已经在开展相应工作。例如，2016 年白宫与 NARA 已经在研究与着手奥巴马政府在 8 年工作中所形成的政务社交媒体文件的交接与保存工作，所有在线发布的资料，要像历届政府处理手写文件、传真文稿或电子邮件那样由 NARA 进行保存，现任总统特朗普的个人 Twitter 账户所发布的信息也依照规定由总统预算办公室和 NARA 商讨出可行的方案适时进行归档。

这类模式主要有如下问题：第一，政务社交媒体文件的管理如何能够在不同阶段由形成机构与档案机构形成无缝协同，第三方的平台服务提供商的文件管理功能如何实现，从而保障文件得以捕获且捕获前能够保障信息的真实性与可信性。第二，政务社交媒体文件作为新型的电子文件在背景、内容与形式方面都有不同，现有的捕获、分类、鉴定、保管期限等制度不完全适用，相关制度需要升级。第三，全过程的电子文件管理系统与工具有待优化。这主要是当前社交媒体捕获的方式各有不同，工具也未统一，且尚未解决如何纳入电子文件管理系统以及纳入之后如何长期保管与提供利用的问题。

2.4 第三方记忆机构参与式的政务社交媒体文件管理模式

这种模式下主要是由第三方记忆机构为政务社交媒体文件管理提供工具与平台，尤其是政府机构未有意识或能力纳入管理的社交媒体文件时，这类机构的作用尤其显著。以 Internet archive 为例，它一方面有着档案机构或图书馆的功能，作为捕获、整合、保管与利用政务社交媒体文件的主体开展活动，Facebook、Twitter、YouTube等平台的信息都会被纳入收集范围；另一方面为政府机构提供技术支持，帮助开发和完善政务社交媒体的管理工具，美国部分联邦机构当前选用的捕获与管理工具archive it就是它所开发的。

这类模式存在的问题则是：第一，对政府而言，社交媒体文件是其开展政务所形成的重要资产，保管方的转变直接意味着政府机构与档案机构会失去对政务社交媒体文件的控制权。第二，第三方所开发的工具不一定能适合于形成机构或保管机构的政务社交媒体文件的管理要求，Internet archive在捕获的过程中既可能抓取的是非真实的信息，例如伪造的政府账户的内容，且在捕获之后的整合、维护与长期保存过程中是否满足文件真实、完整、准确、有效与可用的属性要求还有待考察，也可能与政府机构的业务需求框架下的文件管理不尽一致。第三，作为非营利性机构的Internet archive的资源亦有局限，对于海量且持续增长的政务社交媒体文件的管理尤其是长期保存需要大量的资源与人力投入，政务社交媒体文件面临保存平台消失的风险。

3　中国的政务社交媒体文件管理现状与存在的问题

附录1通过线上调查的方式获取当前政务社交媒体文件管理的相关政策与实践，结合对位于北京市的部分政府机构进行实地访谈，从而了解政务社交媒体文件的制度建设、流程管理、主管部门与人员等管理现状与趋势。调查发现，我国在政务社交媒体文件管理的意识、政策、能力与实践方面都处于起步阶段，而且，基于电子文件前端控制的管理思想，调研也聚焦于政务社交媒体运营的特征，从而提出我国政务社交媒体文件管理存在的问题。

3.1　政务社交媒体文件管理现状①

从线上调查来看，可查的政策与实践较少，实地访谈的结果也印证了线上调查的结果。由于社交媒体未明确纳入文件管理范畴，无论行动还是政

① 该部分均为项目组线上与线下调研所得。

策都几近空白，这令研究限于观察与推测层面，当前的管理依据线上线下调查可知晓：管理行动方面，针对性的顶层设计、管理方法、规范与方案尚未制定，在可查的政策中，较有指向性的是档案事业"十三五"规划把社交媒体归档管理方法列为核心任务之一；主体方面，政府作为主要的文件形成者未行使主导权，公众未意识到作为文件管理利益相关者的权利与义务，在线平台未提供足够的文件管理支持；技术方面，文件管理系统尚未考虑政务社交媒体文件管理的要求，而网络服务提供商的技术架构、配置与功能模块也未匹配文件管理。

经由调查，我国的政务社交媒体运营主要有如下特征：

(1)信息审核流程严格。这意味着政务社交媒体所形成的信息能够在形式、内容与背景上与文件相匹配，为这些信息纳入文件管理框架提供了基础。

(2)重视与公众互动，及时解决公众需求。借助政务微博实现网络议政以及政务微信开拓业务办理平台，这些都促进了政府在互动的框架内开展业务活动，也从公众参与层面拓展了文件的范畴，但同时也提出一些问题，公众参与的过程中哪些信息应当作为文件管理，这些文件的要素如内容、形式、背景等都有什么特征，这些文件如何实现可信管理等。

(3)政务社交媒体运营兼职居多。由于政务社交媒体的运营人员往往还有其他职责，他们没有意识到这些信息应当纳入政府文件管理的范畴，且这些运营人员也缺乏文件管理的专业能力。

(4)部分社交媒体账户由外包公司运营。外包公司对政务社交媒体运营主要是关注所发布的内容及其效果，即更多是在信息的传播端如何获取关注与互动，对于信息传播后的保管则未关注，这使得政务社交媒体文件从主体与流程上均未获得足够的前端控制。

3.2 政务社交媒体文件管理存在的问题

我国的政务社交媒体文件管理主要存在的问题为：

(1)管理意识的缺失。我国政务微博在2010年起步，随后中央到地方各级政府应用微博、微信、新闻客户端等形成严密的政务矩阵，在高效的互动中形成海量信息，但从所查的政策、实践或是调研所得来看，这些信息作为文件进行管理的必要性都没有被意识到。

(2)当前的政务社交媒体文件管理准备度有限。从制度建设与能力构建来看,我国目前的电子文件管理对网络信息的关注有限,尚未有相关的有针对性的战略、指南与规范;从能力来看,相关的人员配备和技术支持也尚未延展到网络端。

(3)现存潜在的文件管理控制风险。就目前的国家政策与网络平台服务商可查的条款来看,政务社交媒体文件的所有权、管理权与利用权都没有明确的规定,文件的发布、删除、捕获、保管和利用在权限上并不清晰,政务社交媒体被服务提供商删除的情况时有存在。且我国政务社交媒体运营外包化的情况还使得文件管理多了又一类利益相关者,协调文件管理的权利与义务这一问题变得更为复杂。

(4)失存与失范管理导致信息资产面临流失的风险。由于目前政务社交媒体主要关注内容的设计、发布与互动方面的维护,一方面,运营方对文件的操作例如删除、修改等缺乏文件管理方面的规范,也没有相应的捕获机制;另一方面,当前的文件主要保存于网络服务提供商,它的保管要求缺乏与文件管理要求的对接,这意味着无法完全保证内容、形式与背景的真实与完整,对未来迁移至文件管理系统和长期保存都提出了鉴定真实性与可信性的挑战。

4 展望:政务社交媒体文件管理的优化方向探索

从国内外的研究与实践来看,政府对社交媒体的应用将涵盖文件管理模块,这是业务优化与法律遵从的双重要求。当前的实践旨在通过文件管理优化政府的社交媒体运营,推进开放政府建设,继续深化政府与公众间的信任关系,从而提升社交媒体的运营效益,也有助于有效可信的信息资源保存与利用。在实践中,各国与地区政治、经济、文化、技术以及具体的文件档案管理体制的不同,形成了互有差异的政务社交媒体文件管理模式,且处于不同的进程中,既有一定的成效与经验,不同模式也面临着各具特色的挑战。总的来说,这些实践各具优势与不足,难以判定优劣,各国、地区与机构选择怎样的管理方法与模式要立足所处的情境。同时,当前实践从主体、意识、制度、技术等方面显现一定的共性问题和趋向,可为今后的政务社交媒体文件管理优化策略提供启示与思路，具体来说可探讨的方向如下：

4.1 设计适应性的文件管理框架

鉴于政府机构在社交媒体平台所形成的信息从内容、形式到背景都有一定的特殊性，因而需要针对还缺乏意识与具体行动的国家从顶层设计到具体的管理行为上明确并支持将社交媒体信息纳入文件管理范畴。将社交媒体纳入文件管理的范畴，意味着我们需要管理且要管理好政府机构与人员在社交媒体平台开展政务活动所形成的信息，将依据现有的文件管理政策与规范管理社交媒体信息，必要时要根据社交媒体信息的内容、形式与背景特征拓展现有的文件管理方法与制度。相关制度的制定者应当做好政务社交媒体信息的全面盘查与深度剖析，从而能明确相应的管理制度要如何制定或是原有的制度有哪些必要的调整之处。NARA 的《社交媒体文件管理指南》当前处于制度待完善期，政务社交媒体文件都还遵循原有的管理标准与规范，但该指南也提示文件管理人员要认识到原有制度有不适用之处，因而针对尚在修订的分类方案与保管期限表他们认识到政务社交媒体应当纳入考虑，同时那些在现有分类方案与保管期限表未能对应的社交媒体暂时按照永久保存进行归类，以完成制度修订期间的过渡。再如，为了适应社交媒体的应用需求，我国的档案事业"十三五"规划将制定社交媒体归档办法作为核心任务之一。

4.2 明确政务社交媒体文件的范畴

政务社交媒体文件范畴的确认意味着形成者与保管者对管理对象的明晰，这涵盖三个方面的问题：第一，界定归档文件与信息的界限，明确对文件的控制权。文件管理机构要认识与理解这些信息的背景、内容与形式，明晰这些信息的价值，哪些应当纳入可信管理的范畴，哪些信息的价值有限不予捕获，从而有针对性地采取措施获取文件的控制权。NARA 的《社交媒体文件管理指南》与《电子通讯信息管理指南》值得借鉴的一点就是强调形成机构要清楚认识自身所形成的信息的价值，与此同时既要同 NARA 明确哪些应当得到管理，也要清楚哪些信息不需予以捕获。政务社交媒体信息一旦纳入文件管理范畴，则是要遵循整体的管理框架与制度，保障文件管理所要求的可信性、真实性、准确性等，要按照机构所要求的制度进行管理。第二，明确互动类的如公众参与所形成的信息是否纳入政府社交媒体文件的范围中。相比英国国家档案馆只捕获政府机构所形成的那部分内容，美国与澳大利亚都在政策中提及对互动类的信息的关注。这需要由不同国家与地区的文件管理机构明确其所处的情境对文件完整性与真实性的认识，从而确认公众参与转发与评论的信息是否纳入文件管理的范畴。如果纳入，那又有哪些互动类的信息应当纳入，相应的原则与标准如何制定？第三，捕获信息的时间节点与频率问题。社交媒体的信息具有动态性特征，面对文件管理欲达到的“固化”目标，这两者之间如何平衡？具体来说，政务社交媒体信息在什么时间点予以捕获，互动类的信息如转发与评论，是一次性捕获还是多次捕获？如果是一次性捕获，那么捕获的时间点设置在什么时候？如果是多次捕获，那么捕获频率如何设置，多次的捕获成果怎么整合？

4.3　构建主体协同机制

从当前的实践来看，无论是何种模式，都可以从中发现不同的利益相关者以及在管理过程中必要的协作。在未来的政务社交媒体文件管理中，不同主体的协作趋向将更为明确，且将形成更为成熟的主体协同机制，这从以下几个方面呈现：

(1)政府机构形成者与档案机构的协同将继续深入。一方面，档案机构的前端控制与全程管理将使得档案机构制定的政策与规范在政府机构形成与管理政务社交媒体文件时得到贯彻，档案机构也将帮助政府机构管理对国家、社会与公众具有重要价值而需要长久持续保存的信息。另一方面，政府机构将依照档案机构提供的文件管理框架形成更具有针对性的社交媒体文件管理方案，而且将文件管理嵌入社交媒体运营的方案与日常活动中。

(2)与网络服务提供商的协作。作为政务社交媒体文件的形成、发布阶段的管理平台，网络服务提供商的管理与技术机制在很大程度上决定了文件在前端的要素构成及其完整性与真实性。因而在文件管理中，网络服务提供商提供文件管理方面的支持有着重要作用。一方面，当文件处于其平台时提供一定的文件管理与真实性保障功能，例如在技术方面的元数据方案和平台的条款能够满足文件管理的要求。另一方面，确保政府机构或档案机构能够依照法规获得文件的所有权和管理权，尤其要保证文件能够顺利迁移至文件管理自身的系统或平台，这需要网络服务提供商与文件形成者或档案机构达成协议且提供相应的接口以及工具。

(3)与公众的协同。在认可互动类信息应当纳入文件管理范畴时，要同时与公众达成合作，意味着公众认可其所形成的信息的所有权与管理权与政府机构或档案机构共享，遵循相应的文件管理政策与规范进行相应的行动。

(4)记忆机构相互协作，这既包括档案机构、图书馆、信息机构之间形成同盟，共同攻克社交媒体在数量、技术和多主体方面带来的挑战，如英国由国家档案馆、图书馆等形成记忆联盟收集网络档案，也指能够适当使用商用或公益的记忆机构的技术和平台支持，例如 Internet archive 提供的仓储空间和捕获工具为当前的政务社交媒体文件管理提供了诸多支持，只是要在文件控制权上进行协同，并在文件的真实性保障上要形成更加专业的方案。

4.4 建立系统的技术体系

政务社交媒体文件是信息与通信技术创新的产物，改变了信息形成与传播，同时也变革着文件的全流程管理、保存与开发利用，微观上改变的是文件形成与管理的存储、数据、平台等技术要素。制度的完善、协同机制的建立等有赖于技术的支持以实现每个要求的管理行为。

当前的技术需要从两大方面予以升级：第一，提升当前技术方案与工具的适用性。例如，在英国比较主流的捕获方法是通过公共可获取的 API 捕获社交媒体信息，实现对内容的精确裁剪，以满足版权限制与用户利用需求，并可连同元数据一同捕获。这些方法对 Facebook 等平台却不适用，至今归档的社交媒体文件只涵盖了 Twitter 与 YouTube 两个平台。第二，建立更加系统完善的技术体系，这不仅意味着技术方案要涉及政务社交媒体文件的全流程管理，而且要将其落实为可用的工具、系统与平台。例如，文件归档要求的有序化组织信息意味着通过技术将信息整合，海量的半结构化信息的组织与语义挖掘则是另外的技术难题，这也就是为什么美国国会图书馆在接收了千亿条的信息后并不能提供这些信息的利用。在新的技术环境与背景中，政务社交媒体文件的管理需要配备相应的技术保障，这包括更加适用的捕获工具、文件管理系统、档案管理系统、文件整合工具等，且要配备相应的技术人才。

5 结 语

政务社交媒体文件对政府与公众而言都是重要的信息资产，优化社交媒体运营以促进政府建设也需要文件管理框架的有效支持，当前相关文件管理工作还需升级。附录1只是作为研究的阶段性成果在框架层面从政策、主体、技术等角度提出部分策略，还需要在未来的研究中通过更深入的实践调研与理论升华为政务社交媒体文件管理提供更加完善的方案。

附录2 第三方平台篇

社交网络平台个人信息管理政策与功能分析——基于网络服务提供商的视角

导语：社交网络个人信息是个人、社会与国家重要的战略资源，为实现它们的有效归档管理，从而帮助构建个人与集体记忆、长久记录社会活动以及从网络空间治理方面推进社会的发展，附录2从网络服务提供商的视角予以研究。附录2以案例研究与文本分析的方法审查以微博与微信为代表的社交网络服务提供商所具备的社交网络个人信息的功能与条款。研究发现，平台政策与功能只提供有限的信息管理支持，且对用户视角关注有限，对社交网络个人信息容易形成失存、失真、失控的风险。基于上述分析，附录2提出网络服务提供商可从如下方面构建对社交网络个人信息归档管理的支持能力：基于协同框架识别外部需求、融合信息管理专业性要求、深入平台政策与功能支持。

1 引 言

随着社会与技术的发展，加之互联网的普及尤其是移动互联网提供的基础设施，社交网络成为最具影响力的互联网应用类型之一，依据互联网报告，社交网络以微信、微博等方式在中国有着6亿多用户，占据了网民总体规模的85%左右。大量的社交网络个人信息形成，它们既记录了个人的工作与生活，也是社会动态的凭证。对社交网络个人信息的有效管理既是为了留存社会信息资源与记忆，也是为保证个人信息能够得到妥善保管、处置与传承，还是为现行的社会活动提供便利，例如个人在社交网络上发布的消息成为美国审核签证申请时的参考内容。然而，在互联网环境中，社交个人网络信息既面临着转瞬即逝的风险，例如平台服务中断，也可能因个人信息“无法遗忘”或在不当的情境中得到不当公开或利用，例如个人隐私信息泄露导致的人身财产受损。

这些都指向社交网络个人信息的可信与有效管理，即哪些信息要纳入管理、怎么管理、由谁管理，由此成为数字转型中信息科学、档案学、社会学、传播学等领域探索的重点议题。研究主要围绕社交网络个人信息归档管理的必要性、可行性、工具、隐私保护、模式等方面进行，较有代表性的是个人信息管理的实践总结、具有个性化特征的个人信息归档管理模式、基于云存储的信息管理策略以及个人信息管理中的隐私保护，这些研究都不同程度提及社交网络个人信息的管理需要个人、网络服务提供商、记忆机构等主体的协作来实现。在这其中，网络服务提供商作为信息形成与管理平台，所设定的管理制度与技术架构都对社交网络个人信息管理有着关键作用，它对社交网络个人信息管理的支持极为重要，无论是法律法规与政策如《中华人民共和国网络安全法》《互联网新闻信息服务管理规定》还是理论研究都要求网络服务提供商对社交网络信息管理提供支持。然而，当前的研究未从整体层面为主体协作机制以及网络服务提供商如何支持社交网络信息管理的实施路径提出具体方案。例如，网络服务提供商目前具备的功能如何，存在的问题以及更为理想的功能或角色如何设置与实现都需要进一步探讨。实践方面，社交网络如Facebook、微信等开发并提供了一定的信息归档下载模块，在用户协议中也制订了信息管理的相关条款。不同平台在不同国家与地区提供的功能与相关政策不尽一致，但总体上都表现为社交网络个人信息管理保障与实践的不足。

因而，附录 2 将从网络服务提供商的视角探讨社交网络个人信息管理的现状、问题与对策。鉴于不同国家与地区的司法与技术环境存在差异，附录 2 将立足于中国的环境，以微信与微博两大平台为例，以案例研究与文本分析的方法审查所具备的社交网络个人信息管理的功能与条款，审视在社交网络个人信息管理方面存在的主要问题，并为网络服务提供商完善相关支持提出建议。

2　网络服务提供商的平台政策与功能分析

微信是我国目前非常受欢迎的即时通信工具，是以人际关系为主体的社交网络平台，而微博凭借自媒体的属性形成了以内容为主体的社交网络平台。在这两大平台上，个人用户形成了海量信息，信息的有效管理既是平台构建良好生态的要求，也是推进网络治理的重要阵地，因而作为网络服务提供商的微博与微信平台从管理与技术两大层面，以平台政策与相应的功能模块支持信息管理。附录 2 将从这两个层面分析网络服务提供商当前对社交网络个人信息提供的支持及存在的问题。

2.1　基于平台政策的文本分析

微博的信息管理主要依据《微博服务使用协议》，微信的信息管理主要在《腾讯微信软件许可及服务协议》《腾讯服务协议》《腾讯隐私政策》中体现，两大平台的政策与社交网络个人信息管理相关的内容主要如下：

(1)纳入管理范畴的信息类别

依据平台政策的界定，个人在社交网络平台上所形成的信息主要归为三个类别：

①信息内容，即用户发布在社交网络平台上的信息。微博的信息内容指“用户在微博上发布的信息，包括但不限于文字、图片、视频、音频等”。微信的信息内容即“用户使用本软件及服务过程中所制作、复制、发布、传播的任何内容，包括但不限于微信账号头像、名字、用户说明等注册信息，或文字、语音、图片等发送、回复、朋友圈图文和相关链接页面，以及其他使用微

信账号或本软件及服务所产生的内容”。

②用户个人信息，即能够用于识别个人身份的隐私信息。例如，在微博平台上是指《电信和互联网用户个人信息保护规定》第4条关于个人信息、《最高人民法院关于审理利用信息网络侵害人身权益民事纠纷案件适用法律若干问题的规定》第12条关于个人隐私、未来不时制定或修订的法律法规中明确规定的隐私应包括的内容。

③用户行为信息，即用户使用社交网络时的信息行为记录。例如，微信在《腾讯隐私政策》中说明了用户使用微信时将被收集的信息：日志信息，在使用微信时搜索或浏览的信息，曾使用的移动应用（APP）和其他软件的信息，通过微信的通信信息，通过微信分享的内容所包含的信息（元数据）如拍摄或上传的共享照片或录像的日期、时间或地点等。

（2）信息的修改

依据两个平台的条款，三类信息中只有个人信息在条款中得到明确说明可以有条件修改，《微博服务使用协议》的条款4.1指出用户可自行编辑注册信息中的账号名称、昵称、头像、简介等账号信息，但应遵守2016年在国家互联网信息办公室举办的“网络名人社会责任论坛”上提出的“七条底线”以及相关管理规定。在微信，依据《腾讯服务协议》条款3.3，在一般情况下，用户可随时浏览、修改自己提交的信息，但出于安全性和身份识别（如号码申诉服务）的考虑，用户可能无法修改注册时提供的初始注册信息及其他验证信息。而信息内容方面，两个平台都未支持修改。

（3）信息内容的控制

用户可在社交网络平台上对其所发布的信息进行一定的控制，例如可见的对象和范围，但第三方平台也有相应的控制权。《微博服务使用协议》条款1.2与1.3提出，用户提交、发布或显示的信息将对其他微博服务用户及第三方服务网站可见，同时用户可通过设置功能自行控制、把握可查阅其信息的账号类型。同时，不论微博内容是否构成著作权法意义上的可保护客体，用户同意不可撤销地授权微博平台作为微博内容的独家发布平台，用户所发表的微博内容仅在微博平台上予以独家展示。依据《腾讯隐私政策》，微信的用户享有的权利为“在一些情况下，您可通过我们某些服务的隐私设定来控制有权浏览您共享信息的用户范围。如要求从我们的服务中删除您的相关信息，请通过该等特别服务条款提供的方式操作”。

(4)信息内容的收集

信息内容的收集涉及两大类：第一类是用户对其所形成的内容的收集，两大社交网络平台都提醒用户如有需要则自行收集所形成的内容。《微博服务使用协议》条款 4.5 提出“对于用户在微博中发表或存储的微博内容，用户应当自行不定期进行备份”。《腾讯微信软件许可及服务协议》的条款 7.2 有类似规定，“用户可根据自己的需要自行备份本软件及服务中的相关数据”。第二类是其他组织、机构或个人对微博平台上内容的收集(非自身形成的)，这在微博上有明确规定，依据条款 1.3 和 1.4，“未经微博平台事先书面许可，用户不得自行或授权任何第三方以任何形式直接或间接使用微博内容，包括但不限于自行或授权任何第三方发表、复制、转载、更改、引用、链接、下载、同步或以其他方式使用部分或全部微博内容等。用户在使用微博服务过程中应当严格遵守微博平台发布的 Robots 协议，未经微梦公司事先书面同意，任何用户不得以任何方式自行或委托任何第三方以违反上述规定的方式访问微博平台或收集任何微博内容”。

(5)信息的存储

两个平台对信息的保存较为不同，微博简要提醒用户自行备份的必要性，对象主要是用户发表或存储的微博内容，《微博服务使用协议》条款 4.5 指出：“对于用户在微博中发表或存储的微博内容，用户应当自行不定期进行备份。用户在使用微博服务期间及终止使用微博服务后，微博平台均无义务向用户返还或提供任何数据或微博内容。”微信在保存对象上更加宽泛，包括用户在微信及其服务中的数据。微信的《腾讯微信软件许可及服务协议》条款 7.2.4 与 7.2.5 的内容包含三点：第一，微信的权责。条款中说明“腾讯将会尽其商业上的合理努力保障你在本软件及服务中的数据存储安全”“腾讯将按照行业标准合理审慎地采取必要技术措施保护你的终端设备信息和数据安全”“根据实际情况自行决定单个用户在本软件及服务中数据的最长储存期限，并在服务器上为其分配数据最大存储空间等”。第二，微信不能完全保证数据安全，“腾讯不对你在本软件及服务中相关数据的删除或储存失败负责”“如果你停止使用本软件及服务或服务被终止或取消，腾讯可以从服务器上永久地删除你的数据。服务停止、终止或取消后，腾讯没有义务向你返还任何数据”。第三，用户自行承担部分风险与保存责任。依据条款，用户“可根据自己的需要自行备份本软件及服务中的相关数据”。

(6)信息的利用

两大平台关于信息利用主要是说明平台对用户所形成各类信息的权利，例如用户优化平台服务、广告、与第三方平台的共享与开发等。《微博服务使用协议》在条款1.7和4.9提出：为提高用户的微博服务使用感受和满意度，用户同意无偿授权微博平台以任何形式(商业或非商业)将基于用户的操作行为对用户数据进行调查研究和分析，从而进一步优化微博服务。用户知悉、理解并同意授权微博平台及其关联公司可在全球范围内、完全免费、独家、可转授权地使用用户通过微博发布的内容，前述内容包括但不限于文字、图片、视频等。用户对微博平台及其关联公司的前述授权并不改变用户发布内容的所有权及知识产权归属，也并不影响用户行使其对发布内容的合法权利。微信在《腾讯微信软件许可及服务协议》的条款7.2.2还提出：本软件的某些功能可能会让第三方知晓用户的信息，例如：用户的微信好友可以查询用户头像、名字、微信号或朋友圈内容等可公开的个人资料；使用手机号码注册微信账号或手机号码与微信账号关联的用户，微信账号可以被通讯录存有该号码的好友查询；用户关注部分类型微信公众账号后将成为公众账号关注用户，相关公众账号可以根据其功能权限获取关注用户头像、名字、微信号、消息评论内容、图片、视频等信息，并可通过微信公众平台发送消息与关注用户进行互动。关注用户的消息评论内容、向相关公众账号上传的图片、视频都可以被具备相应功能权限的微信公众账号发布在公众账号内，供第三方查阅。

(7)信息的删除

关于信息的删除，协议中主要说明的是平台对用户信息内容的删除，这是指用户的信息内容存在违反法律法规或其他规定的情况。《微博服务使用协议》在条款4.6提及“为维护微博平台的稳定运营，确保用户体验质量，未经微博平台事先书面许可，任何人不得擅自在微博平台上实施自动化行为或发布垃圾信息”。微信则依据《腾讯服务协议》的条款14.4说明“腾讯收到权利人通知，主张您发送或传播的内容侵犯其相关权利的，您同意腾讯有权进行独立判断并采取删除、屏蔽或断开链接等措施”。

(8)信息的保护

信息的保护是指防止信息的丢失、不当阅览、泄露与利用。微信在这方面的条款较为明确，在《腾讯隐私政策》中提出“使用各种安全技术和程序，以防信息的丢失、不当使用、未经授权阅览或披露。例如，在某些服务中，我们将利用加密技术(例如 SSL)来保护您提供的个人信息”。但微信同样在《腾讯微信软件许可及服务协议》中说明了无法保证绝对的安全，用户需要承担部分的内容，提醒用户在使用相关服务过程中存在风险，因而提及：“由于技术的限制以及可能存在的各种恶意手段，在互联网行业，即便竭尽所能加强安全措施，也不可能始终保证信息百分之百的安全，如‘不可抗拒因素可能引起的个人信息丢失、泄漏等风险’‘用户发布的内容被他人转发、分享等可能带来的风险和责任、无线网络信号不稳定、无线网络带宽小等引起的腾讯微信登录失败、资料同步不完整、页面打开速度慢等风险’。”此外，依据《腾讯隐私政策》，微信的社交媒体服务是专为用户共享信息而设计，只要用户不删除共享信息，有关信息会一直留存在公共领域；即使删除共享信息，有关信息仍可能由其他用户或不受我们控制的非关联第三方独立地缓存、复制或储存，或由其他用户或该等第三方在公共领域保存。因此微信提醒用户谨慎考虑通过微信的服务上传、发布和交流的信息内容。

信息保护的另一重点是个人信息与隐私的保护，这方面有更为详细的说明，微信所属的腾讯公司甚至有独立的协议来说明隐私条款。《微博服务使用协议》条款 6 对个人信息保护的说明主要为：一方面，微博平台将建立健全用户信息安全管理制度，落实技术安全防控措施，对用户使用微博服务过程中涉及的用户隐私内容加以保护。另一方面，为提升微博服务的质量，微博平台可能会与第三方合作共同向用户提供相关的微博服务，此类合作可能需要但不限于微博用户数据与第三方用户数据的互通。在此情况下，用户知晓并同意，则微博平台有权将用户的信息(包括但不限于注册资料等)提供给第三方，并与第三方约定用户数据仅为双方合作的微博服务之目的使用，且微博平台将对该等第三方使用用户数据的行为进行监督和管理，尽一切合理努力保护用户个人信息的安全性。微信条款的主要内容与微博条款的近似，另外，微信还在《腾讯隐私政策》中提示用户对敏感个人信息的重视，“某些个人信息因其特殊性可能被认为是敏感个人信息，例如您的种族、宗教、个人健康和医疗信息等。相比其他个人信息，敏感个人信息受到更加严格的保护”。

(9)关于服务中断或终止的说明

关于服务中断或终止后信息的保存、处置和利用没有得到明确说明，但是从相关的条款中可以推测在服务中断或终止后，在法律范围内尤其是不可抗力的因素之下平台不对信息出现的问题负责，服务终止后信息管理方面的服务也同样终止。平台对用户有一定的提醒义务，而用户需自身提出对策。例如，《微博服务使用协议》在条款 3.2 中说明“微博平台需要定期或不定期地对提供微博服务的平台(如互联网网站、应用程序等)或相关的设备进行检修或者维护，如因此类情况而造成服务在合理时间内的中断，微博平台无须为此承担任何责任，但微博平台应尽可能事先进行通知”。

从现有的条款来看，以微博与微信为代表的社交网络平台当前的平台政策对信息管理均有提及，从制度层面对社交网络个人信息管理提供了一定支持，但存在三个方面的问题。第一，权利的失衡，平台的权利多过用户的权利。这主要表现为用户协议就信息管理方面主要是提及网络服务提供商即平台对社交网络个人信息的管理权与使用权，而用户对信息有怎样的权利与行为在协议中说明甚少，更多的是义务如要遵守相关规定发布内容。因而，对信息的控制、删除、使用、保护和存储缺失用户方面的说明。新浪微博虽然承认用户对信息的所有权，但就侵犯用户合法权益的行为采取任何形式的法律行为获取的全部赔偿款项归微博平台独立所有。第二，信息管理环节的说明不全面。这一方面表现为目前的用户协议更加关注信息存储、保护与利用环节，对信息的发布、收集、处置、长期保存等环节说明较少或未提及。另一方面表现为当前的协议关于信息管理从技术与司法层面予以较为宏观与简略的说明，但是对管理所依据的规定、标准或具体的方法说明甚少。例如，在提及数据存储时，微信在协议中说明按照相关行业标准，但未言明具体是什么标准。第三，政策对信息管理的说明专业性不足。例如，在提及用户备份所需的数据时，协议未说明用户能够备份哪些信息，能够备份的信息具备哪些要素或元数据，这些信息的完整性与真实性怎么保障等。

2.2　基于功能模块的分析

(1)功能的内容

除了通过平台提供一定的制度保障，微博与微信还提供了一定的信息管理功能，其内容具体如下：

信息的收集：用户在使用微博与微信中都可以对形成与接收的内容通过收藏功能进行收集；微信用户还可通过“聊天记录迁移”的专门功能模块将聊天记录从一台设备迁移到另一台设备，既可以是移动端之间的，也可以通过电脑备份/恢复聊天记录。

信息的删除：微博与微信除了可手动删除信息，在移动端可以通过通用功能中清除缓存的模块来删除形成与接收到的文本、图片、视频等非文字的信息。

信息的保存：微博与微信的用户可在使用客户端的过程中通过同步功能将即时拍摄或编辑的照片与视频保存在移动设备中；微博与微信的用户所形成与接收的信息在不删除客户端的情况下可将信息保存于客户端中，聊天记录不会保存于平台的服务器，用户共享的内容则会存储于公共领域，即所共享平台的服务器中；微信为未读取的聊天记录提供暂时保存功能，但存储时间有限，例如图片、文档等是两天时间，临时的小视频为 14 天，最多保存 20 个。

(2)存在的问题

从已有功能来看，存在的问题如下：

①信息管理功能不完善。从微博与微信来看，当前的平台侧重于信息的发布与传播，而信息形成与接收后的鉴定、整理、迁移与保存功能则未受关注或完整设置。例如，即便微信提供了迁移功能，也只是针对聊天记录，而朋友圈共享的内容则不纳入其中。

②信息管理功能欠缺专业性。以信息的删除功能来看，缺乏批量鉴定与处置的功能，对功能的设置与个人存档的要求无论是自动化的程度还是功能的多元性上均有一定差距。

③缺乏个人参与管理社交网络信息的考量。相对于微博与微信丰富与优化信息发布与对话功能从而尽可能提升用户对信息的发布、共享与互动，

保存、开发与利用功能则基于商业化需求主要依托于网络服务提供商本身，未在个人用户的立场考虑信息的价值与管理的需求。

第四，信息管理功能未完整予以周知与说明。例如，微信在其平台政策与协议中尚无对未读图片或文档的保存时间的相关解释。

3 风险识别：社交网络个人信息管理的问题

由于网络服务提供商的平台政策与功能只能为社交网络个人信息管理提供有限的支持，因而社交网络个人信息在形成、发布、传播、捕获、整合、开发以及长期保存的过程中将面临诸多风险，如信息遗失、失真。社交网络个人信息的数字连续性难以实现，即既不能保证得以利用的信息在任何时间与地点都是合法合规并且可用的，也不能防止应当处置的信息得到不当的保存与利用，主要表现在三个方面。

3.1 个人失去对信息的控制

目前的平台协议与功能主要保障平台对信息的管理与利用权利，在当前社交网络个人信息自主管理意识与能力有限的情况下，平台政策与功能偏重网络服务提供商对信息的权利的现状将进一步造成个人失去对信息的有效控制。这将主要表现为：

(1)个人没有有效的工具与空间用以捕获、维护、管理与保存社交网络信息，信息的存储主要由网络服务提供商来主导，如存储的期限、存储的技术方案、存储的位置等并不由个人知晓和掌握，个人对信息的所有权在“实体”控制没有得到实现。

(2)个人失去对信息利用权限的控制，由于个人在利用社交网络服务的过程中将部分信息的使用权与管理权让渡，网络服务商对信息利用的目标、方式、范围、利用权限的共享有着很大的决定权，这会进一步导致个人无法知晓信息的流向与使用的具体情况。例如，微博在协议中明确用户对信息的所有权，但更多的是要求用户将信息授权使用，如微博在维护用户信息内容的行为中所获赔偿归于平台。

(3)个人失去对信息的有效管理，网络服务提供商帮助管理信息主要是基于法律遵从前提下商业开发的立场，管理的目标、方法、方式与具体方案以及功能设置由平台决定，也意味着哪些信息得到留存与留存多久、哪些信息被删除以及为何删除在很大程度上是由平台控制，个人的权利极为有限。例如，用户合法合规的微博内容得到删除而无法恢复成为微博用户反馈的重要问题之一。

3.2　信息可用性与可信性受损

信息可用性受损有两个方面：一是指信息遗失无法再获取；二是指信息无法再读取。前者是指网络服务提供商主要是提供信息的暂时性存储，并不保证长久保存，尤其是服务可能存在中断或终止的可能。由于平台并不保证对信息有完整的信息管理、备份以及恢复的职责，因而在信息的整个生命周期中不当运营、技术缺陷、用户操作失误等多方面原因会造成信息或信息构件的遗失，长期保存方案的缺失则会对信息的可读与可用造成极大的风险，这些都是对信息可用性的潜在侵害。

信息的可信性受损则指当前网络服务提供商的信息管理功能与方案的局限导致信息的可信性无法得到保证。当前网络服务提供商主要从数据安全存储方面对信息予以安全保障，但信息的可信性并不限于安全性，而是表现为信息背景、形式、内容的完整性与真实性的结合。例如，在微信的收藏功能中，只能收藏聊天记录或朋友圈的部分内容如文字、图片、视频等，用户之间的互动如评论则不会得到收藏，且信息形成的时间、位置信息、责任人等都未能得到同步收藏，这并不能满足信息完整性的要求，更对信息的可信性提出挑战。

3.3　数字资产遗失与无序化

把数字信息作为资产予以保护已成为趋势，2012 年，美国联邦政府在个人金融推荐列表中增加了“社交媒体意愿”一栏，建议人们指定一个网络资产执行人负责帮助用户关闭电子邮箱、博客和其他网络账号，我国从 2017 年 10 月 1 日起施行的民法总则明确对数据、网络虚拟财产的保护。

然而，就现有的调查来看，网络服务提供商乃至个人对社交网络信息的资产属性认识不足。一方面，由于认识不足，个人用户并未将信息管理作为对平台服务的要求，则无法从用户层面推进网络服务提供商对平台政策与功能的优化以补足信息管理的缺漏，这使得信息在传播以及之后的保管中都面临遗失的风险，这直接造成数字资产的损失。另一方面，社交网络信息强调信息的共享与互动，这既存在用户共同形成信息的情况，也存在信息多存储于公共领域的情况，一旦信息被视作资产，如果没有相关的平台政策和方案支持，那么这些资产的归属与利用可能引起用户的冲突和管理权属混乱。

4 网络服务提供商的社交网络个人信息管理支持能力构建策略

从已有政策与功能来看，社交网络个人信息管理面临诸多挑战，作为信息的形成、传播与管理平台，网络服务提供商尚有可优化升级之处以更加满足法律、政策与社会需求，从而保障个人与社会资产安全可用。例如要预防、缓解或规避风险，网络服务提供商需要从多方面完善政策与功能，从平台视角提升适应于外部需求与自我发展的专业能力，为社交网络个人信息管理提供有效支持。从存在的问题来看，笔者建议如下：

4.1 基于协同框架的外部需求识别

社交网络个人信息由于信息形成与传播的负责性，涉及诸多利益相关者，因而只有不同主体形成协同机制才能更好推进信息的管理。作为提供服务的平台，网络服务提供商的定位是满足用户的需求，因而它的功能是支持性与辅助性，这意味着它在协同框架内识别外部的利益相关者对信息管理的需求，从而完善相关的政策与功能。

外部需求的识别则主要从两个方面进行：第一，合规性需求的识别。这主要是指网络服务提供商从现行的法律、法规、政策与规范如《中华人民共和国网络安全法》《互联网新闻信息服务管理规定》《即时通信工具公众信息服务发展管理暂行规定》对信息管理与网络服务提供商有哪些要求。第二，用户需求的识别。社交网络个人信息管理的中心主体是信息的所有者，即个人用户。无论是出于平台的商业化考虑还是从以用户为中心的服务理念出发，用户需求的识别都是必要的。因而，网络服务提供商应当以反馈收集、主动调查等方式获取用户对信息管理的认识、意见与要求，更多地从用户的体验和权益方面分析信息管理的具体要求，从而用于平台政策与功能的优化中。

4.2 融合信息管理专业性要求

当前网络服务提供商的政策与功能尽管为信息管理提供一定支持，但从信息管理模块单一和专业性不足的局限来看，还要进一步融合信息管理的专业性要求，实现社交网络个人信息的专业化管理。

一方面，网络平台服务商从技术视角转向管理视角，信息管理局限为数据安全存储转变为信息是基于利益相关者需求的全流程管理，这要求网络服务提供商能够从管理主体、管理对象与管理方式三位一体的角度去理解与部署社交网络个人信息，从管理主体方面去识别"人"的多元与个性化需求，从管理对象方面认识信息作为证据、记忆、资源与资产的价值，从管理方式方面拓展出有理念、有目标、有原则、有流程、有技术的系统方案。另一方面，网络服务提供商应当寻获信息管理专业领域的支持，将信息管理的理论与方法融合于平台的顶层设计、技术开发、服务优化等平台建设事宜之中，例如分析信息管理的本质要求如信息的真实性、完整性、准确性、可靠性的内涵，结合平台形成具体的符合信息管理专业要求的管理方案。

4.3 强化平台政策与功能的支持

网络服务提供商为社交网络个人信息管理提供的支持直接由平台政策与功能实现。因而，网络服务提供商为支持社交网络个人信息管理的能力构建，直接体现为对平台政策与功能的完善。

平台政策方面，需要更加以服务用户的立场保障用户权益，从信息管理的维度识别用户的需求，并纳入信息管理相关政策中，为用户在信息形成、发布、传播、捕获、维护和长期保存中提供应有的支持，尤其从信息的发布、收集、处置、长期保存等环节说明双方的权利与义务，在保障合法合规的商业化利益的情况下尽量在政策中提升条款的透明性，便于用户更好地理解信息管理方面各自的权益、职责以及现有管理方案。功能方面，则同样要补足与升级更多的信息管理模块，为用户提供更多的自动化管理功能，便于用户的各项信息管理操作。同时，要以信息的可用性与可信性为基准完善信息管理方案，为信息的长期保存与适时处置提供基础，例如在为用户提供的信息备份中有更完整的元数据。

索　引